JN287653

ENGLISH ACCOUNTING WITH
BASIC SENTENCES

基本例文で学ぶ
英文会計

山本貴啓[著]

税務経理協会

はじめに

　英語が世界各国の共通語となっている現在，世界をまたに活躍するビジネスマンにとっては，英語の習得は当然の事ながら，簿記会計の知識も欠かせないものとなっています。筆者はかつてBATIC（国際会計検定）の作問業務に携わっていたこともあり，使える英語表現を織り込んだ基本的な例文を学びながら，会計を同時に学べる国際会計（英文会計）のテキストをいつか執筆してみたいものだと，ずっと考えておりました。

　せっかく英文会計を学ぶ以上，単に会計の学習だけでなく，併せて英語の勉強もできれば一挙両得であり，本書では各章毎に関連する英語表現を含んだ英語による基本例文を最初に掲げ，その後で関連する会計の解説をしていくというスタイルをとっております。これにより点に相応する個別の会計上の単語と，線に相当する英文とが有機的に結びつき，会計上の知識を関連する英語表現とともに押さえていくことができます。無論紙面の制約もあり，英文会計の全てを網羅できたわけではありませんが，本書により新聞等を読む上で必要な会計の知識は，一通り身につけることができるものと思います。本書がこれから英文会計を勉強しようとされるビジネスマンや学生の方にとって，有益なものとなることを願ってやみません。

　なお本書の作成にあたり，英文については日頃からご指導を仰いでいる国際経営評論家で産能大学名誉教授の小林薫先生に，レビューして頂きました。また税務経理協会の皆様にもひとかたならぬお世話になりました。この場を借りて厚くお礼を申し上げたいと思います。

2008年12月

山本　貴啓

目　次

はじめに

第1部　基礎会計編

1　簿記の基礎……………………………………………………………2
2　現金関係(1)―小切手と当座預金―……………………………8
3　現金関係(2)―小口現金と銀行勘定調整表―…………………12
4　売掛金と貸倒引当金…………………………………………………22
5　債権譲渡………………………………………………………………28
6　受取手形………………………………………………………………34
7　手形の割引……………………………………………………………40
8　偶発債務………………………………………………………………46
9　有給休暇引当金………………………………………………………52
10　棚卸資産(1)―販売と購買―……………………………………56
11　棚卸資産(2)―期末商品の評価―………………………………64
12　固定資産(1)―減価償却―………………………………………70
13　固定資産(2)―除却・売却と減損―……………………………78
14　社　　　債(1)―発行の処理と発行価額―……………………87
15　資本会計(1)―各種株式の発行と転換―………………………96

16	有価証券(1)―有価証券の分類と評価方法―	104
17	有価証券(2)―持分法―	116
18	社　　債(2)―各種社債と償還―	126
19	資本会計(2)―自己株式の処理と株式分割・併合―	134
20	資本会計(3)―利益剰余金の制限と配当―	140

第2部　特殊会計編

21	リース会計(1)―オペレーティング・リース―	150
22	リース会計(2)―キャピタル・リース―	156
23	リース会計(3)―販売型リースと直接金融型リース―	166
24	リース会計(4)―セール・リースバック―	176
25	税効果会計(1)―課税所得と益金, 損金―	184
26	税効果会計(2)―欠損金の繰戻しと繰越し―	188
27	税効果会計(3)―永久差異と一時差異―	192
28	税効果会計(4)―繰延税金資産と繰延税金負債―	200
29	年金会計	216
30	キャッシュ・フロー計算書	234
31	デリバティブ会計	246
32	外貨換算会計	258
33	企業結合(1)―合併と買収―	270
34	企業結合(2)―連結財務諸表―	280

目　次

35　財務分析 ……………………………………………………292

第3部　アニュアル・レポート

アニュアル・レポート（Annual Report）について ……………298
日立製作所のアニュアル・レポート ……………………………314
ＩＢＭのアニュアル・レポート …………………………………328

索　　引 ………………………………………………………331

第1部 基礎会計編

第1部 基礎会計編

1 簿記の基礎

　本章では，簿記（bookkeeping）の学習で最初に学ぶ**借方**（debit），**貸方**（credit）の概念を，貸借対照表，損益計算書といった基本財務諸表と併せて学習します。

基本例文 1

The X account has a balance of ＄～.
Xの（勘定）残高は～ドルである

- On March 31, 2007, **the** long-term borrowing **account has a balance of** ＄1,000,000.
（2007年3月31日現在の長期借入金残高は100万ドルである）

ここがポイント！　balance は日本語でも「バランス」でそのまま通じるが，英文会計上は金額の「残高」という意味で使われ，具体的な金額を表すには a balance of ～を用いる。また have の代わりに show を用いることもある。

基本例文 2

An entry is made debiting A and crediting B for ＄～.
借方に（勘定）A～ドル，貸方に（勘定）B～ドルの仕訳を切る

- **An entry is made debiting** accounts payable **and crediting** notes payable **for** ＄100.

（借方に買掛金100ドル，貸方に支払手形100ドルの仕訳を切る）

ここがポイント！
簿記で最初に習う「借方」，「貸方」は英語ではそれぞれ debit, credit で表す。entry は「仕訳」で，「仕訳を切る」が entry is made で表現される。debit/credit は「借方／貸方に記載する」という動詞でも使う。例文は，debiting A and crediting B for $〜 で「借方Aに〜ドル，貸方Bに〜ドルを記載して」と，debiting 以下が entry の説明になっている。ここではAが accounts payable「買掛金」，B が notes payable「支払手形」。なお we を主語にして We make an entry debiting 〜 and crediting 〜 などと言い換えることもできる。

▶▶▶関連用語
bookkeeping 簿記　　　liability 負債
balance sheet 貸借対照表　　capital, stockholders' equity 資本
asset(s) 資産　　　revenue 収益　　　expense 費用

解説

　簿記は，その5つの構成要素である資産，負債，資本（純資産）および，費用，収益を一定の記入ルールに従い，これらの増減をもたらす取引が生ずるごとに，借方（debit），貸方（credit）に記載する仕訳を切ることから始まります。ここで「資産」とは，企業の経営活動にとって役立つもの，あるいは財産的価値のあるもので，その具体例としては，現金や商品などがあげられます。次に「負債」ですが，これは企業が外部の第三者に対し支払うべき債務や，提供すべき役務を意味します。そして「資本（純資産）」ですが，これは資産から負債を引いた差額として求められます。

　わかりやすい例でいえば，例えばある人の持っている資産が財布の中の5千円だけであったとします。ここで，もし友達からの借金（負債）が2千円あっ

た場合，それは当然返済しなければいけないものですから，この人の純資産は，

   資産（5千円）－負債（2千円）＝資本（3千円）   ①

となるでしょう。ちなみにこの式を変形すると

   資産＝負債＋資本   ②

となりますが，この2つを英文会計上は，**会計等式**（accounting equation）といいます。そしてこの②の式を一覧に表示したものが**貸借対照表**（balance sheet）となります。

 次に「収益」ですが，これは商品を販売した場合のように，企業の経営活動によって企業の純資産の増加要因となるものをいい，売上やお金を貸して利息を受け取った際の受取利息などがあります。一方，「費用」ですが，これは経営活動によって純資産の減少をもたらすものをいい，お金を借りる際に払う支払利息や，交通費，通信費などがあります。

 ここで3万円で買った骨董品が，インターネットオークションで5万円で売れたケースを考えてみましょう。この場合，純粋にもうかったといえる額はいくらになるでしょうか。儲けとは自分の手取り額ですから，販売額の5万円から買った値段の3万円を引いた2万円で計算され，これが会計上利益と呼ばれます。

 販売額は収益，骨董品を買った値段は費用と考えられますから，ここで

   収益－費用＝利益   ③

の式が導かれ，これを一つの表にまとめたものを**損益計算書**（income statement）といいます。損益計算書では，一定期間の経営活動の成果としてどれだけもうかったのか（これを経営成績といいます）が示されます。

 これら貸借対照表及び損益計算書は，図表1のような形式で書かれます。簿記の仕訳ルールを暗記するにあたってはまずは，この両者の形式をしっかりつかんでください。ここで資産は，右側の借方，負債，資本は左側の貸方に書かれています。これら3つの要素については，この貸借対照表の位置が，それぞれのあるべき位置（ホームポジション）となり，資産，負債，資本が増加した場合の仕訳を書くときは，必ずそのホームポジション側に記載することになり

ます。例えば，銀行から現金30万円を借りたとします。このとき，現金という資産が増えると同時に，借入金という負債も増加します。この現金，借入金のように資産，負債というそれぞれの属性の中でより具体的な性質を現すものを**勘定（account）**といいますが，この際の仕訳は資産，負債はともに増加しているので，両者ともそのホームポジション側，すなわち借方，貸方に記載することになり，

　　　（Debit）現　金　　30万円　　　（Credit）借入金　　30万円

という仕訳が記載されます。ではこの借金30万円の返済の仕訳はどうなるでしょうか？　このときは現金，借入金ともに減少するわけで，減少のときはホームポジションの反対側に書くというルールになりますから，

　　　（Debit）借入金　　30万円　　　（Credit）現　金　　30万円

の仕訳になります。

次に費用，収益ですが，これは損益計算書をみると，それぞれ記載されている左側の借方，右側の貸方がそれぞれのホームポジションですから，やはり増加（発生）のときはホームポジション側，減少（消滅）のときはその反対側と覚えてください。例えば商品を現金10万円で販売した場合，現金10万円の増加，収益である売上10万円の発生ですから，

　　　（Debit）現　金　　10万円　　　（Credit）売　上　　10万円

となり，例えばこのうち2万円だけ返品があり，代金を返した場合には，現金2万円の減少，売上2万円の消滅ですから，

　　　（Debit）売　上　　2万円　　　（Credit）現　金　　2万円

となります。

また電車を利用し交通費を3万円現金で払ったときは，費用が3万円発生し，現金が3万円減少したわけですから，費用のホームポジション側の借方に交通費という勘定を用いて，

　　　（Debit）交通費　　3万円　　　（Credit）現　金　　3万円

という仕訳になります。

一方，交通費を2千円だけ多く払いすぎていたことがわかり，駅で返金して

もらったときには，現金が2千円返ってきて現金が増えるとともに，費用である交通費が同額減少し，費用のホームポジションの反対側の貸方に記載するので，

　　　（Debit）現　金　　2千円　　　（Credit）交通費　　2千円

の仕訳を切ることになります。

1 簿記の基礎

図表1

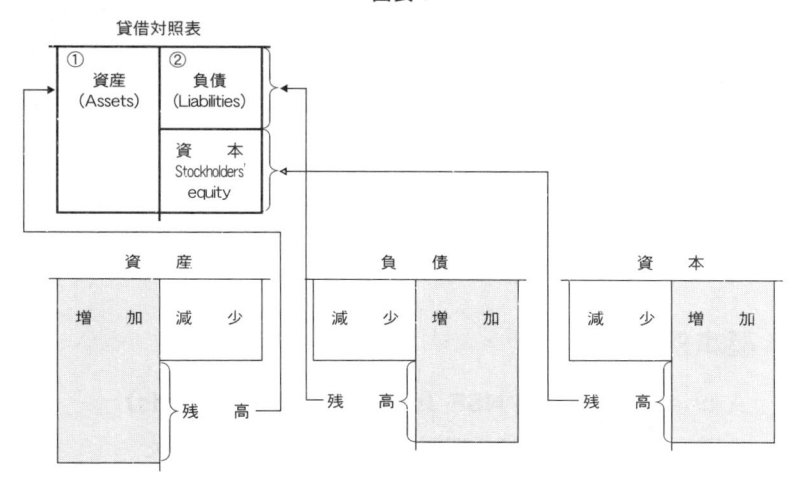

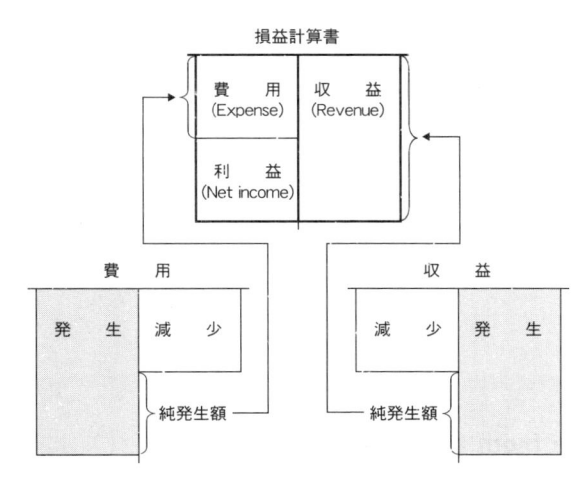

貸借対照表

① 資産 (Assets)	② 負債 (Liabilities)
	資本 Stockholders' equity

資産	
増加	減少
	残高

負債	
減少	増加
残高	

資本	
減少	増加
残高	

損益計算書

費用 (Expense)	収益 (Revenue)
利益 (Net income)	

費用	
発生	減少
	純発生額

収益	
減少	発生
純発生額	

第1部 基礎会計編

2 現金関係(1)
－小切手と当座預金－

　本章では，取引の決済手段として使われる**小切手（check）**と**当座預金（checking account）**の処理，および小切手が**不渡り**となった際の処理を学習します。

基本例文 1

A check became NSF (not-sufficient-funds)
ア チェック ビ ケイム　　ノット サフィシャント ファンズ
小切手が（相手方の資金不足により）不渡りとなった

■ **A check** of $300,000 received from BCB Inc. **became NSF.**
（BCB社より受け取った30万ドルの小切手が，不渡りとなった）

ここがポイント！　「小切手が不渡りになる」という表現は，本文のNSF以外に，bounceも使う。

基本例文 2

withdraw ～ from the savings account
ウィズドゥロー　フロム　ザ　セイヴィングズ アカウント
普通預金口座より，～（金額）をおろす

■ We **withdrew** 5 thousand dollar **from** our **savings account.**
（当社は普通預金口座より，5千ドルおろした）

2 現金関係(1) －小切手と当座預金－

ここがポイント！ 「銀行の口座からお金をおろす」は withdraw を使う。「普通預金」は savings account，「当座預金」は小切手（check）を振り出す口座であることから checking account。

▶▶▶**関連用語**
draw a check　小切手を振り出す　　　drawer　小切手の振出人
drawee　小切手の支払人（銀行）　　　payee　小切手などの受取人
payer　小切手などの支払人

解 説

　企業が日常の商取引の代金を決済する上においては，通常は現金決済ではなく，銀行に当座預金口座を開設し，小切手を振り出すのが一般的です。現金決済ですと額が多くなればなるほど，もらう方も払う方も面倒で，かつ盗難や紛失の恐れもあるからです。また当座預金を巡る処理に関しては，日本と米国では若干処理が異なります。日本の簿記では，現金と当座預金について，最終的な貸借対照表上の表示としては現預金として一括表示するものの，勘定上は両者を区別して仕訳を行いますが，米国では当座預金をはじめから現金として扱うからです。ですので，例えば日本の簿記でよく出される，「手持ちの小切手30,000円を当座預金に預け入れた」という仕訳は，小切手を受け取ったときは現金で処理していますので，

　　　　当 座 預 金　¥30,000　　　　現　　　金　¥30,000
となりますが，米国では同じ現金内の振替ですから仕訳は不要です。

　また，これも大きく異なるところですが，英文会計においては，小切手が**不渡りになる（bounce, NSF）**ケースが解説されますが，日本の簿記上は，小切手が不渡りになる事例はまず想定されていません。ここで不渡りを説明する前に，まず一般的な小切手による代金決済の仕組をみてみましょう。例えばA社がB社から100万ドル商品を掛けで仕入れ，代金の決済として取引銀行であ

るＸ銀行の当座預金口座より同額の小切手を振り出して，Ｂ社に渡したとします。この場合，Ｂ社は当該小切手を先ほどもいいましたように，仕訳上現金として扱うものの，紙幣や硬貨としての現金ではないので換金するため，自分の取引銀行であるＹ銀行に持ち込み，Ｙ銀行から代金の支払いを受けます。一方その小切手の支払い義務は本来振出人であるＡ社にあるため，Ｙ銀行はその小切手を，Ａ社の取引銀行であるＸ銀行に持ち込み，Ａ社の当座預金口座から小切手の代金を引き落として，小切手代金を支払うよう要求するわけです。このときＡ社の当座預金に100万ドル以上，いいかえれば当該小切手の金額以上の残高があれば，無事銀行間の決済は済み，めでたしめでたしとなります。しかし仮に残高ゼロの場合にはどうなるでしょうか？

　このとき，小切手は不渡りとなりＸ銀行はＡ社の当座預金口座の残高不足のため，Ｙ銀行への支払いを拒否します。するとＹ銀行はもともと自分が払うべきものでない金額を立て替えてＢ社に支払っていたわけですから，今度はＢ社に対し不渡りの金額を請求し，ＮＳＦというマークが付された不渡小切手が受取人のＢ社に再度返却され，Ｂ社はＡ社に対し不渡代金の請求を行うことになります（ただし銀行と別途当座借越契約を結んでいる場合，話は別となります。第３章参照）。

　この場合，両社での仕訳を考えますと，Ａ社はまず掛代金である買掛金（accounts payable）の決済として，小切手を振り出したわけですから，そのときの仕訳は，

　　　Accounts payable　　＄1,000,000
　　　　　　　　　　　Cash　　　　　　＄1,000,000

となりますが，小切手が不渡りとなり，代金が決済できなかった場合は支払の取り消しとなるので，上記の逆仕訳，すなわち

　　　Cash　　　　　　＄1,000,000
　　　　　　　　　Accounts payable　＄1,000,000

の仕訳を行います。あくまで支払いの取消ですから決して，Cash が入ってきたわけではないことに注意してください。

次にB社ですが，小切手受取時には売掛金（accounts receivable）が回収できたので

  Cash $ 1,000,000
      Accounts receivable $ 1,000,000

の仕訳を行っていますが，不渡りにより再度A社への売掛金が発生し，かつ取引銀行のY銀行に代金の返済を行うことになるため，

  Accounts receivable $ 1,000,000
      Cash $ 1,000,000

という仕訳を行うことになります。

　売掛金，買掛金について詳しくは第10章を参照してください。

第1部　基礎会計編

3　現金関係(2)
－小口現金と銀行勘定調整表－

　本章では，銀行と当座借越契約を結んでいる場合の**当座借越**（overdraw）の処理と表示，日常の細かな出費に備えるための**小口現金**（petty cash），さらに**銀行勘定調整表**（bank reconciliation）の作成方法について学習します。

基本例文 1

Enter into an overdraft agreement with A in the amount of $ B
（エンター イントゥ アン オウヴァードラフト アグリーメント ウィズ イン ズィ アマウント オブ Bダラー）

AとBドルの当座借越契約を結ぶ

- We have **entered into an overdraft agreement with** MN bank **in the amount of $** 500,000 for five years.
（当社はMN銀行と500,000ドルの当座借越契約を結んで5年になる）

ここがポイント！　enter into an agreement は「契約を結ぶ」。「借越」は overdraw，「貸越」は overdraft。銀行サイドで見れば「貸越」，借り手から見れば「借越」なので，overdraft agreement は「当座貸越契約」にも「当座借越契約」にも対応する。in the amount of は，動名詞を使って amounting to と言い換えが可能である。

3　現金関係(2)　－小口現金と銀行勘定調整表－

基本例文 2

Have a positive [negative] $ A checking account balance at C bank

C銀行に［マイナス］Aドルの当座預金（残高）がある

■ We **have a positive** $300 **checking account balance at** M bank.
（当社はM銀行に，300ドルの当座預金残高がある）

ここがポイント！　残高のプラス/マイナスは，英語では positive/negative を使うことに注意。

基本例文 3

Establish a petty cash fund of $ A

Aドルの小口現金口座を開設する

■ We **established a petty cash fund of** $500.
（当社は500ドルの小口現金口座を開設した）

ここがポイント！　「預金口座を開設する」は，establish an account を使う。

▶▶▶関連用語

replenish　　小口現金の補充を行う
bank reconciliation statement　　銀行勘定調整表
interest　利子，利息　　　bank transfer　銀行振り込み

解説

(1) 小切手の不渡りと当座借越について

　第2章で学んだように，小切手の不渡りは当座預金の残高が小切手金額よりも不足するときに生じるものでしたが，銀行との契約によって預金残高が不足する場合でも決済ができるようにすることを当座借越といいます。例えば，銀行との間で，限度額3,000ドルの当座借越契約を結んでいた場合，たとえ小切手の額が預金残高を上回っていたとしても，その不足額が3,000ドル以下である場合には，銀行が支払いに応じてくれるというものです。この場合，当座預金の額はマイナスとなるわけですが，これはいってみれば銀行からの借金と同じことです。したがってそれ以降に当座預金に入金があったつど，その入金額は，当座預金のマイナス額たる借越額の返済に充当されていきます。しかし，仮に決算期末において当座預金残高がマイナスのまま残った場合はどうなるでしょうか？

　先にもいいましたように，これは借金でかつ日々の営業活動による入金によって，決算期末の翌日から1年以内にマイナス残が解消され，プラスの預金残高が見込まれることから，1年以内に返済予定の**流動負債（current liability）** として，**短期借入金（short-term borrowings）** 勘定への振替が必要となります。以下設例でみていきます。

〔設例1〕

① 買掛金の決済として，5,000ドルの小切手を振り出した。当座預金残高には4,000ドルしかないが，銀行と3,000ドルの当座借越契約を結んでいる。仕訳を示せ。

（解答）

　　　　Accounts payable　$5,000
　　　　　　　　　Cash　$5,000

（注）　この時点で当座預金残高は $4,000 - $5,000 = マイナス $1,000

② 　売掛金 $400の入金があった。仕訳を示せ。

（解答）

　　　　Cash　　$400

　　　　　　　　　　Accounts receivable　　$400

（注）　この段階で，預金残高はマイナス $1,000 + $400 = マイナス $600

③ 　上記の状態で決算期末を迎えた。仕訳を示せ。

（解答）

　　　　Cash　　$600

　　　　　　　　　　Short-term borrowings　　$600

（注）　決算期末でマイナスの預金残高 $600を短期借入金に振り替える。

　また，ここで大事なのは，同じ銀行の異なる支店間で預金があった場合，例えばA支店の残高は $500，B支店はマイナス $200であった場合，各支店の金額を合計して各銀行毎の預金残高を計算する必要があるので，その銀行の預金残高は $300になるということです。ただし，異なる銀行間で，一方はプラスの残高，他方はマイナスの残高の場合には，通算してはいけません。例えば，ある会社でA銀行には $1,000の預金残があるが，B銀行には当座借越でマイナス $300の預金残となっていて他に現金，預金がない場合，この会社の貸借対照表上，現金を $1,000 - $300 = $700として表示してはいけません。

　このように期末において銀行毎に支店残高を通算したあとの金額がマイナスとなっているものがあれば，それはやはり短期借入金に振り替える必要があるので，貸借対照表上，現金としてA銀行の預金額 $1,000，短期借入金としてB銀行からの借越額 $300を表示することになります。

(2)　小 口 現 金

　これまで，企業の日常の商取引の決済手段としての当座預金をみてきましたが，そうした商取引はある程度金額がかさむものです。しかしそれ以外にも

日々の活動においては，文房具の購入や来客時の茶菓子の購入など様々な細かい出費があるわけですが，そうした出費についてまでわざわざ小切手を振り出すのはかえって面倒です。そこであらかじめ1週間や1か月といった一定の期間ごとに所定の必要額を**小口現金**(petty cash)として設定し，日常の少額の支出についてはその小口現金から支払いを行い，その後支出額と同額の小口現金を補充し，元の設定額に戻す仕組みを**定額資金前渡制**(impressed system)による**小口現金制度（petty cash fund system）**といいます。小口現金制度については以下のステップを経て実施されます。

① 小口現金の必要額を設定し，小切手を振り出して小口現金を**補充（replenish）**し，小口現金の管理は**用度係（custodian）**が行い，小口現金の仕訳は会計係が行います。

② 従業員は必要な支出のつど，**小口現金報告書（petty cash receipt）**に使用目的を記入し，領収書や請求書を添付して用度係に渡した上で，支払いを受けます。

③ 用度係は，1週間や1か月といった一定の期間ごとにこれらの petty cash receipt を集計した支払報告書を作成して会計係に送り，会計係はそれを元に仕訳を行い，支出額と同額を小切手を振出して補充します。この方式を**定額資金前渡方式（impressed system）**といいます。

④ 場合によっては，設定額を高くします。

以下，設例で確認します。

〔設例2〕
① A社は小切手を＄500振り出し，小口現金を開設した。仕訳を示せ。
（解答）

   Petty cash ＄500
        Cash ＄500

 米国では当座預金も勘定はCashですから，Cashから小口現金への振替えを行います。

3 現金関係(2) －小口現金と銀行勘定調整表－

② 1週間のpetty cash receipt を集計した結果，以下のように計算された。その際の仕訳を考えよ。

　　交　通　費（travel expense）　$250
　　文房具代（office supplies）　$170
　　合　　計　　　　　　　　　　　$420

（解答）　仕訳なし

1週間の出費状況を集計しただけの段階では，仕訳は計上されません。仕訳が計上されるのは，支出額の補充時です。

③　会社は出費額による不足分を補充した。仕訳を示せ。

（解答）

　　Travel expense　$250
　　Office supplies　$170
　　　　　　Cash　　　$420

先に述べましたように，例えば1週間という期間を区切り，その期間の出費額を集計後，使った金額分だけ小切手を振り出し，小口現金の補充を行いますが，このとき費用の認識と小切手振出しの仕訳を行います。これにより小口現金は当初の設定額に戻ります。

なお，仕訳として小口現金勘定を動かすのは，当初の小口現金補充時と，小口現金の設定額を増やす場合のみであることに注意してください。仮に小口現金設定額を当初の$500から$800にする場合，差額の$300につき，以下の補充仕訳を行います。

　　Petty cash　$300
　　　　　　Cash　　　$300

(3)　銀行勘定調整表（bank reconciliations）
　①　銀行勘定調整が必要となる理由
　銀行に当座預金口座がある場合，銀行から定期的に当座預金の入出金状況を

記した**当座預金照合表**（bank statement）が送付されてきますが，当座預金については，銀行側での残高と会社側での帳簿上の残高が食い違うことがよく生じます。その主な原因として，以下のものがあります。

- ⅰ) **未取付小切手**（outstanding checks）…会社の帳簿上は，小切手の振出時に当座預金の引き落とし処理を行っているが，銀行側ではまだその処理を行っていないもの。
- ⅱ) **未達預金**（deposit in transit）…会社の帳簿上は，当座預金の入金処理が済んでいるのに，**夜間金庫**（overnight depository）に預けた等の理由で銀行側ではまだ入金処理を行っていないもの。
- ⅲ) **銀行手数料**（bank service charge）…当座預金口座につき，様々な手数料が発生し，銀行側ではその引き落とし処理を行ったが，会社側ではまだ処理していないもの。
- ⅳ) **銀行による手形代金の回収**（collection of notes receivable）…手形代金の回収等により，銀行側では当座預金の入金処理を行ったが，会社側はまだそれを知らず，処理を行ってないもの。
- ⅴ) **不渡小切手**（NSF check）…売掛金の代金回収として小切手を受け取った場合，小切手を銀行に持ち込み，通常の代金回収仕訳を行いますが，これが不渡りとなった場合，銀行側では入金の取消を行い，**不渡小切手**（NSF）として会社側に返却するもの。
- ⅵ) **誤記入**（error）…会社側または銀行側での，処理誤りによるもの。

上記については，原因の所在が会社にあるのか，それとも銀行にあるのかという観点から考えていく必要があります。そして会社側に原因がある場合には，**修正仕訳**（adjusting journal entries）を行い，本来あるべき残高への調整を行う必要があり，ここで銀行勘定調整表が作成されます。すなわち，ⅰ)，ⅱ)については，銀行側で処理が未済のものですから，銀行側での修正，またⅲ)，ⅳ)およびⅴ)については会社側での処理が未済または誤っているものですから，会社側での修正となり，よって修正仕訳が必要となるのはⅲ)，ⅳ)およびⅴ)となります。

またvi）については，会社側の誤りであれば，会社側で修正仕訳を行います。

② 具体的な修正例

以下ⅰ）からⅵ）につき，銀行勘定調整表での具体的な調整の仕方と，必要な修正仕訳をみていきます。

ⅰ） **未取付小切手**……銀行側の引き落とし処理が済んでないため，銀行の残高から減算。

ⅱ） **未達預金**……銀行側での入金処理が済んでないため，銀行残高に加算。

ⅲ） **銀行手数料**……会社側で手数料の引き落とし処理を行っていないので以下の修正仕訳を実施。帳簿残高を減算。

  Bank service charge ××
    Cash   ××

ⅳ） **銀行による手形代金の回収**……会社側で手形回収処理が未済のため，以下の修正仕訳を実施。帳簿残高を加算。

  Cash   ××
    Notes receivable ××

ⅴ） **不渡小切手**……仮に売掛金を小切手で回収後，不渡りとなれば，銀行側はその不渡分の請求を行い，それにより会社側はその支払いをすることになる。このとき，当初の権利関係に立ち返り，得意先に売掛金が再度発生し，言い換えれば当初の代金回収仕訳の反対仕訳と同じになる，以下の仕訳が必要。よって帳簿残高を減算。

  Accounts receivable ××
    Cash   ××

ⅵ） **誤記入**……会社側での誤りを原因とする場合，誤った処理からあるべき処理への修正仕訳を行う。

③ 銀行勘定調整表の総合設例

以下，銀行勘定調整表の設例をみていきます。

〔設例3〕

2007年12月31日時点のA社の当座預金の帳簿残高は＄750，銀行の当座預金残高は＄1,200であった。差異の原因を調査したところ，以下の事実が明らかになった。銀行勘定調整表を作成せよ。

i ）　会社側で未記帳の銀行サービス手数料　　＄100
ii ）　未取付小切手　　＄500
iii ）　不渡小切手　　＄250
iv ）　未達預金　　＄300
v ）　未記帳の手形回収額　　＄650
vi ）　誤記入により，＄500の当座預金の引き落とし額を＄450とした。

（解答）

A Company

Bank Reconciliation

December 31, 2007

Balance per Bank Statement	1,200	Balance per Books	750
Outstanding Checks	(500)	Bank service charge	(100)
Deposit in transit	300	NSF Check	(250)
		Collection of Note	650
		Error	(50)
Adjusted Bank Balance	1,000	Adjusted Bank Balance	1,000

銀行側での**預金残高（balance per bank statement）**及び会社側での**帳簿残高（balance per books）**から出発し，双方において必要となる調整を行います。誤記入については，会社側での処理誤りにより，本来＄500の引き落とし処理をすべきところ，＄450にしたわけですから，差額の＄50の追加の引き落とし処理が必要ですので，会社の帳簿残高から＄50をマイナスします。

なお，それぞれの**調整後残高（adjusted bank balance）**は必ず一致しま

すので，調整表作成後一致していなければ，途中に誤りがあったことを意味しますので，再度作成することになります。

第1部　基礎会計編

4 売掛金と貸倒引当金

　本章では，**売掛金**（accounts receivable）につき回収不能が見込まれる場合，回収不能額をあらかじめ費用として見積もる**貸倒引当金**（allowance for doubtful accounts）の処理について学習します。

基本例文 1

X% of accounts receivable will become uncollectible

売掛金のうちX％が貸倒となる

■ James Co. estimates about 2 **% of** gross **accounts receivable** will **become uncollectible**.

（ジェームス社は，売掛金総額の約2％が貸倒となると見込んでいる）

ここがポイント！　債権を「回収する」には collect を使う。become uncollectible で「貸倒となる」。ちなみに，一度貸倒処理した債権を「回収する」場合には，recover を用いる。

基本例文 2

Write off bad debts

不良債権の償却を行う

4 売掛金と貸倒引当金

■ We **wrote off bad debts** in the amount of $100,000 against the allowance for doubtful accounts.
（当社は10万ドルの不良債権を，貸倒引当金を取り崩して償却した）

ここがポイント！ 「貸倒引当金」は allowance for doubtful (uncollectible) accounts。貸倒引当金を「取り崩して」という部分には against を使う。

基本例文 3

Have a credit balance of $X in allowance for doubtful accounts
（貸方に）貸倒引当金を～ドル計上している

■ Z Co. **has a credit balance of** $50,000 **in its allowance for doubtful accounts**.
（Z社は，（貸方に）貸倒引当金を5万ドル計上している）

ここがポイント！ 「借方に」であれば have a debit balance of～になる。

▶▶▶関連用語
bad debts expense　貸倒引当金繰入額，貸倒損失
default　債務不履行

解説

(1) 貸倒引当金の一連の処理

　現在企業間の商取引においては，即現金決済となることはまれで，たいていは代金の決済を後で行う掛け取引になっています。販売側からみれば得意先の

信用調査を行い，与信限度枠を設定したうえで取引に入るわけですが，得意先の倒産などにより売掛金が全部あるいは一部回収不能となることがあります。この場合，決算期末において個々の得意先の状況に応じて，あらかじめ売掛金のうち回収不能となる額を見込んで，売掛金の発生した期の費用として借方に計上したものを，**貸倒引当金繰入額**（bad debts expense）といいます。そして同時に，回収不能見込額を売掛金から控除し，売掛金の正味の回収可能額を表すための**評価勘定**（a contra account）として，貸方に**貸倒引当金**（allowance for doubtful accounts）を計上し，以下の仕訳を切ります。

　　　Bad debts expense 〜
　　　　　　　　　　Allowance for doubtful accounts 〜

なお貸倒引当金の設定方法には，①当期の**掛売上高**（credit sales）に回収不能見積率をかけて計算する**インカムステートメントアプローチ**（income statement approach）と，②期末の売掛金残高に回収不能見積率をかけて計算する**バランスシートアプローチ**（balance sheet approach）の２つの処理があります。前者の場合，前期以前に設定済みの貸倒引当金の額にかかわらず，毎期の算定額はフローの値として前期以前の引当金の額に加算されていきます。一方，後者の場合，期末の売掛金に一定率を乗じて計算した額は，貸倒引当金の期末時点でのストックの額となるため，当期の引当金繰入額は期末のストックの額から，期首の引当金の額を差し引いた差額となり，日本ではこちらが採用されています。

　以下，バランスシートアプローチを前提に設例を交えて考えてみましょう。

〔設例１〕
　　S社は×１年度において得意先A社に対する売掛金10万ドルのうち，５％が貸倒となるものと見込んでいる。すでにA社に対する貸倒引当金を千ドル計上している。決算時に必要となる仕訳を示せ。
（解答）
　　　Bad debts expense　＄4,000

                                             Allowance for doubtful accounts $4,000

　10万ドルのうち，5％が回収不能となるわけですから，計上すべき貸倒引当金の額は$5,000ですが，すでにA社に対しては$1,000の貸倒引当金を計上していますから，当期末においては差額の$4,000を追加計上すればOKです。なお先に示したように，売掛金に対する貸倒引当金は回収不能額を意味し，その評価勘定となりますから，貸借対照表の表示は以下のようになります。

　　　Accounts receivable　　　　　　　　$100,000
　　　Allowance for doubtful accounts　　　($5,000)
　　　Net receivable　　　　　　　　　　　$ 95,000

〔設例2〕
　×2年度において，A社に対する売掛金のうち，$7,000が貸倒となった。仕訳を示せ。
（解答）
　　　　Allowance for doubtful accounts　　$7,000
　　　　　　　　　Accounts receivable　　$7,000

　貸倒が実際に生じたときの仕訳ですが，このとき改めて費用を計上する必要はありません。なぜなら貸倒の原因は前期に計上されている売掛金にあり，そこであらかじめ前期までに$5,000の貸倒引当金を費用として計上していたからです。また前期に計上した貸方の貸倒引当金は回収不能見込み額として売掛金の評価勘定となっているわけですから，貸倒が生じた期にはもう不要となり，かつあらためて費用を計上させないために，取り崩して借方にもってくるわけです。ただ本設例で注意が必要なのは，翌年において引当金の計上額（$5,000）より多く貸倒が生じているということです。日本の簿記では貸倒引当金が貸倒額より不足する場合，その不足額を貸倒損失として，以下のように分けます。

　　　　貸 倒 引 当 金　　$5,000　　　　売　　掛　　金　　$7,000

　　　　貸　倒　損　失　　＄2,000

　しかし，米国では上記仕訳に示したとおり，全部一括して貸倒引当金として計上することに注意してください。またこのとき，期中における貸倒引当金の残高は，当初貸方残高が＄5,000で，貸倒時に＄7,000を借方に取り崩したわけですから，貸方残高を正とすれば，＄5,000－＄7,000＝マイナス＄2,000で，借方に＄2,000残る計算になります。

〔設例3〕
　翌年度末におけるA社に対する売掛金は9万3千ドル（＝10万ドル－回収不能額7千ドル）になった。このうち，10％の貸倒を見込む場合の，決算時の仕訳を示せ。
（解答）
　　　　Bad debts expense　　＄11,300
　　　　　　　　　　Allowance for doubtful accounts　　＄11,300

　9万3千ドルの売掛金のうち，10％の貸倒引当金を計上すればいいわけですが，この場合貸倒引当金繰入額の計上額は，とにかくあるべき期末の貸倒引当金残高から，すでに計上済みの額を引いて計算すればいいわけです。設例2によって，期中の貸倒引当金残高は借方に＄2,000で，それが期末に貸方に＄9,300（＝＄93,000×10％）となるように設定しますから，貸方をプラス，借方をマイナスとすると，
　　　　＄9,300－（－＄2,000）＝＄9,300＋＄2,000＝＄11,300
となり，よって貸倒引当金繰入額は＄11,300として仕訳を切ります。

(2) 貸倒処理した債権の回収時の処理

　(1)でみてきたように，売掛金の発生した期にあらかじめ回収不能額を見積もって貸倒引当金として計上し，そして実際に回収不能となったときに，引当金を取り崩す処理を行うわけですが，仮にその後貸倒処理した債権が**回収 (re-**

cover）できた場合はどういう処理を行うべきでしょうか。先の設例の続きで考えて見ましょう。

〔設例4〕
　×3年に入り，先に貸倒処理した売掛金のうち，＄3,000を現金で回収できた。このときの仕訳を示せ。
（解答）
　　　Accounts receivable　　＄3,000
　　　　　　　　　Allowance for doubtful accounts　＄3,000
　　　Cash　　　　　　　　　＄3,000
　　　　　　　　　Accounts receivable　　　　　　　＄3,000
（別解）
　　　Cash　　　　　　　　　＄3,000
　　　　　　　　　Allowance for doubtful accounts　＄3,000

　解答の第1の仕訳は，売掛金を貸倒引当金を取り崩して償却した際の取消仕訳となり，そして第2の仕訳は売掛金の現金による回収を意味します。両者を足せば，売掛金が借方，貸方に同額計上されていますから，ともに相殺されて別解の仕訳でも可となります。

　ただし日本の簿記ですと，このような場合，償却債権取立益という勘定を使って，以下のように仕訳します。

　　　現　　　　金　＄3,000　　　償却債権取立益　＄3,000

　さきほどの〔設例2〕で売掛金が当初の予想額を超えて貸倒となった場合，日本では当初の貸倒引当金計上額を取り崩し，不足額を貸倒損失として処理するのに対し，米国ではそのような区別を行わず，すべて貸倒引当金一本で処理すると説明しましたが，これは貸倒処理した債権を回収した場合についても同様であると押さえてください。その意味ではいちいち区別する日本の処理よりは楽かもしれません。

第1部 基礎会計編

5 債権譲渡

本章では，債権流動化の手法として取り上げられる，**債権譲渡（factoring）**の処理について学習します。

● 基本例文 1

Factor $ X of accounts receivable with A
ファクター Xダラー オブ アカウンツ リスィーヴァブル ウィズ
Aに対し，Xドルの売掛金のファクタリングを行う

■ We **factored** $400,000 of **accounts receivable with** ABC Bank.
（当社はABC銀行に対し，40万ドルの売掛金のファクタリングを行った）

ここがポイント！　このfactorは「ファクタリングを行う」という意味の動詞。「ファクタリング」については解説を参照。「債権買取会社」についても名詞factorで表現できる。accounts receivable「売掛金」とaccounts payable「買掛金」はセットで覚えておこう。

● 基本例文 2

Obtain a loan of $ X by pledging Z as collateral
オブテイン ア ロウン オブ Xダラー バイ プレッジング アズ コウラテラル
Zを担保に，Xドルの融資を受ける

■ We **obtained a** two-year **loan of** $100,000 **by pledging** $200,000 of accounts receivable **as** collateral.

（当社は20万ドルの売掛金を担保に，10万ドルの融資を2年間受けた）

ここがポイント！　pledge「約束する」，collateral「担保」で，pledge ～ as collateral「～を担保にする」という表現になる。融資を受けるは，borrow cashでもよい。

▶▶▶関連用語
with recourse（on a recourse basis）　遡及義務付きで
without recourse（on a nonrecourse basis）　遡及義務なしで

解説

(1) 金融資産の認識中止の要件

　ファクタリングとは，保有する売掛金を得意先から回収する前に，あらかじめ得意先に通知した上で，**債権買取会社（factor）**に所定の手数料を払って売却し，代金を受け取ることをいいます。定義からすれば，ファクタリングの際には，債権の売却処理を即行っていいかというと必ずしもそうではありません。米国の「**財務会計基準審議会**」（Financial Accounting Standards Board：FASB）が公表する「**財務会計基準書**」（Statement of the Financial Accounting Standards：SFAS）140号では，金融資産の認識の中止（つまり売却処理）をいつ行うかにつき，「**財務構成要素アプローチ**」（Financial Component Approach）を採用しています。一方日本基準もこれに習っており，「金融商品に係る会計基準」では「財務構成要素アプローチ」を，「金融資産を構成する財務的要素に対する支配が他に移転した場合に当該移転した財務構成要素の消滅を認識し，留保される財務構成要素の存続を認識する方法」と解説しています。ＳＦＡＳ140号でも金融資産に対する支配を放棄したとき（control surrendered）に認識が中止されるとし，その支配の放棄の要件として以下の3つの条件がすべてクリアーされることを要求しています。

① 譲渡資産は，譲渡者またはその債権者から隔離されている。
② 譲受者は，譲り受けた資産をいかなる制約を受けることなく自由に担保に差し入れたり，交換できる権利を有する。
③ 譲渡者は（ⅰ）譲渡資産を満期前に買戻したり償還する権利や義務を有する契約，または（ⅱ）特定資産の返還を一方的に請求することができること，を通じ譲渡資産に対する実質的な支配を維持しないこと。

以上3つの要件をまとめますと，譲渡は法的にも効力を持ち，譲受者が資産の持つ最大の便益とされていい現金獲得能力を譲り受けた後，それを独占的に享受し，かつ満期前の買戻しの特約等により，実質的に譲渡者が譲渡資産を支配し続けているようなことがないこと，といえます。

もし上記の3つの要件のうち一つでも欠けるものがあり，支配の放棄がないものとされれば，ファクタリングにおいても債権の売却処理は行われず，あくまで**借入（borrowing）**として処理されることになります。

(2) 遡及義務のないファクタリングの処理

売掛金をはじめとする債権は，前項でも説明しましたように，必ず貸倒リスクが伴います。ファクタリングにおいても，債権売却後の貸倒リスクについてすべて債権買取会社が負い，売却債権に対してはもはや売り手が**継続的に関与（continuing involvement）**することなく，債権が回収不能の場合に支払義務が売り手に**遡及してこないもの（without recourse）**と，売却債権に対し売り手が継続的に関与するため，債権の回収不能時に支払義務が売り手に**遡及してくるもの（with recourse）**とがあります。ここでははじめに，遡及義務が生じないケースをみていきます。

〔設例1〕
　Ａ社は債権買取会社に遡及義務なしで，売掛金5万ドルのファクタリングを行った。当該売掛金に対するＡ社の支配は放棄されている。債権買取会社はＡ社に対し，売掛金総額に対し＄1,500のファクタリング報酬と，売掛金

の期日までの利息費用＄500を要求した。またファクタリング後，債権買取会社は売上値引や返品があった場合は，買い取った売掛金が減少するため，それらの値引や返品を見越して，売掛金総額のうち所定の額はＡ社に支払わずに手元に留保している。Ａ社ではこれを，債権買取会社に対する預け金として処理し，値引，返品があればその預け金で清算し，残額があれば，債権買取会社からＡ社に残額相当額が支払われる。債権買取会社はこの手元留保分を売掛金総額に対し４％設定している。必要な仕訳を示せ。

（解答）

Cash	＄46,000	
Factor's holdback	＄2,000（＝＄50,000×４％）	
Loss	＄2,000（＝＄1,500＋＄500）	
	Accounts receivable	＄50,000

　ＳＦＡＳ140号では，金融資産の認識の中止に係る会計処理として新たに生じた資産，負債を公正価値で測定するとしています。すなわち，＄50,000の売掛金を売却して，まず新たに発生する資産は，ファクタリングによる現金収入です。これは売掛金の債権総額＄50,000から債権買取会社の報酬や利息の合計＄2,000と，債権買取会社が値引，返品による買取債権の減少を見越して，Ａ社への支払いを留保した＄2,000（＝＄50,000×４％）を差し引いて＄46,000と求まります。

　また債権買取会社が値引・返品による債権減少額としてＡ社への支払いを留保した額は，Ａ社では債権買取会社に対する債権として**預け金勘定（factor's holdback）**で処理し，これは手元に留保した資産として＄2,000で計上されます。結局＄50,000の売掛金の売却によって，現金＄46,000が新たに発生し，かつ預け金＄2,000が手元に留保され，当初の売掛金＄50,000との差額＄2,000は債権売却損といえるわけです。

　ちなみに，預け金＄2,000のうち＄500だけ返品があったときは，

　　　　　Sales　　　　　$500
　　　　　　　　　　　　Factor's holdback　　$500

の処理を行い，それ以降値引や返品がなかった場合には残額を債権買取会社から返してもらえるので，

　　　　　Cash　　　$1,500
　　　　　　　　　　　　Factor's holdback　　$1,500

という仕訳が行われます。

(3) 遡及義務のあるファクタリング

　遡及義務がある場合には債権売却後も，依然として売り手が当該債権につき**継続的な関与（continuing involvement）**を有し，貸倒リスクを負うことになります。その貸倒に伴う遡及義務は，金融資産の認識の中止に伴い，新たに発生した負債として公正な価値で評価する必要があります。通常は売掛金に対し，貸倒リスクに備えるため貸倒引当金を計上しているわけですから，遡及義務付きで売掛金を売却した場合には，引当金の設定と同様にして遡及義務の計上を行えばよいでしょう。

〔設例2〕

　設例1と同様の条件で，遡及義務あり（すなわち得意先が倒産などにより代金の支払いが行えない場合，A社が債権買取会社に対し支払義務を負う）を条件に加えた場合の仕訳を示せ。なおこの場合，A社に支払義務が生じる可能性があるので，それを遡及債務として適正な時価で評価する必要があり，ここではその時価を$3,000とする。

（解答）

　　　　Cash　　　　　　　$46,000
　　　　Factor's holdback　$2,000（＝$50,000×4％）
　　　　Loss　　　　　　　$5,000（＝$1,500＋$500＋$3,000）
　　　　　　　　Accounts receivable　$50,000

　　　　　Recourse obligation　　　$3,000

この場合，A社は遡及義務によって，得意先の倒産等により債権が回収不能となった場合，自らが債権買取会社に対し支払義務を負う可能性があるので，これを債務として適正な時価によって計上しなければならず，その場合，相手勘定は費用となって，loss に計上されます。したがって遡及義務の計上を除き，後は設例1と同じです。

〔設例3〕

　設例1と同じ数値で，支配の放棄があったものと認められず，借入として処理された場合の仕訳を示せ。なお借入につき，返済時まで支払義務は残るため，遡及義務は考慮の対象外とする。

（解答）

　　Cash　　　　　　　　$48,000
　　Interest expense　　$2,000
　　　　　　Loan payable to factor　　$50,000

　ここで注意が必要なのは債権の売却と認められず，あくまで債権買取会社からの借入れになるわけですから，貸方にくるのは accounts receivable ではなく，loan payable すなわち借入金となることです。さらに売却時では，factoring fee と interest expense をともに**債権の売却により発生した損失（loss on sale of receivables）**として処理しましたが，ここではやはりあくまで借入れですから，売却損として処理することはできず，債権買取会社への報酬も含め，借入れによって発生した利息として扱うことにも注意してください。

　なお借入処理で，返済時まで債権買取会社への支払義務は残りますから，遡及義務については当然考慮の対象外となることにも注意してください。

第1部 基礎会計編

6 受取手形

　本章では，**受取手形**（notes receivable）の基本概念および金銭貸付の代価として受け取った無利息の長期手形の処理について，現在価値会計と併せて学習します。

◉ 基本例文 1

sell A in exchange for B note
（セル　イン　エクスチェンジ　フォア　ノウト）
Aを売却し，代金としてBの手形を受け取る

■ ABC Co. **sold** a machine to XYZ Co. **in exchange for** a non-interest bearing **note** due September 30, 2007.
（ＡＢＣ社は，ＸＹＺ社に対し機械を販売し，代金として2007年9月30日期日の無利息手形を受け取った）

ここがポイント！　in exchange for ～ で「～と交換に」。bearは「生む」，interest は「利子」で，「利息3％の手形」なら，note bearing 3 % interest。

◉ 基本例文 2

The note is dated A and due B
（ザ　ノウト　イズ　デイティド　アンド　デュー）
手形の振出日はAで，期日はBである

■ **The note** ABC Co. received from XYZ Co. **is dated** June 30 **and due** September 30.

（ＡＢＣ社がＸＹＺ社から受け取った手形の振出日は6月30日で，期日は9月30日である）

ここがポイント！　date は「日付を入れる」という動詞，due は「(手形などの) 支払期日がきた」という形容詞。dated および due の後に前置詞は不要で，日付のみ入れればよい。

▶▶▶関連用語
writer　手形の振出人　　face value　額面
payee　手形の受取人　　notes payable　支払手形

解説

(1) 日本の手形と米国の手形の相違点

　日本の簿記上，手形はもっともポピュラーな論点のひとつといっても過言ではありません。手形には必ず額面という概念があり，手形の**振出人（writer）**から手形を受け取った**受取人（payee）**は，**満期日（due〔maturity〕date）**に額面相当額の金額を受け取れます。日本では商品売買の決済手段としての受取手形や支払手形はなじみの深いものであるはずですが，米国では日本と異なり手形交換制度が発達していないためこうした商業手形としてではなく，融通手形として使われます。すなわち，売掛金や買掛金の決済手段として使われることがないのです。

　例えば支払手形は英訳すると，notes payable となりますが，米国企業の財務諸表上の notes payable は，証書を発行した借入れである手形借入金や銀行借入金を意味することになります。さらには日本の簿記でも出てくる固定資産購入支払手形または営業外支払手形もこれに該当するでしょう。そのため日本の受取手形や支払手形の商業手形については利息の支払いはありませんが，米国の notes payable には利払いを伴うことが通常です。では日本と同じ利息な

しの手形がないかというとそうではありません。

　日本でも会計ビッグバンにより，退職給付会計など現在価値の考え方を応用した会計基準が導入されてきていますが，手形についてはまだ現在価値の手法はあまりなじみがありません。これに対し米国では，利息なしの手形についても金利概念を考慮した現在価値の手法に基づいて処理を行うため，かなり奥が深いものとなっています。ここでは紙面の都合上，手形貸付金の場合につき設例をみていきます。

(2)　利息なしの手形貸付金の根本的な考え方

　利息付の手形貸付の処理は，通常の貸付金の処理と何ら変わりはありません。手形の額面に対し，表面利率をかけた額だけ支払利息として処理すれば問題はありません。問題は利息のない長期の手形貸付の場合です。まず次の設例を考えてみましょう。

〔設例 1〕

　　A社はC社に2007年1月1日に金を貸し，対価として額面＄50,000，利息なし，期限2年の手形を受け取れる。2年物の市場利子率を3％とした場合，いくら貸すべきか。

（解答）　＄47,130

　この問題を考えるにあたっては，経済学でいう機会費用の概念に慣れて頂かなくてはいけません。すなわち，C社に手持ちのお金を貸せば2年後に5万ドルを受け取ることができますが，その場合，他の国債や社債の購入といった投資機会は失われます。このようにある事を選択することにより失われる利益を機会費用といいます。

　C社に貸すのと同額の金額をもし他の投資機会で運用するとすれば，2年後にはいくらになって戻ってくるでしょうか？　ここで参考にすべき利子率を市場利子率といい，これはマーケットで成立する標準的な投資機会に対する利子

率を意味しますから，貸付額をYとし，仮に国債等に全額投資すれば，1年後には市場利子率3％の利息が付くので元本と利子の総額は（1＋0.03）×Y＝（1＋0.03）Yドルとなります。仮にYが100ドルなら1年後には元利込みで103ドルとなるでしょう。では2年後にはどうなるかというと，通常利息は複利方式で利息にもまた利息がつきます。ですから2年後の元利合計は，1年後の元本が利息込みの金額の（1＋0.03）Yドルとなり，これに利息がつくので，（1＋0.03）×（1＋0.03）×Y＝（1＋0.03）^{2}Yドルとなるはずです。

したがって国債に投資すれば2年後には元利込みで（1＋0.03）^{2}Yドルを得られるわけです。一方これを犠牲にし，Yドルのお金を貸し，途中の利息なしで2年後に5万ドルを得ることを選択するには，最低でも国債投資と比べ，損も得もせず，いわゆるトントンとなる必要があります。よって5万ドル＝（1＋0.03）^{2}Yドルが成立していなければならず，これより

　　Y＝＄50,000÷（1＋0.03）^{2}＝＄47,130（但し小数点以下四捨五入）

と計算されますが，これはとりもなおさず割引率を市場利子率として，貸付期間で割り引いた手形額面5万ドルの**現在価値**(present value)にほかなりません。例えば金利が3％なら，現在の100ドルは1年後の103ドル（＝100×1.03）と等しく，n年後なら複利ですから100×（1＋0.03）^{n}となりますから，n年後の金額を現在価値100ドルに直すには，（1＋0.03）^{n}で割ればよく，よって先の式が金利3％の場合2年後の＄50,000を現在の価値に直しているものだといえます。またこの金利を，割引率ともいいます。

そして手形額面は，元本＄47,130と2年分の利息＄2,870（＝＄50,000－＄47,130）の合計になっていることがわかります。

これを一般化すれば，市場利子率をi％，貸出期間をn年，手形額面をXドルとした場合の当初の貸出額は，$\dfrac{X}{(1+i)^n}$となるべきといえます。ちなみにXを1とした場合の$\dfrac{1}{(1+i)^n}$は，金利をi％とした場合，n年後の1ドルを現在の価値に等しくするための係数で，これを現価係数といい，現代会計を理解する上での欠かせない概念となりますので，よく押さえてください。

(3) 手形貸付の仕訳

以上をもとにA社の貸付時と1年後、そして2年後の返済時の処理をみていきましょう。

```
1/1/07    Notes receivable    $50,000
              Cash                   $47,130
              Discount on NR         $2,870
```

貸付時における手形額面と貸付額の当初の元本との差額は、返済時までの2年分の利息で、時の経過と共に収益として発生していくものですから、まずDiscount on NR（繰延収益）として繰り延べます。また

　　　手形額面－繰延収益＝貸付金元本

という関係も成立します。

```
12/31/07  Discount on NR         $1,414
              Interest revenue       $1,414
```

次に1年間経過しましたから、手形額面から繰延収益を引いた期首の元本$47,130に市場利子率3％をかけて、$1,414の受取利息が計上されます。契約上の利子率はゼロですが、債権者からすれば機会費用として市場利子率3％をつねに念頭に置いているため、貸付金の元本に3％を乗じ繰延収益から受取利息に振り替えます。

```
12/31/08  Discount on NR         $1,456
              Interest revenue       $1,456
          Cash                   $50,000
              Notes receivable       $50,000
```

2年目の利息は、やはり額面から2年目の期首の繰延収益の額を引いて求めた貸付金元本に、市場利子率をかけて計算しますから、

　　$\{\$50,000-(\$2,870-\$1,414)\} \times 3\% = \$1,456$（端数処理あり）

となります。

また元本については、上記の式で計算するほか、複利が前提ですから、当初の貸付金元本に、1年経過するごとにdiscountから振り替えられる毎年の受

取利息を当初の元本に加えたものを，翌期首の元本とし，それに3％を乗じて受取利息を計算しても構いません。

すなわち先ほどの例では，2年目の利息を計上するにあたって，元本を当初の$47,130に，1年目の利息$1,414を加え$48,544として

（$47,130＋$1,414）×3％＝$1,456（端数処理あり）

としても計算できます。これを表にすれば以下のようになります。

	①期首元本	②期首繰延収益	③受取利息	④期末元本	⑤期末繰延収益
1年目	47,130	2,870	1,414	48,544	1,456
2年目	48,544	1,456	1,456	50,000	0

（注）①＋②＝50,000，③＝①×3％，④＝①＋③，⑤＝②－③，④＋⑤＝50,000
　　　2年目以降の繰延収益は1年目の期首残高から毎年の受取利息の計上額を引いた値となります。

なお，途中は四捨五入し，最後の2年目は期末元本が$50,000になるように，④と①の差額として受取利息を計算しています。また2年目は期首の繰延収益がすべて取り崩され，受取利息に振り替えられますので，両方の金額が等しくなります。

第1部　基礎会計編

7　手形の割引

本章では，受取手形を満期日前に銀行に持ちこみ，早期に現金化する**手形割引**（discount）の処理について学習します。

◆ 基本例文 1

Discount a promissory note at XYZ bank
ディスカウント ア プロミッサリーノウト アット バンク
手形をＸＹＺ銀行で割り引く

■ We **discounted** VAC Inc.'s 4-month, $300,000 **promissory note** dated July 20, 2007 and bearing annual interest of 8％ **at** MT **bank**.
（当社は，ＶＡＣ社が2007年７月20日に振り出した，年利８％，期間４か月，金額30万ドルの手形をＭＴ銀行で割り引いた）

ここがポイント！　「手形を割り引く」は，discountを使う。価格の「割引」もdiscountであるからあわせて覚えておくとよい。また手形のあとに，bearing annual interest of 〜％をつけることで，「年利〜％の手形」となる。promissory noteは「約束手形」。

◆ 基本例文 2

A note is dishonored
アノウト イズ ディスオナード
手形が不渡りになる

7 手形の割引

■ The $20,000, 3-month, 6% **note** written by ABC Inc. **was dishonored** on the maturity date.
（ＡＢＣ社が振り出した期間３か月，利率６％，額面２万ドルの手形が満期日に不渡りとなった）

ここがポイント！　write a note で「手形を振り出す」，dishono(u)r で「（手形を）不渡りにする」。maturity date は「満期日」で，これを手形振出人からみれば，due date「支払期日」ともいえる。

▶▶▶関連用語
redeem a note　手形を決済する　　　dishonored note　不渡手形
cash a note　手形を現金化する
discount a note for 〜％　手形を〜％で割り引く

解説

(1) **手形の割引の処理**

　手形を受け取った場合，通常，**満期日（due〔maturity〕date）**が来ないと換金できませんが，早期に現金化するために，満期日前に受け取った手形を銀行に持ち込んで，**手形の割引（discounting notes receivable）**を行うことがあります。そして会計上の処理ですが，日本では手形割引につき，金融商品に関する会計基準により，銀行への売却として扱うようになりました。これに対し米国の実務上は銀行からの借入れ処理として扱うケースが一般的です。

　また英文会計の世界では，債権譲渡の項と同様，割引手形についても，期日に手形振出人が支払不能となり手形が不渡りとなった場合，手形を割り引いた本人が銀行に対し支払い義務を負う，遡及義務のあるものとそうでないものとの双方のケースが解説されていますが，日本においても割引手形については遡及義務を伴いますので，その時価を見積もって

第1部　基礎会計編

　　　保証債務費用　　　××　　　　　保証債務　　××

と，費用，負債の計上を行います。

　米国では手形に対し利息がつく性格上，手形割引の処理も若干複雑になりますので，ここでは遡及義務の仕訳を省略します。

〔設例1〕
　A社は，7月1日にD社より同日振出，9月30日満期，年利6％で$3,000の手形を受け取り，これを8月31日にB銀行に持ち込み，割引率12％で割り引いた。このときの仕訳を示せ。但し売却処理による。

（解答）

　　Cash　　　　　　　　　$3,015
　　Loss on sale of notes　$15
　　　　　　Notes receivable　$3,000
　　　　　　Interest revenue　$30

　手形割引の際銀行は，期日において手形の権利者が受け取るべき金額である手形の**満期額（maturity value）**から，銀行にとっての手数料である割引料を差引いた額を，割引人に支払いますので，まずは割引による手取り額の計算を以下のステップを経て行います。

Step 1：手形の満期額の計算

　満期額は手形額面と，振出日から満期日までの期間の利息（7月1日から9月30日ですから3か月分です）の合計ですから，

$$\$3,000 + \$3,000 \times 6\% \times \frac{3 か月}{12 か月} = \$3,045$$

となります。

Step 2：割引料の計算

　銀行の割引料は割引日から満期日までの期間に対応しますから，

$$\$3,000 \times 12\% \times \frac{1 か月}{12 か月} = \$30$$

Step 3：手取り額の計算

満期額－割引料＝＄3,045－＄30＝＄3,015

次にこうして手取り額を算出した後は，**手形売却損 (loss on sale of notes)** を計算します。売却損は通常現在の帳簿価額と時価との差額として計算されますが，ここで時価はまさに，手形の割引により換金できた金銭の額ですから先の手取り額となります。一方，帳簿価額は，まず手形の額面に加え現時点で取得から2か月経過しており，その経過月数に対応する利息の請求権が未収利息として発生しているわけですから，これを加味した額となります。従って次のステップは，以下のようになります。

Step 4：手形取得時から割引時までの未収利息の計算

$$\$3,000 \times 6\% \times \frac{2か月}{12か月} = \$30$$

Step 5：売却損益の計算

額面＋未収利息－手取り額＝＄3,000＋＄30－＄3,015＝＄15

借入れ処理の場合は Loss on sales of notes を Interest expense, 貸方のNotes receivable を Liability on notes receivable discounted とします。

(2) 手形の不渡りの処理

手形を割引後，満期日に相手方が支払不能となることを「手形の不渡り」といいます。遡及義務ありを前提としていますから，この場合銀行への支払い義務が生じるとともに，当初の権利関係に立ち返って手形の振出人に対し，同額の請求権が発生します。なおこの際，銀行は公証人に依頼して拒絶証書を作成し，この**拒絶証書の作成料 (protest fee)** を割引人に請求します。以下設例をみていきます。

〔設例2〕

上記設例1の手形が期日に不渡りとなった。銀行で拒絶証書の作成料が

＄15かかったとする。必要な仕訳を示せ。

（解答）

  Accounts receivable ＄3,060

       Cash ＄3,060

この場合，設例1における手形の満期額に，拒絶証書の額を加えた＄3,060（＝＄3,045＋＄15）だけB銀行に対する支払義務が生じます。また当初に返って手形振出人のD社に対して手形の満期額の請求をできるのは言うに及ばず，銀行から支払いを要求されている拒絶証書の作成料についても，その発生の原因はD社の不渡りによるものですから，その支払いもあわせて請求できますので，まずはD社，B銀行に対しそれぞれ同額の債権，債務の計上の仕訳を以下のように行い，

  Accounts receivable ＄3,060

      Accounts payable ＄3,060

次にD銀行に対して債務の支払いが銀行口座から行われますから，以下の仕訳を行います。

  Accounts payable ＄3,060

      Cash   ＄3,060

よって両者をあわせると，借方，貸方のaccounts payableが相殺されて，解答の仕訳になります。

なお，その後D社から入金があれば，D社に対する受取債権は消滅しますし，また回収可能性が完全になくなれば，貸倒引当金を取り崩して償却することになります。以下，設例で確認しましょう。

〔設例3〕

  設例2の後，①D社から代金を回収できた場合と，②回収可能性がなくなり引当金を取り崩して償却した場合のそれぞれの仕訳を示せ。

7 手形の割引

(解答)

① Cash $3,060
      Accounts receivable $3,060
② Allowance for doubtful accounts $3,060
      Accounts receivable $3,060

第1部 基礎会計編

8 偶発債務

本章では，現時点では利益または損失として発生していないが，将来において利益または損失をもたらす可能性のある**偶発事象**（contingency）の会計処理について学習します。

基本例文 1

Be contingently liable as a guarantor of A in the amount of $ B

偶発債務としてAに対しBドルの債務保証を有する

■ As of December 31, 2007, we **are contingently liable as a guarantor of** employee housing loans from banks **in the** aggregate **amount of** $2,000.

（2007年12月31日現在，当社における従業員の住宅ローンへの債務保証にかかわる偶発債務の残高は，総額2,000ドルである）

ここがポイント！ contingently「偶発的な」，liable「法的責任がある」で，be contingently liable は「偶発債務を負っている」を意味する。aggregate は「総計の」で，in the aggregate amount of 〜 は「総額〜」のこと。

基本例文 2

It is probable that 〜

（that 以下のことが）生じる可能性が高い

■ ABC Co. filed a lawsuit against XYZ Co. for damages caused by the explosion of one of the plants of XYZ. XYZ's lawyer believes **it is probable that** XYZ will lose the lawsuit.

（ABC社は，XYZ社の工場で起きた爆発による損害賠償請求の訴訟を起こした。XYZ社の顧問弁護士は敗訴の可能性が高いとみている）

ここがポイント！　file a lawsuit against ～ で「～に（対して）訴訟を起こす」となる。これは lose〔win〕the lawsuit「敗訴〔勝訴〕する」とともに，慣用表現として覚えておくとよい。it is probable that ～ は it is likely that ～ / it is likely to ～ と言い換えられる。

基本例文 3

Be reasonably estimable
ビー リーズナブリィ エスティマブル
合理的な見積もりが可能である

■ The amount of loss on a lawsuit filed against X Co. **is reasonably estimable**.

（X社への訴訟で敗訴した場合の賠償金は，合理的に見積もりが可能である）

ここがポイント！　be reasonably estimable は「金額の合理的な見積もりが可能である」ことは，引当金計上にあたってのひとつの要件となる。

▶▶▶関連用語
loss contingencies　偶発損失　　　gain contingencies　偶発利益
remote　（将来の発生可能性が）わずかである

reasonably possible　（将来事象の発生につき）合理的な可能性がある
letters of awareness　経営指導念書

解説

(1) 偶発事象とは

　偶発事象（contingency）とは，貸借対照表日現在において存在する状態または状況で，その最終的な結末としての利益または損失の発生が，将来事象の発生または不発生によってのみ解決されるものをいいます。最終的に利益となって解決するものを偶発利益，損失となるものを偶発損失といいます。

　偶発事象の例として，債権の回収可能性，製品保証や製品の欠陥に関する責任，未解決の訴訟や訴訟の恐れ，他人の債務の保証等に関する状態や状況が挙げられます。

　偶発事象の発生の可能性については，以下の3段階があり，順を追って可能性は高くなります。

　Ⅰ　remote　将来事象の発生可能性がほとんどない。
　Ⅱ　reasonably possible　将来事象の発生可能性がある程度見込まれる。
　Ⅲ　probable　将来事象の発生可能性が高い。

(2) 偶発事象の会計処理

　偶発事象の会計処理については，先に述べた発生可能性，さらにその金額の合理的な見積もりが可能であるか否かによって，異なります。まず偶発利益については，収益認識に関する実現主義の原則から，実現するまで利益を実際に計上することはありません。実現に先んじて利益として計上することは，架空利益の計上につながるからです。ただし，重要な場合には注記による開示が必要となります。

　問題は偶発損失の場合です。まとめると以下のようになります。

　①　発生の**可能性が高く（probable）**かつ金額の**合理的な見積もりが可能**

である場合（reasonably estimable）…偶発損失を引当計上し，見積額を借方に費用又は損失，貸方に負債として計上します。また同時に，偶発損失の性質と金額を開示します。なお見積金額に幅がある場合，その中で**より良い見積もり**（better estimate）があればその金額で，なければその幅の最低金額で引当計上することになりますが，その際には最高金額の開示も行います。

また発生可能性が高く，金額の合理的な見積もりが可能という2つの要件を同時に満たさない場合には，その内容と金額を注記で開示することになります。

② **損失の発生がある程度見込まれる場合**（reasonably possible）…引当計上を行わない代わりに，その性質及び見込まれる損失額（金額に幅があるときはその範囲の見積もり）を開示します。

③ **損失の発生可能性がほとんどない**（remote）…基本的に引当計上も，開示も不要となります。ただし債務保証や売却債券の買戻しに対する保証等については損失発生の可能性がほとんどなくても，慣行的に開示しており，その例が基本例文の1となります。

ちなみに，日本においては偶発損失を偶発債務として，受取手形割引高・裏書譲渡高，保証債務，係争事件の損害賠償義務，引渡済の請負作業または売渡済の商品に対する各種の保証等を対象とし，それらについてはその内容および金額を貸借対照表の脚注として，発生可能性の程度にかかわらず開示を要求している点が，若干異なるといえるでしょう。ただ米国でも，債務保証のように発生の可能性がほとんどなくても，慣行的に開示を要求するものもあることを考慮すれば，実質的には違いはないといえるでしょう。

そして，債務および費用として引当計上するための要件としては，①将来における特定の費用または損失で，②その発生が当期以前の事象に起因し，③発生の可能性が高く，かつ④その金額を合理的に見積もることができること，という4つの条件を満たすことが求められており，米国では明示している条件は③と④のみとはいえ，実質的な内容を検討すれば，ほぼ等しいものであること

がわかります。

すでにみた貸倒引当金も，債務ではなく資産の評価勘定としての計上ではあるものの，過去の経験から貸倒率の合理的な見積もりも可能であり，これらの要件を満たしていることがわかります。

以下設例をみていきましょう。

〔設例1〕

X社の名古屋工場で爆発があり，隣接するY社より損害賠償の訴えを起こされた。X社の顧問弁護士は，X社は裁判に負ける可能性が高く，40万ドルから60万ドルの間の金額を支払うことになるだろうとみている。X社の会計処理を示せ。

(解答)

   Loss from litigation $400,000

      Liability from litigation $400,000

裁判に負ける可能性が高く (probable)，かつ金額の合理的な見積もりも可能 (reasonably estimable) だが，金額に幅がある場合，その最低額を取り引当計上します。よって，上記の仕訳が必要です。

〔設例2〕

設例1において，X社の弁護士が裁判に負ける可能性がある程度は見込まれるものと予想している場合の，X社の会計処理を示せ。

(解答)

仕訳の計上はなく，訴訟の内容および40万ドルから60万ドルの損失金額の見積幅を脚注で開示する。

裁判に負ける可能性がある程度見込まれる (reasonably possible) 場合は，**費用を引当計上する (accrue a loss)** のは適切でなく，訴訟の内容を脚注で

開示するとともに，40万ドルから60万ドルの損失金額の見積もり幅も併せて脚注開示することになります。

　Liability from litigation は，日本では損害補償損失引当金とされています。

第1部 基礎会計編

9 有給休暇引当金

　本章では，会社が従業員に対し付与する有給休暇につき，将来の有給休暇の消化を見越して，あらかじめ費用として計上する**有給休暇引当金**（liability for compensated absences）について学習します。

基本例文 1

Grant employees X days of paid vacation
（グラントエムプロイーズ　デイズ オブ ペイド ヴァケイション）
従業員にX日の有給休暇を付与する

■ ABC Co. **grants** all **employees** 8 **days of paid vacation** for each year of employment.
（ABC社では，全従業員に対し毎年8日間の有給休暇を付与している）

ここがポイント！　grantは「与える」という動詞。paid vacationで「有給休暇」。「8日間の有給休暇」は8 paid vacation daysとも言い換え可能。

基本例文 2

Be carried over [forward]
（ビーキャリードオウヴァー　フォワード）
（有給休暇が）繰り越される

■ Unused vacation can **be carried forward** to succeeding years.
（未消化の有給休暇は翌年以降に繰越可能である）

ここがポイント！ 「無制限に」繰越可能なら，be carried over [forward] indefinitely といえる。

解説

(1) 有給休暇引当金の計上要件

　有給休暇等（**compensated absences**）は，通常の**休暇**（**vacation**）の他，**病気休職中の支払い**（**sick leave pay**）も含み，有給期間中は従業員による役務の提供がないにもかかわらず，給料の支払いを行うもので，SFAS 43号により以下の条件のすべてを満たした場合に，引当金として負債への計上が要求されます。

- 雇用主が従業員の有給休暇取得権に対し，負債として認識すべき有給休暇引当金は，既に従業員から提供された労働サービスの見返りとして発生したものであること。

　　（The employer's obligation relating to employees' right to receive compensation for future absences is attributable to employees' services already rendered.）

- 雇用主が負債として認識の対象とする，従業員の有給休暇を取得できる権利は確定し，あるいは累積していくものであること。

　　（The obligation relates to rights that vest or accumulate.）

- その支払いの可能性が高いこと。

　　（Payment of the compensation is probable.）

- 金額を合理的に見積もれること。

　　（The amount can be reasonably estimated.）

　このうち，3番目と4番目の条件は偶発債務の認識要件と等しいことがわかります。また2番目の条件中の**確定**（**vested**）は，未消化の有給休暇については退職時に現金で精算するのが通常であることから，有給休暇については会社の従業員に対する支払義務が発生していること，また**累積**（**accumulated**）

は，未消化分につき期間の制限を伴う場合があるものの，翌期以降に繰越可能なことを意味します。

なお日本においては，普段の給与の中に織り込み済みとして，有給休暇引当金の計上は認められていません。

(2) 有給休暇引当金の会計処理

従業員が有給休暇をとった場合，当該年度においてはその日数分だけ労働サービスは受けられないわけですが，当該日数についても会社はその時点での給与水準での支払いを行うことになるでしょう。そしてそれは前年度の労働サービスの提供に起因しているわけですから，前年度において来年度の有給消化を見込んで，貸方には**有給休暇引当金（liability for compensated absences）** を負債計上し，借方には**給与（salary expense）** を計上することが求められるわけです。

以下，設例にて処理を確認します。

〔設例1〕

2007年期首において，全従業員についての有給休暇の前年度からの繰越日数は110日あり，このうち当年に入り35日消化された。なお2007年末における有給休暇の合計日数は210日であった。前期も当期も1日当たりの平均給与を＄110とした場合，2007年度末における有給休暇引当金の追加仕訳を示せ。ただし，未消化分は無制限に繰越可能とする。

（解答）

  Salary expense ＄14,850（＝135×＄110）

        Liability for compensated absences ＄14,850

前期繰越分についてはすでに引当金に計上済みのため，当期において新たに発生した有給休暇の日数分を追加計上すればいいわけです。これは，210－(110－35)＝135日と計算されますから，よって金額は＄14,850（＝135×＄110）

となります。

また貸借対照表上計上すべき有給消化引当金は，07年度末の合計日数に1日当たり平均給料を乗じたものですから，210×＄110＝＄23,100となります。

〔設例2〕

07年9月1日において10％の降給があり，当期発生の有給休暇に対する引当金計上額はベースダウンを反映し＄25,000と計算された。一方，期首の引当金は＄15,000で，このうち8月31日までに＄6,000消化されたとする。当期に追加計上すべき引当金の額はいくらか？

(解答)　＄24,100

引当金は現時点での最善の見積もりによるものですから，当期においてベースダウンがあれば当然それを反映しなくてはいけません。当期発生の有給休暇についての引当金＄25,000はベースダウンを反映していますが，前期分は反映されていません。よって前期から繰り越された引当金の9月1日時点の残高＄9,000（＝＄15,000－＄6,000）につき，ベースダウンの10％分の取崩しが必要となり，これは＄9,000×10％＝＄900となります。

よって当期新たに計上する引当金の額は，ネットで＄25,000－＄900＝＄24,100となります。

第１部　基礎会計編

10 棚卸資産（1）
－販売と購買－

　販売目的で仕入れた在庫である**棚卸資産**（inventory）につき，購入時と販売時の会計処理，及び売上原価の計算方法について学習します。

◉ 基本例文 1

> セル　コスティング　Xダラー　フォー　Yダラー　キャッシュ
> **sell A costing $ X for $ Y cash**
> 原価XドルのAをYドルで現金販売する

- ABC company **sold** merchandise **costing $**1,500 **for $**2,000 **cash** to DE company.
  （ABC社は原価1,500ドルの商品を，2,000ドルでDE社に現金販売した）

ここがポイント！　sell … for $ ～ で「$ ～で…を売る」。for $ ～ は "いくらで" と対価を示す。現金販売では，$ ～ の後に cash をつける。

◉ 基本例文 2

> セル　フォー　Yダラー　オン ア カウント
> **sell A for $Y on account**
> AをYドルで掛けで販売する

- S company **sold** merchandise **for $**3,000 **on account**.
  （S社は，商品を3,000ドルで掛けで販売した）

ここがポイント！　現金販売に対し，掛け販売のときは，cash に代えて on

account を用いる。

基本例文 3

the terms of X%, Y days, net Z days [X/Y, n/Z]
（ザ タームズ オブ パーセント デイズ ネット デイズ）

代金の支払（回収）期日 Z 日後，Y 日以内に支払えば X ％の割引を行う（受ける）という条件

■ XYZ company bought $20,000 of merchandise from ABC company with **the** discount **terms of** 5 %, 15 **days**, **net-30 days** [5/15, n/30].
（ＸＹＺ社は，ＡＢＣ社より支払期日30日後，15日以内に払えば5％の割引有りの条件で，2万ドルの商品を購入した）

ここがポイント！ 本文の with the terms of ～ は「～の条件で」。terms of 5 %, 15 days, net 30 days は terms of 5/15, n/30 と表記することもあるが，読み方は同じ。

▶▶▶関連用語
accounts receivable　売掛金　　　accounts payable　買掛金

解説

(1) 商品の購入・販売の基本処理

商品を購入，販売する際の代金決済としては，小切手も含めた広い意味での現金決済と，代金の受払いはあとで行う掛けによる方法の2つがあります。商品を購入した際の処理としては，**継続記録法（perpetual system）**か，**棚卸計算法（periodic system）**をとるかで，処理が異なりますが，日本の簿

記でいう三分法と同じ結果になる後者の処理で覚えて頂ければ結構です。この場合，商品を購入のつど借方を**棚卸資産（inventory）**として資産に計上するのではなく，費用勘定である**仕入（purchases）**として，また貸方は掛仕入のときは，**買掛金（accounts payable）**で処理します。

ここで棚卸資産とは，販売を目的として仕入れた商品で，期末時点において売れ残っている在庫を意味します。

また，仕入れた商品を掛けで販売した場合の処理ですが，売価で借方を**売掛金（accounts receivable）**，貸方を**売上（sales）**とします。

〔設例1〕
① A社は商品＄500を，掛けで仕入れた。
② A社は先の＄500の商品を＄800で，掛けで販売した。

（解答）
① Purchases　　　　　　＄500
　　　　　　　Accounts payable　＄500
② Accounts receivable　＄800
　　　　　　　Sales　　　　　　＄800

---

①では，棚卸計算法による場合，商品を仕入れた場合，**仕入勘定（purchases）**にて処理します。また貸方は買掛金です。継続記録法の場合，借方は**棚卸資産（inventory）**になります。

②では，借方は売掛金，貸方は売上です。なお棚卸計算法の場合，売上に対する売上原価の計上の仕訳は期末に一括して仕入勘定で行いますが，これについては後述します。売上の情報も大事ですが，仮に1兆円売上があっても，その仕入値である売上原価が2兆円では，差引き1兆円の損失です。したがって売上に対し原価である売上原価を示し，粗利である**売上総利益（gross profit）**がいくらかを把握しておく必要があるわけです。

一方，継続記録法による場合には，販売のつど原価にて棚卸資産から，**売上**

原価勘定（cost of goods sold）への振替えを行うので，以下の処理を同時に行います．

  Cost of goods sold $500

        Inventory $500

　この場合，売上のつど売上原価も同時に仕訳するので，それによる利益がいくらかすぐわかります．なお販売を目的とする商品以外の，物品の仕入や販売に伴う代金の決済をあとにしている場合，日本ではそれを未払金，未収金として区別しますが，米国では特に区別せず，accounts receivable, accounts payable で一括表示します．

(2)　**棚卸計算法による売上原価（cost of goods sold）の計上処理**

　先の設例で＄500の商品を＄800で販売しており，この場合**売上総利益（gross profit）**がいくらかすぐわかりますが，現実は日々数え切れないほどの商品の仕入，販売があり，そうした中で棚卸計算法によっても先に示した通り，売上原価を計算しなければなりません．

　棚卸計算法では，商品を仕入れた場合，いずれ販売したときの売上に対する原価，すなわち売上原価を示す費用として，仕入原価を仕入勘定に集計していくわけですが，この仕入高のうち，当期中に売れ残ったものがあれば，それは期末の棚卸資産となり，当期の売上原価から省く必要があります．すなわち，当期の仕入高が＄500あり，そのうち＄100が売れ残れば，それを仕入から期末の商品である**棚卸資産（inventory）**に振り替え，

  Inventory $100

        Purchases $100

の仕訳が計上されます．

　一方，この棚卸資産は翌期には期首の商品となってそのまま繰り越されます．そしてまた翌期に商品を＄900仕入れ，そのうち＄300の売れ残りが生じた場合，翌期の売上原価はいくらになると考えられるでしょうか？

　前期と違い，翌期は期首に＄100の在庫があり，通常のものの流れからすれ

ば古いものから売れていくわけですから、この期首の在庫も翌期には売れてなくなるので、翌期の仕入高から翌期末の売れ残りを除いた額と合わせて、売上原価を構成することになるはずです。

そこで、期末の売れ残りをやはり翌期の仕入から振り返る以下の仕訳

   Inventory ＄300
          Purchases ＄300

とともに、今度は期首の在庫を売上原価に加える以下の仕訳

   Purchases ＄100
          Inventory ＄100

が必要となるわけです。これをまとめると棚卸計算法の場合、

  当期商品仕入高（purchases）＋**期首商品**（beginning inventory）
  －**期末商品**（ending inventory）＝**売上原価**（cost of goods sold）

と、計算されます。そして上記の仕訳は必ず、期末の決算時に行います。決算整理前の段階では、**仕入高（purchases）**は、純粋な当期中の商品の仕入高を示し、かつ棚卸資産勘定は、前期の売れ残りがそのまま期首の商品として当期に繰り越されてきたものとなっています。これを決算整理において、期首商品は当期の売上原価に振り替え、かつ当期発生した新たな売れ残りを仕入勘定から、棚卸資産に振り替えるわけです。よって決算で行う仕訳は、

   Purchases ××
          Inventory ××（期首の在庫）
   Inventory ××（期末の在庫）
          Purchases ××

となり、日本では棚卸資産を繰越商品といいますから、（仕入、繰商）（繰商、仕入）という語呂で覚えておくといいでしょう。ちなみに順番上、先が期首商品、あとが期末商品です。なお、これより翌期の売上原価は＄700となります。

〔設例２〕
  A社の当期商品仕入高は＄20,000、期首商品は＄3,500、期末商品は＄5,000

であった。当期の売上原価を求めよ。

（解答） $ 18,500

売上原価＝当期商品仕入高＋期首商品－期末商品
ですから
　　20,000＋3,500－5,000＝$ 18,500
となります。

(3) 値引（allowance）返品（returns）および割引（discount）の処理

商品を購入・販売した後に，値引きや返品，または割引を行うのはよくあることです。この場合，値引や返品については仕入や売上代金から直接控除することになる点は日本と同じですが，割引に関しても同様の処理を行う点が日本と大きく異なります。すなわち，売上割引，仕入割引ともにそれぞれ売上，仕入から直接控除され，日本のように財務上の損益として営業外損益に計上しないことに注意してください。

なおこの場合，割引に関しては，例えば代金の支払（回収）期日は現在から30日後であるが，10日以内に支払えば，3％の割引を受けられるという条件で行われ，表記上は，terms of 3/10, n/30とされ，英語としての読み方は基本例文で掲げたような形になります。

割引額の具体的な計算については，以下の設例で確認します。

〔設例3〕
　　A社はB社より，9月1日に商品を$ 50,000仕入れた。なお割引条件は10日以内に支払えば，2％の割引を受けるというものである。9月8日に代金を支払う場合，いくら払えばよいか？
（解答） $ 49,000

9月1日より10日以内であるから，9月11日までに支払いを行えば，2％の

割引が受けられます。支払日は9月8日であるから，割引要件を満たしています。割引額は$1,000(＝$50,000×2％)ですから，よって支払額は$49,000(＝$50,000－$1,000)となります。

なお，9月8日の仕訳は次のようになります。

   Accounts payable $50,000
      Cash $49,000
      Purchase discount $1,000

つまり最終的には仕入勘定からマイナスするわけですが，割引の際には仕入勘定を直接控除するのではなく，Purchase discountという勘定をいったん貸方に設け，期末において仕入から控除するという形をとるわけです。

一方値引と返品については，割引と同様に仕入であれば**仕入値引**（purchase allowance），返品であれば**仕入返品**（purchase return）という中間勘定を貸方に設け，期末に仕入からマイナスする方法と，発生した際に直接売上や仕入のマイナスとする方法との2つの処理があります。

仕入値引，仕入返品勘定を設ける方法によれば，借方のPurchaseが値引・返品・割引を行う前の**総仕入高**（gross purchases）を表し，その後いくら値引・返品・割引を行ったかの情報が，それぞれ仕入値引，仕入返品および仕入割引勘定に表現されますから，情報としてはこちらのやり方が優れているといえます。そして総仕入高からこれらをマイナスして，**純仕入高**（net purchases）を計算すればいいわけです。

設例では当初仕入が$50,000発生し，仕入勘定の借方に同額計上されるわけですが，割引を受けたときには，仕入割引勘定の貸方に$1,000が計上されます。またその後，期末までに，仕入値引，仕入返品がそれぞれ，$3,000，$5,000発生した場合には，やはり仕入値引，仕入返品勘定の貸方にそれぞれ同額計上します。すると，期末においては仕入勘定の借方に$50,000，仕入割引，仕入値引，仕入返品の各勘定にそれぞれ，$1,000, $3,000, 及び$5,000が残っている計算となり，総仕入高を表す仕入勘定の$50,000からこれらを相殺して，純仕入高が$41,000(＝$50,000－$1,000－$3,000－$5,000)と計

算されます。仮にはじめから値引や返品を仕入のマイナスとしていますと，期末において値引や返品を控除前の総仕入高の金額がつかめず，純仕入高の情報しかつかめないことになります。仕入活動の実態を知るという点では，当初の総仕入高に対しどれだけ値引や返品を行ったかを期末においてつかむことは重要となるでしょう。

　これは売上についても同様で，値引・返品・割引をそれぞれ対応する勘定に計上することで，**総売上高（gross sales）**と**純売上高（net sales）**の双方を把握できることになります。

第1部 基礎会計編

11 棚卸資産(2)
－期末商品の評価－

　本章では，売上に対する売上原価を構成する**棚卸資産**の払い出し価額の決定方法と，期末の評価額の決定について学習します。

基本例文 1

Inventories total ～ on a FIFO basis
インヴェントリーズ トータル　オン ア ファイフォ ベイシス

先入先出法による棚卸資産の金額は～である

■　**Inventories total** $20 thousand **on a FIFO basis** as of December 31.
　（12月31日時点の先入先出法による棚卸資産の総額は2万ドルである）

ここがポイント！　inventoriesで「棚卸資産」を意味し，totalは動詞で「総額～になる」。totalの代わりにaggregateや，amount toを使ってもよい。FIFOは，First-In, First-Outで「先入先出法」を意味する。

基本例文 2

Inventories are stated at ～
インヴェントリーズ アー ステイティド アット

棚卸資産の評価は～による

■　**Inventories are stated at** the lower of cost or market.
　（棚卸資産の評価は低価法による）

ここがポイント！
この state は「（価格などを）決める」という意味の動詞。the lower of cost or market を直訳すれば "原価（cost）と時価（market）のいずれか低いほう" であるから，「低価法」を意味する。

▶▶▶関連用語
LIFO (Last-In, First-Out)　後入先出法
Inventories in transit　未着品
Inventories on consignment　積送品
Inventories on hand　手元棚卸資産
moving average method　移動平均法

解説

(1) 先入先出法と後入先出法

棚卸資産については，期末の原価の決定方法及びその評価が問題とされます。なぜなら，同一の商品であっても年間を通してその仕入値が不変とは限らず，その時々の市況によって値段は絶えず変動するからです。そこで棚卸資産の期末の原価については，棚卸資産の払出しについて，一定の仮定を設けて決定することになり，それが先入先出法，後入先出法です。

先入先出法は，文字通り先に仕入れたものから先に払出しがなされると仮定して，商品の払出し原価を決定するもので，これは通常のモノの流れと一致したものといえましょう。すでにお気づきの方はいらっしゃると思いますが，スーパー等では賞味期限の古いものを手前におき，新しいものほど奥に配置していますが，これは古いものを先に売るためのスーパーなりの工夫です。この先入先出法によると，期末に残る棚卸資産の単価は直近に仕入れたものの値段から付されることになります。

一方，後入先出法は，通常の商品の流れと違って，後に仕入れたものから先に払出しがなされるとの仮定に基づき，払出原価を決定するものです。この場

合期末資産の単価は，最も古く仕入れたものの値段から付されることになります。以下設例をみてみましょう。

〔設例1〕

A社の7月中の商品の仕入高のデータは以下の通りであり，売上数量は35個，月末商品の数量は20個であった。販売単価は＠＄10で，①先入先出法と，②後入先出法によった場合の期末商品及び売上総利益の金額を求めよ。

7月1日　前月繰越商品　5個　＠＄5
7月3日　仕入　　　　　40個　＠＄6
7月10日　仕入　　　　　10個　＠＄7

（解答）

	月末棚卸資産	売上総利益
① 先入先出法	＄130	＄145
② 後入先出法	＄115	＄130

　先入先出法は，先に仕入れたものから先に払出されますから，期末に残るのは最も新しく仕入れたものになるはずです。ですから期末数量が20個とすれば，その単価は直近の仕入の単価から充当されていきますから，うち10個は7月10日仕入分，そして残りは3日の仕入から構成されますから，よって，10×＠＄7＋10×＠＄6＝＄130と計算されます。次に**売上総利益（gross margin）**は売上から売上原価を引いて求めますが，まず売上は販売数量が35個で単価＠＄10ですから＄350です。一方売上原価は，月初の棚卸資産と当月の仕入高を足した**総受入高（goods available）**から月末棚卸資産を引いて求めますから，＄205｛＝＄335（＝5×＠5＋40×＠6＋10×＠7）－＄130｝，よって売上総利益は＄145（＝＄350－＄205）となります。

　次に後入先出法ですが，この場合は後から仕入れたものを先に払出しますから，期末商品の単価は最も古いものから充当されていきます。よって期末数量

20個は，7月1日の前月繰越分の5個と3日の仕入のうち15個から構成されますから，$5 \times @\$5 + 15 \times @\$6 = \$115$ となります。また売上原価は先ほどと同様にして総受入高 \$335 から月末の金額 \$115 を引いて \$220 ですから，売上総利益は \$130（＝\$350 − \$220）と計算されます。

ここで注意が必要なのは，設例では日が経つにつれ，仕入値が上昇，すなわちインフレを想定していることです。解答の結果をみればわかるように，インフレ時における期末資産の原価は，単価の高い直近の仕入値から充当されていく先入先出法のほうが，単価の低い古い仕入値から充当されていく後入先出法の場合より，多くなることがわかります。

一方，売上原価は払出原価ですから，今度は逆に物価の安い古いものから売れると仮定する先入先出法が，値段の高い直近のものから売れるとする後入先出法よりも金額が少なくなるので，結果として売上総利益は先入先出法のもとでより多く計上されることになります。

では物価の下がるデフレ時においてはどうでしょうか？今度は逆に後入先出法において月末の棚卸資産の額が多くかつ，売上原価は少なくなりますから，売上総利益がその分多く計上されることになるでしょうが，この検証は読者の方の演習といたします。

なお先入先出法と後入先出法の他によく出てくるものとして，**加重平均法（weighted average method）**があります。これは，期首の在庫と当期の仕入高の総受入金額の合計を総受入数量で割って総平均単価を求め，これに期末数量をかけて期末棚卸資産の金額を求める方法です。設例では平均単価は @\$6.09（≒\$335÷55）ですから，月末棚卸資産はこれに月末数量20個を乗じて \$121.8，売上原価は \$213.2（＝\$335 − \$121.8）ですから売上総利益は \$136.8（＝\$350 − \$213.2）となります。

(2) 原価法と低価法

上記の方法で棚卸資産の期末の原価が決定した場合，さらにこれを時価と比較し，いずれか低いほうを棚卸資産の期末評価額とする方法を**低価法（lower-**

of-cost-or-market method) といい，**米国基準（U. S. GAAP）**では強制適用となっており，日本でも新たに採用されました。ここで出てくる**時価（market value）**には2つの概念があり，市場での売却価額から販売に要するコストを差し引いた，販売側から考えた**正味実現可能価額（net realizable value）**と，もう一度同じものを市場で買う場合いくらで買えるか，すなわち購買側から考えた**再調達原価（replacement cost）**とがあり，原則として時価といえば後者を意味します。ただし再調達原価には**上限（ceiling）**と**下限（floor）**が決められており，上限は正味実現可能価額，下限は正味実現可能価額から販売にあたって通常確保すべきものと見込まれる**正常利益（normal profit）**を差し引いた額とされます。したがって，再調達原価がその範囲内にあればそのまま時価となりますが，上限を超えれば正味実現可能価額，下限を下回れば正味実現可能価額－正常利益がそれぞれ時価となります。

以上を式にすれば，次のようになります。

NRV－NP＜RC＜NRV……時価＝RC
RC＜NRV－NP………………時価＝NRV－NP
NRV＜RC……………………時価＝NRV

（但し，NRV：正味実現可能価額，NP：正常利益，RC：再調達原価）

そしてこうして決定された時価と原価を比較していずれか低いほうが最終的な評価額となります。

〔設例 2〕

以下の棚卸資産について期末の評価額を求めよ。

① 原価 $100，販売価格 $120，販売コスト $5，再調達原価 $80，正常利益 $20

② 原価 $200，販売価格 $140，販売コスト $10，再調達原価 $125，正常利益 $30

（解答） ① $95 ② $125

---

① これらの金額の関係を図で示すと，以下のようになります。

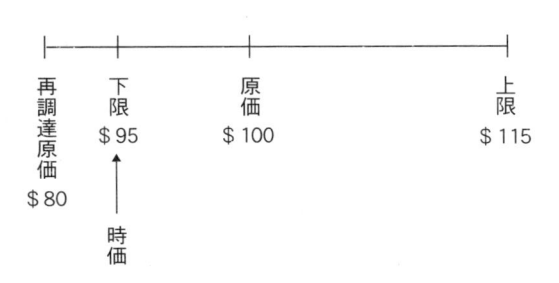

```
├─────┼──┼───────┼──────────────────┤
再調達原価  下限   原価               上限
$80    $95   $100              $115
        ↑
       時価
```

上限値であるＮＲＶは＄115（＝＄120－＄5），下限値は＄95（＝ＮＲＶ－ＮＰ＝＄115－＄20），これに対しＲＣは＄80で，下限値を下回っていますから，下限値＄95が時価で，これは原価＄100よりも低い値です。よって＄95が期末評価額となります。

② 同様に，それぞれの値の関係を図示すると以下のようになります。

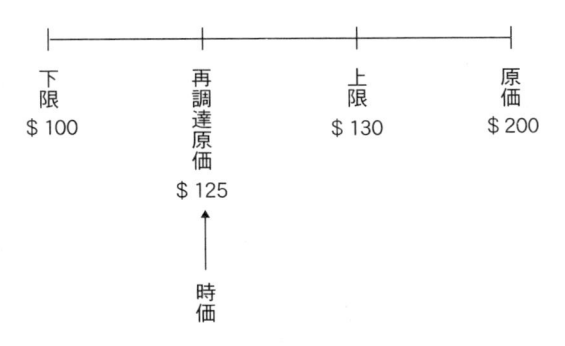

```
├──┼────┼────────┼──┤
下限  再調達原価   上限  原価
$100  $125      $130  $200
       ↑
      時価
```

上限値は，＄130（＝＄140－＄10），下限値は＄100（＝＄130－＄30），よって＄100＜ＲＣ＄125＜＄130であり，ＲＣ＄125が時価となり，原価＄200を下回るので，＄125が期末評価額となります。

第1部　基礎会計編

12 固定資産(1)
－減価償却－

　本章では，**固定資産**(fixed[non-current]assets)の取得原価の意義と，固定資産の取得原価を使用期間の費用として配分する**減価償却**(depreciation)の代表的な方法を学習します。

基本例文 1

Be depreciated over ～ years using the declining-balance method
<ruby>ビー ディプリシエイティド オウバー イアーズ ユーズィング ザ ディクライニング バランスメソッド</ruby>

定率法により～年で（減価）償却を行う

■ The machine will **be depreciated over 6 years using the declining-balance method**.
（その機械は定率法により耐用年数6年で減価償却が行われる）

ここがポイント！　depreciate は「減価償却する」で，名詞形は depreciation 「減価償却」。declining-balance method 「定率法」の decline はここでは「逓減する」という意味で，「定率法」は年々減価償却費が逓減していくものであるから，この用語で表す。

基本例文 2

Purchase A with a useful life of B years for $ C
<ruby>パーチェス ウィズ ア ユースフル ライフ オブ イアーズ フォア Cダラー</ruby>

耐用年数B年のAを，Cドルで購入する

70

12 固定資産(1) －減価償却－

■ We **purchased** a car **with a useful life of 4 years for** $2,000.
(当社は耐用年数4年の車を2,000ドルで購入した)

ここがポイント！ purchase … for $～ で「…を～ドルで購入する」。useful life は「耐用年数」を指し，durable years とも表現できる。

基本例文 3

Be stated at costs net of accumulated depreciation
ビー　ステイティド　アット　コスツ　ネット　オブ　アキューミュレイティド　ディプリーシエイション
取得原価から減価償却累計額を控除して表示する

■ Property, plant and equipment **are stated at costs net of accumulated depreciation**.
(有形固定資産は，取得原価から減価償却累計額を控除して表示しています)

ここがポイント！ property「不動産」，plant「工場」，equipment「設備」を合わせて「有形固定資産（tangible assets）」。accumulated（累積した）depreciation（減価償却）で「減価償却累計額」。net of～は「～抜き」で，net of tax なら「税抜き，税引き」。

▶▶▶関連用語
acquisition cost　取得価額　　current assets　流動資産
salvage value　残存価額　　non-current assets　固定資産
straight-line method　定額法

解説

(1) 固定資産の種類と取得原価の意義

固定資産（fixed assets）は1年を超えて企業の事業目的に使用される資産をいいます。そして**土地**（land），**建物**（building），**機械**（machine）などのように姿，形のある**有形固定資産**（tangible assets）と，姿，形はないが企業の事業活動上役立つ財産的価値のある**特許権**（patent）などの**無形固定資産**（intangible assets）に分けられます。

ここで有形固定資産を購入する場合の**取得原価**（acquisition cost）には，その**購入代価**（purchase price）に加え，その資産を使用できるまでにかかる様々なコスト，例えば**保険料**（insurance），**運賃**（freight-in），**据付費**（installation）や**試運転費**（testing）が含まれることになります。

(2) 有形固定資産についての利息の資産化

(1)でみたように，固定資産の取得原価には使用できるまでにかかったコストもすべて含めます。仮に利息もその中に含まれていれば，その利息も取得原価に含めますが，これを**利息の資産化**（capitalization of interest）といいます。利息の資産化が許容されるものとして，販売目的のため，個別のプロジェクトとして生産・建設される船舶等，自社使用のため建設中の資産等が挙げられ，他人から購入した資産については対象外となります。

資産に計上する利息の金額は，以下に掲げるもののうち，いずれか低いほうとされます。

　　ⅰ）　加重平均累積支出額(weighted-average accumulated expenditures)
　　　　　×関連債務の利率(interest rate)×建設期間(construction period)

　　ⅱ）　実際に発生した支払利息(total interest incurred)

ⅰ）は当該建設がなければ，借入をせずに済みどれだけの利息の支払いを回避できたであろうかという，**回避可能支払利息**（avoidable interest）を示

し，理論値を示すものといえます。加重平均累積支出額は建設中の資産に対する支出額の累計額につき，対象期間の初めと終わりの時点の平均値で算定したものです。また利率の計算にあたり，加重平均累積支出額のうち，当該資産の建設に紐付けされる負債の額まではその適用利率を使って計算し，それを超過する額については，残った負債の加重平均利率を使って計算します。

ⅰ）はあくまで理論値ですから，これが実際に発生した利息を超えれば，実際の利息を資産化することになります。

(3) 減価償却の意義と方法

有形固定資産は当然のことですが，いつまでも使用できるわけでなく，いつかは使えなくなって処分しなければならず，税法上で定められている使用可能期間のことを**耐用年数（useful life）**といいます。また，使用または時の経過によって少しずつその価値が減少していくわけですが，その価値の減少分は**費用（expense）**と考えられます。そして減価償却とは，有形固定資産の取得原価をその耐用年数に渡って毎期一定の方法で規則的に配分し，価値の減少分を費用として認識する手続きをいいます。

有形固定資産はその使用可能期間に渡って企業の収益獲得活動に貢献するわけですから，減価償却により**収益（revenue）**とそのためにかかったコストを毎期対応させることができ，適正な期間損益計算を行うことが可能となるわけです。

減価償却の定義に戻ると，取得原価と耐用年数が不可欠な要素となることがわかりますが，もう一つ重要なものとして**残存価額（salvage value）**が挙げられこの3つを減価償却の3要素といいます。残存価額は耐用年数終了時点での当該資産の見積もり処分価額をいいます。

次に減価償却の方法ですが，日本でもおなじみの定額法，定率法，級数法，及び生産高比例法があります。定率法と級数法ははじめに多く償却を行うものであるため，総称して**加速度償却法（accelerated method）**と呼ばれます。以下それぞれの方法をみていきましょう。

① 定額法（straight-line method）

定額法は文字通り耐用年数に渡って毎期定額を減価償却費として計上する方法で，以下の算式により計算します。

$$減価償却費 = \frac{取得価額 - 残存価額}{耐用年数}$$

〔設例1〕

取得価額＄10,000，耐用年数4年，残存価額＄1,000の機械につき定額法による減価償却費を求めよ。

（解答）＄2,250

計算式は（＄10,000 － ＄1,000）÷ 4 ＝ ＄2,250 です。

なお仕訳ですが，借方は**減価償却費（depreciation expense）**ですが，貸方の勘定科目は**減価償却累計額（accumulated depreciation）**を使う方法（日本ではこれを間接法という）と，対象となる固定資産勘定，設例でしたら**機械（machine）**を使う方法（直接法）との2つがあります。

〈直接法〉　Depreciation expense　＄2,250
　　　　　　　　　　Machine　　　　　　　＄2,250
〈間接法〉　Depreciation expense　＄2,250
　　　　　　　　　　Accumulated depreciation　＄2,250

2年目も同様の仕訳を行いますから，2年後の減価償却累計額は減価償却費の2年分の＄4,500となります。そして貸借対照表上の表示ですが，日本では勘定科目ごとに

機械装置	＄10,000	
減価償却累計額	＄4,500	＄5,500

という具合に表示するのが一般的です。取得原価から減価償却累計額を差し引いて求めた＄5,500は，簿価といい取得原価のうち今でも価値が残っている部分を表します。これにより，取得原価がいくらで，そのうちいくら価値がなく

なって（減価償却累計額），今現在どれだけの価値があるのか（簿価）という情報がつかめることになるのです。

なお，米国基準では上記のように有形固定資産の勘定科目別に表示するのではなく，機械や建物などの取得原価や減価償却累計額も有形固定資産というくくりですべて一括して合計表示する点が異なります。

② 定　率　法

米国における定率法で特徴的なものとしては，**2倍定率法（double-declining-balance method）**があります。定率法の基本的な算式は以下の通りです。

　　期首の簿価（＝取得原価―減価償却累計額）×償却率

定率法では定額法と異なり，残存価額を考慮に入れません。一方，2倍定率法は償却率を定額法の償却率の2倍とする点にポイントがあります。定額法の償却率は先ほどの式からすると，$\frac{1}{耐用年数}$といえますから，

$$2倍定率法の償却率 = \frac{1}{耐用年数} \times 2$$

となるわけです。なお日本でもこれにならい，平成19年4月1日より倍率を2.5倍とした250％定率法が認められています。

〔設例2〕

　設例1と同じ数値で，2倍定率法による1年目と2年目の減価償却費を求めよ。

（解答）　1年目 $5,000　　2年目 $2,500

まず定額法の償却率は1÷4＝0.25で，これの2倍ですから0.5が求める償却率です。すると1年目は，取得原価が簿価ですから，

　（1年目）　$10,000×0.5＝$5,000

一方2年目の簿価は期首の減価償却累計額が$5,000ですから，

　（2年目）　（$10,000－$5,000）×0.5＝$2,500

3年目は，期首の減価償却累計額は＄7,500（＝＄5,000＋＄2,500）より

（3年目）　（＄10,000－＄7,500）×0.5＝＄1,250

以上より，毎年＄2,250を計上する定額法に比べ初期に多額の減価償却費が計上され，かつ年々その額が逓減していくことがわかります。このように早めに償却費を多く計上するため加速度償却と呼ばれ，またdeclining（逓減）という名称がついたのもおわかり頂けたかと存じます。

③ 級 数 法

級数法（sum-of-the-years' digits method）とは，以下で示される数値を償却率とし，これに（取得価額－残存価額）の金額を乗じて，毎期の減価償却費を計算する方法です。

$$償却率 = \frac{対象期間の期首時点の残存耐用年数}{各期首時点の残存耐用年数の合計}$$

減価償却費＝（取得価額－残存価額）×上記償却率

仮に耐用年数を3年とすれば，償却率の分母は6（＝3＋2＋1），よって各年の償却率は次のようになります。

$$1年目：\frac{3}{6} \quad 2年目：\frac{2}{6} \quad 3年目：\frac{1}{6}$$

また償却率の分母を求めるにあたり，以下の公式が使えます。

$$級数法の償却率の分母 = \frac{n(n+1)}{2} \quad ただし，nは耐用年数とする。$$

上記の例でnに3を代入すれば，6に等しくなります。以下設例で確認します。

〔設例3〕

　取得原価＄200,000，残存価額＄20,000，耐用年数4年の固定資産につき，級数法による2年目の減価償却費を求めよ。

（解答）　＄54,000

以下のような図を描くとわかりやすいです。

12 固定資産(1) －減価償却－

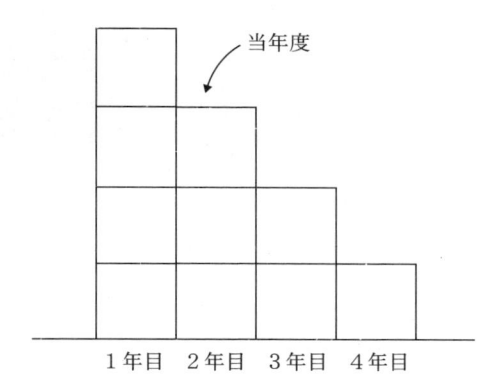

　２年目の期首時点の残存耐用年数は，本図より２年目のマスの数から３年とわかります。償却率の分母は先の式より，

$$\frac{4\times(4+1)}{2}=10$$ これは，図におけるマスの数の合計に対応します。

よって

$$(200,000-20,000)\times\frac{3}{10}=\$54,000$$ と計算されます。

第1部　基礎会計編

13 固定資産(2)
－除却・売却と減損－

　本章では，**固定資産**を除却・売却した際の会計処理，及び固定資産の公正価値が帳簿価額を下回った場合の**減損**（impairment）の処理を扱います。

◉ 基本例文 1

<ruby>Recognize<rt>リコグナイズ</rt></ruby> <ruby>a gain<rt>アゲイン</rt></ruby> <ruby>of<rt>オブ</rt></ruby> $～ <ruby>on<rt>オン</rt></ruby> <ruby>the<rt>ザ</rt></ruby> <ruby>sale<rt>セイル</rt></ruby> <ruby>of<rt>オブ</rt></ruby> <ruby>fixed<rt>フィックスト</rt></ruby> <ruby>assets<rt>アセッツ</rt></ruby>

Recognize a gain of $～ on the sale of fixed assets
固定資産の売却益を～ドル計上する

■ We **recognized a gain of** $50 **on the sale of** a machine.
（当社は機械売却益を50ドル計上した）

ここがポイント！　recognize は「計上する（＝report）」。fixed assets は「固定資産」で，non-current assets とも表現できる。a gain of ～ on the sale of fixed assets で「固定資産売却益」。「益（gain）」ではなく「損」なら loss を用い，「売却（sale）」ではなく「除却」なら disposition を使う。

◉ 基本例文 2

perform tests for impairment on ～
～につき減損テストを実施する

■ The company **performed tests for impairment on** assets whenever events or changes in circumstances indicate that some portion of the carrying amount of the

assets may not be recoverable.
（当社は帳簿価額の一部の回収が困難であると思われる状況や環境の変化があった場合に減損テストを実施した）

ここがポイント！　impairment は「減損」，impairment tests on 〜 で「〜についての減損テスト」となる。carrying amount は「簿価（＝book value）」，asset(s) は「資産」。

基本例文 3

Recognize a loss on impairment in the amount of $X
（リコグナイズ ア ロス オン イムペアメント イン ズィ アマウント オブ Xダラー）
Xドルの減損損失を計上する

■　The company wrote an office building down to the estimated fair value and **recognized a loss on impairment in the amount of $9** million.
（当社はオフィスビルにつき見積公正価額まで減損し，900万ドルの減損損失を計上した）

ここがポイント！　in the amount of〜は「〜の額の」という意味でよく使う表現である。recognize impairment loss of $〜とも表現できる。また write down「〜を減損する」も評価損を計上するときの慣用表現であるので，覚えておきたい。本文では，write an office building down の形。fair value は「公正価格，時価」。

▶▶▶関連用語
recoverable　回収できる　　carrying amount　帳簿価額
undiscounted future cash flow　割引前将来キャッシュ・フロー

解説

(1) 資産の売却と除却 (sale and disposal of an asset)

有形固定資産については，例えば中古車を思い出せばわかるように使用途中で売却したり，また使えなくなり廃棄処分（除却）することがあります。売却と異なり，除却では対価がゼロであることに注意してください。すると除売却時の固定資産の帳簿価額が当該時点で残っている資産の価値を示しますから，除却の場合，対価はゼロでその価値が全て失われるわけですから，除却時点の帳簿価額が全額除却損（除却そのものにコストがかかった場合はそれも加えます），売却の際は売却価額から帳簿価額を引いてプラス（マイナス）であれば，売却益（損）が計上されることになります。以下設例で確認しましょう。

〔設例1〕

12月決算のA社は2005年1月1日に耐用年数4年，残存価額＄1,000の機械を＄10,000で購入した。減価償却は定額法で実施している。2007年4月30日に，①当該資産を除却した際の処理と，②＄6,000で売却した時の仕訳を示せ。

（解答）

①	Accumulated depreciation		＄5,250
	Loss on disposal		＄4,750
		Machine	＄10,000
②	Cash		＄6,000
	Accumulated depreciation		＄5,250
		Machine	＄10,000
		Gain on sale of machine	＄1,250

除売却の仕訳を求めるにあたって，まずはその時点の帳簿価額を求める必要

があります。ここで忘れてならないのは，その年度の期首から除売却時までの月数分の減価償却費を計上しなくてはいけないということです。すなわち，07年度の期首から4月30日までの4か月分の減価償却費ですから，($10,000－$1,000)÷4÷12か月×4か月＝$750と計算されますので，まずは①，②共にこの仕訳を計上します。

  Depreciation expense $750
      Accumulated depreciation $750

一方期首時点の減価償却累計額は05年，06年の2年分計上されていますから，($10,000－$1,000)÷4×2＝$4,500と計算できます。よって除売却時の減価償却累計額は$4,500＋$750＝$5,250ですから，帳簿価額は($10,000－$5,250)＝$4,750となります。除却時の処分対価はゼロですから，①除却の仕訳は

  Accumulated depreciation $5,250
  Loss on disposal $4,750
      Machine $10,000

となります。ただ，上2つの仕訳を合計すれば

  Accumulated depreciation $4,500（＝期首までの減価償却累
                    計額）
  Depreciation expense $750（＝当期の減価償却費）
  Loss on disposal $4,750
      Machine $10,000

となり，期首までの減価償却累計額と，期首から売却時までの当期中の減価償却費とに分けられますから，初めから一本の仕訳で済むので覚えやすく，日本ではこの処理ですが，米国では除却時点までの減価償却の仕訳と除却の仕訳を別物として分けています。

次に②の売却の仕訳ですが，売却価額が$6,000ですから，売却損益は$6,000－$4,750（売却時の帳簿価額）＝$1,250となってプラスの値ですから，売却益となることがわかります。売却時までの減価償却累計額は上記と同じで

すから，よって米国の処理を前提とすれば②売却の仕訳は，

Cash	$6,000	
Accumulated depreciation	$5,250	
Machine		$10,000
Gain on sale of machine		$1,250

となります。

(2) 長期性資産の減損

SFAS144号では，長期にわたり事業活動に使用する固定資産を，**長期性資産**(long-lived assets)として，それらの帳簿価額が**公正価値**（fair value）を下回っている場合についての，**減損**（impairment）の規定を定めています。

さらにSFAS144号では，長期性資産を，「**保有し使用する目的の長期性資産**」(long-lived assets to be held and used)と，「**売却により処分予定の長期性資産**」(long-lived assets to be disposed of by sale)と，「**売却以外の手段により処分予定の長期性資産**」(long-lived assets to be disposed of other than by sale)との3種類に区分し，それぞれにつき減損の会計処理を明示しています。以下，それぞれの会計処理についてみていきます。

(3) 売却予定の資産の減損

固定資産のうち，売却を予定しているがまだ売却を実施していないものについては，SFAS144号では，以下のすべての条件を満たした時点で，**公正価値**（fair value）から**売却費用**（selling cost）を差し引いた**正味実現可能価額**（Net Realizable Value　以下NRVと略）が，簿価を下回る場合には，NRVまで**評価額を切り下げる**（write-down）こととしているので，評価損＝簿価－NRVと計算されます。

・ 承認権限を有する経営陣が売却を確約している。

・ 資産はすぐにでも売却可能である。

・ 資産の売却実行のために買い手をみつけるなどの，有効なプログラムが

開始されている。
- 1年以内に売却が行われる可能性が高い。(probable)
- 資産は合理的な価格設定のもと，積極的な売り込みがなされている。(actively marketed for sale)
- 資産売却計画につき，重要な変更は起こりそうにない。(unlikely)

またすぐにでも売却可能という要件上，現時点では当然使用を停止していることが想定されますから，貸借対照表上，事業活動に供される**有形固定資産（property, plant and equipment）** とは区分し，**その他の資産（other assets）** に計上し，収益獲得に貢献することもなくなったので，減価償却費の計上は行いません。

ただ，いったん評価損を計上した後も，その後の時価の変動によって毎期評価を見直すこととなります。したがって時価が上昇すれば再度評価額は増加しますが，当初の帳簿価額以上に時価が上回ったとしても元の簿価を超えて評価額を増加させることはできませんので，注意してください。なおこうした評価額の増加を「Write-Up」といいます。

〔設例2〕
　設例1の資産が売却予定で，SFAS144号の減損の全ての要件を満たし，かつNRVを＄4,000とした場合の仕訳を示せ。

（解答）
Machine to be disposed of	＄4,000
Accumulated depreciation	＄5,250
Loss on planned disposition	＄750
Machine	＄10,000

帳簿価額は＄4,750に対し，NRVである＄4,000の方が低く差額の＄750だけ評価損が計上され，これまで有形固定資産に表示されてきたmachineをNRVで「machine to be disposed of」という勘定に置き換えます。

なお，翌年度NRVが上昇すれば再度評価額を増加させますが，元の帳簿価額＄4,750を超えて評価益を認識できないことに注意してください。

〔設例3〕

設例2の資産につき翌年度のNRVが＄5,000となった場合の仕訳を示せ。
（解答）
  Machine to be disposed of ＄750
      Gain on disposition ＄750

前年度のNRV＄4,000への評価替えにより，帳簿価額が＄4,000に修正されています。翌年度のNRVが＄5,000ですが，元々の帳簿価額は＄4,750です。よって評価益の計上は＄750（＝＄4,750－＄4,000）が限度ですので，上記の仕訳となります。

(4) 保有し使用する資産についての評価

上記では売却予定の固定資産の処理をみてきましたが，今度は**現に保有し使用している長期性資産（long-lived assets to be held and used）**についての減損をみていきます。先の売却処分予定の長期性資産についてはそれ単独で減損可能でしたが，保有し使用する長期性資産についてはその他の資産・負債とまとめて，キャッシュ・フロー（以下ＣＦと略）が認識可能で，かつ他のグルーピングされた資産とは独立してＣＦを生み出すことのできる最小単位にグルーピングする必要があります。

このグルーピングの事例については，SFAS144号は唯一，すでに失効したSFAS121号の規定をそのまま引用し，バス路線のグルーピングの事例を挙げています。すなわちバス会社が5つの路線につき，いずれも1日最低限の運行をすることを条件に事業を行っており，路線毎に個別にＣＦの認識が可能でかつ一つの路線が大幅な赤字であった場合のグルーピングですが，この場合，たとえ路線毎にＣＦの認識が可能であっても，事業を継続していくためには5つの

路線を全て運行することが条件ですから，5つの路線をまとめてCFを生み出す最小単位としてグルーピングすることになります。

次に，減損を認識する上で，まず帳簿価額の回収が困難であると認められる状況や環境の変化があったかどうか，すなわち減損の兆候を判定します。減損の兆候についてSFAS144号は，

- 資産の市場価格の著しい下落
- 当該資産の使用方法の変化または物理的状態の変化
- 資産価値に影響を与える法的要因や経済環境の変化または法規制

等を挙げています。

こうして減損の兆候が認識されても，直ちに減損を行うのではなく，今度は**減損テスト（impairment test）** に入ります。これは，固定資産の使用により将来獲得が予想される割引前予想CF総額が資産の帳簿価額を下回ったときに，減損を行うものです。ここでの将来CFはあくまでも現在価値に割り引く必要はないことに注意してください。これは，将来の予想CFの現在価値割引後の金額は，割引前の金額よりも当然小さくなり，資産の帳簿価額を下回る可能性が割引前の金額よりも，より高くなるので，無闇に減損を行うことを防ぐ意味合いがあります。

そして減損テストにより減損が必要と判定された場合に，今度は減損の測定に入ります。ここで公正価値（fair value）が帳簿価額を下回れば，資産価額を公正価値まで切り下げ，その差額を減損損失として認識することになります。なお減損の測定にあたっての公正価値の算定上，将来の予想CFを用いる場合には，それを割引現在価値に直す必要があることに注意してください。
すなわち，減損テストの段階では，割引前予想CFでよかったわけですが，減損の測定段階では公正価値を予想CFで算定する場合，

減損損失＝簿価－予想CFの割引現在価値

として計算しなければならない，ということです。なお，公正価値として，独立した第3者間で自発的に成立する市場価格を用いる場合もあります。

以下設例で確認しましょう。

〔設例4〕
　　帳簿価額＄10,000の機械につき，経済環境の変化により著しい価値の下落が生じた。減損テストの結果，割引前予想将来ＣＦは＄8,000となった。また公正価値は＄7,000であった。減損損失を計算し，仕訳を示せ。
(解答)
　　　　Loss on impairment　　＄3,000
　　　　　　　　　　Machine　　＄3,000

① 　減損の兆候　資産の著しい価値の下落により該当
② 　減損テスト　帳簿価額＄10,000＞割引前将来ＣＦ＄8,000
　　よって減損を行う。
③ 　減損の測定　帳簿価額＄10,000－公正価値＄7,000＝＄3,000
　　よって上記の解となります。

　この場合，減損後の帳簿価額＄7,000をもとに減価償却を継続することになり，また減損実行時点で残存価額はゼロとされ，残り全額が償却されます。また売却予定資産と異なり，公正価値がその後上昇しても元の簿価までの切り上げはできないことに注意してください。

(5) 売却以外の手段により処分予定の長期性資産の減損

　売却以外の方法で処分する場合とは，**廃棄（abandonment）**予定のものや，類似の長期性資産と交換予定のもの，およびスピンオフにより株主に配分予定のものを意味します。
　これについては，実際に処分されるまで，「保有し使用する長期性資産」と同じ会計処理を適用しますので，上記(4)を参照してください。

第 1 部　基礎会計編

14　社　債（1）
－発行の処理と発行価額－

本章では，**社債**（bond）を発行する際の基本処理と，社債の理論的な発行価額の決定を現在価値会計と絡めて学習します。

基本例文 1

Issue ～ of X percent, $ Y bonds
イッシュー　オブ　パーセント　Yダラー　ボンズ

一口Yドルで利息X％の社債を～口発行する

■　ABC Co. **issued** 100 of its 3 **%, $**1000 **bonds**.
　（ABC社は，一口千ドルで利息3％の社債を100口発行した）

ここがポイント！　 issue bonds で「債券を発行する」。この時よく使われる ～ percent, $ ～ bonds「一口～ドル，利息～％の債券」の形を覚えておこう。

基本例文 2

Issue $～ of X percent, Z-year bonds at W
イッシュー　～ダラー オブ　パーセント　イヤー　ボンヅ　アット

利息X％，償還期限Z年の社債を100ドルにつきWドルで，総額～ドル発行する

■　We **issued** $1,000,000 **of** 2%, three-**year bonds at** $98.
　（当社は，利息2％，償還期限3年の社債を100ドルにつき98ドルの発行価額で，総額100万ドル発行した）

ここがポイント！ at $98は，「100ドル当たり98ドル（の発行価額）で」を意味し，at ～で100ドル当たりの発行価額を表す。

基本例文 3

インタレスト イズ ペイアブル セミアニュアリー オン アンド
Interest is payable semiannually on ～ and ～
利息は半年毎に，～月～日と～月～日に支払われる

■ **Interest is payable semiannually on** June 30 **and** December 31.
（利息の支払いは，6月30日と12月31日の半年毎に行われる）

ここがポイント！ 年1回なら半年毎（semiannually）ではなく，annuallyで表現する。また本文では前置詞 on を使っているが，代わりに every を用いることもできる。

▶▶▶関連用語
mortgage bonds　担保付社債　　debenture bonds　無担保社債
issue bonds at discount　社債の割引発行を行う
mature on ～　社債が～日に償還期日を迎える

解説

(1) 社債の意義

　社債とは，企業が資金を調達するため有価証券を発行し，これを小口に分けて投資家から資金を募るもので，借入金と性質を同じくするものです。社債には借金でいえば，借入額に相当する額面，そして返済日に相当する満期日という概念があります。また一定の利息の支払いも定期的に要求され，利払いは大

14 社　　　債(1)　－発行の処理と発行価額－

抵年1回か2回であり，投資家は社債を購入することで，利息をもらえると同時に，満期日が来れば発行会社が倒産しない限りは，額面総額の返済を受けられますが，これを社債では償還といいます。なお社債についての契約上の利子率を，表面利率あるいはクーポン利率といいます。

　また，社債は通常額面金額を一口〜ドルと表現し，例えば一口＄1,000の社債があって，それが額面総額＄100,000発行されたのであれば，当該社債の発行口数は100口（＝＄100,000÷＄1,000）となります。

(2) 社債の発行価額〜割引発行と打歩発行〜

　社債には契約上の利子率である表面利率があるといいましたが，この表面利率は，マーケットがその会社の社債に対し発行会社の安全性や収益性を加味して要求する利子率－これを**市場利子率（market interest rate）**あるいは**実効利子率（effective interest rate）**といいます－と必ず等しいわけではありません。格付けの低い会社であれば，当然実効利子率はハイリスク，ハイリターンが要求されますから，高くなるでしょう。しかし現実的に収益性の低い会社が，実効利子率どおりの高い利子率を払えない場合があり，この場合，リスクに見合った実効利子率よりも低いリターンしか得られない社債など誰も買おうとはしないでしょう。ではこのときどうしても社債発行により資金を調達したい場合には，どうすればいいでしょうか？

　その場合にとられるのが，社債の割引発行です。通常一口の額面金額を＄100とすれば，それは社債の償還時に額面通りの＄100が償還されることを意味し，これが借入金でいう元本に等しいわけですから，等価交換を前提とすれば，社債を売る場合の売値を表す発行価額（投資家の立場からみれば，払い込み価額といいます）は額面に等しい＄100となり，＄100の払い込みを投資家に要求するはずです。この額面＝発行価額となるものを，平価発行といいます。

　しかし，これは実効利子率どおりに表面利率を設定できる場合で，表面利率が低い社債の場合，誰もそんな社債を買いたくないわけですから，そこで額面に対し売値の発行価額を低く設定する必要が出てきます。例えば額面＄100に

対し発行価額が＄95であれば，投資家は＄95の購入代価を払って，償還時にはそれが＄100になって返ってきますから，利息に加えて差し引き＄5だけ得をします。これを割引発行といい，額面と発行価額の差額をdiscountといいます。

一方，逆に表面利率を実効利子率よりも高く設定している会社の場合どうでしょうか？　この場合，リスクに見合った実効利子率よりも表面利率が高いので，投資家はその分利ざやを稼ぐことができ，みんなが競って当該社債に飛びつくでしょう。よって，額面に対し売値である発行価額を多少高く設定しても，社債を売ることができるでしょう。この場合の額面と発行価額の差額をpremiumといい，例えば額面＄100に対し，発行価額が＄103とすると，差額の＄3がpremiumとなり，＄103払って＄100しか返ってこないので名目値で＄3損をしても，実効利子率と表面利率との差額で元がとれればいいというわけです。この場合を打歩発行といいます。

(3) 社債の発行価額の理論的計算

以下の設例をもとに，社債の発行価額の理論的な計算法を求めてみましょう。

〔設例1〕
　×1年1月1日に券面額＄10,000，利払い日12月31日年1回，表面利率2％，実効利率3％で，償還期間3年の社債を発行した。この社債の発行価額を求めよ。
（解答）　＄9,716.72

発行価額は発行会社から見れば売値ですし，投資家からみれば買値になります。売買が成立するには売値＝買値となる必要があり，発行価額の決定の説明にあたり，買値がどうやって決まるかを説明したほうがわかりやすいと思いますので，買値の決定を説明しましょう。

買値は投資家からすれば，社債を買うのに支払ってもいいという金額ですから，それは社債を購入した見返りに得られる現金の額と等しくなるはずです。

14 社　債(1) －発行の処理と発行価額－

言い換えれば，購入により出ていく金と入ってくる金がとんとんになればいいわけです。ここで，いやそんなことはない，入ってくる金が出て行く金よりも多くなければ得をしないからおかしい，という方もいらっしゃるかもしれませんが，これも根底には経済学の考えがあり，社債の購入により得られる収入のほうが購入代価よりも大きければ，その利ざや獲得を狙い，そうした社債への買い（これを需要といいます）は殺到し，売り（これを供給）が追いつきません。経済学上では需要と供給が一致する点で売買価格が成立しますので，会計学上もこれにならい，価格の成立を考えるにあたっては，需要と供給が一致する世界を想定し，従って社債の買値においても，社債購入による収入と社債の購入代価とが一致し，収支がバランスする状態を想定しているからです。投資家は社債を買うと，まず1年後，2年後，3年後に表面利率の利息を得られますし，そして3年後の満期日に額面相当額の償還を受けることになります。利息は額面に表面利率を乗じたものですから，毎年 \$200（＝\$10,000×2％）そして最後に額面の\$10,000ですから，ではこれを単純に\$200×3＋\$10,000＝\$10,600としていいかというとそうではありません。手形の項でもみましたが，金利がある場合，将来のお金は割引率で割り引いた現在価値に戻す必要があるからです。

では，割引率として何を使うかというと，表面利率ではなく必ず実効利子率を用いることに注意してください。受取手形の項の経済学上の機会費用の概念で説明したように，社債を購入したということは，他にある様々な投資機会を犠牲にしたわけであり，社債の表面利率との比較対象において，他の投資機会に投資したならば得られるであろう標準利子率としてはまさにマーケットの要求する実効利子率が参考となるわけです。それを犠牲にしてまで社債を購入したということは，少なくともdiscountをも含め考慮した場合の社債の実質的な利子率は，最低限その実効利子率と等しくあるべきことが要求されるわけであり，もし実効利子率よりも低い利率しか得られないような社債であれば，投資対象にはなり得ないはずです。そこで割引率として実効利子率を用いることになります。

では，割引率を実効利子率とした際の，将来の収入の割引現在価値をみていきましょう。(以下，最終値につき小数点第3位を四捨五入)

1年後　　$\$200 \times \dfrac{1}{(1+0.03)} = \$194.18$　(但し $\dfrac{1}{(1+0.03)} = 0.9709$ とする)

2年後　　$\$200 \times \dfrac{1}{(1+0.03)^2} = \$188.52$　(但し $\dfrac{1}{(1+0.03)^2} = 0.9426$)

3年後　　$(\$10,000 + \$200) \times \dfrac{1}{(1+0.03)^3} = \$9,334.02$

(但し $\dfrac{1}{(1+0.03)^3} = 0.9151$)

そして以上を合計した$\$9,716.72$が，必要利子率としてマーケットの要求する実効利子率を前提にした，社債の将来キャッシュ・フローの割引現在価値になりますから，これが需要と供給を一致させる当該社債の購入価額＝社債の発行価額となるわけです。またdiscountは，券面額から購入価額を引いて，$\$283.28$となります。

また以上を前提にすれば，社債の実効利子率は，

$$\text{社債の購入価額} = \text{社債により得られる将来キャッシュ・フローの割引現在価値}$$

を成立させる割引率に等しく設定される，ということもできます。

また社債の発行者側からすれば

$$\text{社債の発行価額} = \text{社債発行により失われる将来キャッシュ・フローの割引現在価値}$$

といえます。発行者からすれば，社債発行によりその時点では発行価額だけの収入を得るわけですが，それに応じて償還期限までの利払いと額面の償還義務だけの将来の現金支出が生じるわけです。したがって先ほどと同じ理屈から，社債発行による将来の現金支出の割引現在価値と，社債発行により得られる収入とが一致するように，実効利率が設定されることになるわけです。このあたりの解説は現在価値会計全般を理解する上で非常に重要な点ですので，是非とも押さえてください。

(4) 社債の会計処理

以上を前提にし，発行時の処理をみてみましょう。

14 社　債(1)　－発行の処理と発行価額－

発行時

  Cash $9,716.72

  Bond discount $283.28

      Bonds payable $10,000

1年後利払い日

  Interest expense $291.5

      Cash $200

      Bond discount $91.5

　まず発行時において貸方に額面で社債，そして発行価額を現金，割引をdiscountで処理します。そして発行価額が実質的な社債の帳簿価額となります。なお日本ではこのdiscountをかつては社債発行差金という名称で呼んでいましたが，基準が変わり社債発行差金を計上することなく，額面から社債発行差金を引いた帳簿価額で社債を表示するようになりました。

　次に1年後ですが，現金ベースの利息は$200ですが，損益計算書に計上する実質ベースの利息は「期首の帳簿価額×実効利子率」で計算します。よって支払利息は$291.5となり，一方discountの償却は「利息の現金支払額－実質支払利息」となるので，$91.5となります。

　また社債の帳簿価額は，「社債の券面額－discountの残額」で求めます。よって2年目の期首の帳簿価額は，$10,000－($283.28－$91.5)＝$9,808.22となるので，2年目の実質利息は，$9,808.22×3％＝$294.25，よって2年後の利払い日の仕訳は以下のようになります。

2年後利払い日

  Interest expense $294.25

      Cash $200

      Bond discount $94.25

　この際，以下の表を作るとわかりやすいでしょう。

第1部 基礎会計編

	①社債期首簿価	②期首discount	③クーポン利息	④実質利息(P/L計上額)	⑤discount償却額	⑥社債期末簿価	⑦期末discount
X1年	$9,716.72	$283.28	$200	$291.5	$91.5	$9,808.22	$191.78
X2年	$9,808.22	$191.78	$200	$294.25	$94.25	$9,902.47	$97.53
X3年	$9,902.47	$97.53	$200	$297.53	$97.53	$10,000	$0

（但し，①＋②＝⑥＋⑦＝＄10,000（額面），③＝＄10,000×2％，④＝①×3％，⑤＝④－③，⑦＝②－⑤，⑥＝①＋⑤＝＄10,000（額面）－⑦，また前年度の期末簿価は，当年度の期首簿価になる。途中の計算は小数点以下第2位四捨五入で行い，3年後は社債期末簿価が額面に等しくなるように，またはdiscount残高がゼロになるように，償却額を調整している。よってX3年については⑤の償却額は②の額と同額となり，④の額は③＋⑤の額と等しくなる）

最後に3年後は，以下のようになります。

3年後利払い日

  Interest expense $297.53（＝④の額）

        Cash $200（＝③の額）

        Bond discount $97.53（＝⑤の額）

このように実効利子率によってdiscount（premium）を毎期の利息として配分していく方法を**実効利子率法（effective interest method）**といいます。

(5) 投資家への引渡日が発行日よりも後になった場合の社債発行時の処理

社債発行においては，発行日と投資家への引渡日が一致せず，投資家への引渡が後になることが多々あります。例えば設例1において投資家への引渡日が×1年5月1日となったような場合です。この場合でも利息の支払は，発行日から利払い日の12月31日までの1年分の利息を支払うことになりますが，投資家が実際に保有した期間は5月1日から12月31日までの8か月分であり，4か月分多く払いすぎることになります。そこで，発行時において投資家から1月1日から4月30日までの4か月分の利息をあらかじめ徴収します。以下設例で確認します。

14 社　債(1) －発行の処理と発行価額－

〔設例２〕
　×１年１月１日に券面額＄10,000，利払い日12月31日年１回，表面利率３％の社債につき，＄10,000で平価発行したがこれを投資家に５月１日に引き渡した。この場合の社債発行時の処理を求めよ。

（解答）
　　Cash　　　　＄10,100
　　　　　　Bonds payable　　　　＄10,000
　　　　　　Accrued interest　　　＄100

　発行時において，投資家からあらかじめ発行日から引渡日までの４か月分の利息＄100（＝＄10,000×３％×4/12）を合わせて払い込ませ，これを貸方に端数利息として計上しますので，上記の仕訳になります。利払い日の12月31日においては１年分の利息＄300を払い，貸方に利息＄300が計上されますが，本来決算日を12月31日とした場合の×１年において，社債の利息として損益計算書に計上すべき額は，引渡日から利払い日までの８か月分＄200（＝＄10,000×３％×8/12）です。しかし発行時の貸方の端数利息＄100と相殺されることで＄200（＝＄300－＄100）の利息が計上され，結果として８か月分の利息が計算されることになります。

第1部 基礎会計編

15 資本会計(1)
－各種株式の発行と転換－

本章では，普通株式（common stock）と優先株式（preferred stock）の違いや，各種優先株式の扱い，及び**株式発行**（stock issue）時の会計処理について学習します。

● 基本例文 1

Issue Y shares of $Z par value common stock
額面Zドルの普通株式をY株発行する

■ ABC Co. **issued** 300,000 **shares of** $5 **par value common stock** with authorized shares of 1,000,000 common stock.
（ABC社は授権株式数100万株の下，額面5ドルの普通株式を30万株発行した）

ここがポイント！　「株式を発行する」は，社債の発行と同様 issue を使う。「株（式）」は stock や share で表す。株数を表す場合は，～ shares と，share で表すことが多い。par value は，「額面（価格）」。authorize は「正式に認可する」，authorized shares で「授権株式数」。「授権株式」とは，定款により定められる会社の発行可能株式数を意味する。

● 基本例文 2

Have X shares of common stock issued and outstanding
発行済み社外流通株式数は，X株である

15 資本会計(1) −各種株式の発行と転換−

■ We **have** 5,000,000 **shares of common stock issued and outstanding** as of December 31, 2007.
（2007年12月31日時点における，当社の発行済み社外流通普通株式数は，500万株である）

ここがポイント！ common stock は「普通株」。issued and outstanding は「発行した株式で，かつ現在市場で流通している」。outstanding は「流通している」。as of 〜 は「〜の時点で（の）」。

▶▶▶関連用語
treasury stock　自己株式　　preferred stock　優先株式
cumulative preferred stock　累積型優先株式
participating preferred stock　参加型優先株式
convertible preferred stock　転換優先株式
callable preferred stock　償還優先株式

解説

(1) 資本の部の構成

　資本の部（stockholders' equity）とは，資産から負債を差し引いた残りで，**純資産**（net assets）ともいいます。その内訳は，株主からの払込額である**払込資本**（contributed capital）と，会社が獲得した利益の内部留保である**利益剰余金**（retained earnings），また損益計算書の当期純利益を通さずに，資本の部の変動をもたらす要因のうち，増減資取引や株主への配当等いわゆる資本取引を除いた，その他の包括利益の過去からの累計額を示す，**その他の包括利益累計額**（accumulated other comprehensive income）の合計から，会社が発行した株式を再び買い戻して保有している**自己株式**（treasury stock）を引いたものとなります。自己株式を保有している場合，

当該株数は発行済み株式数には含まれますが，市場では流通しませんから，仮に発行株式数が100万株，自己株式が1万株なら**発行済社外流通株式数（outstanding stock）**は，99万株（＝100万株－1万株）となります。

また払込資本は，さらに**法定資本金（legal capital）**と，**資本剰余金（additional paid-in capital）**に分かれます。両者はともに，株主から払い込まれたものであるという点で性質は同じで，法定資本金はそのうち資本金に組み込まれた部分，資本剰余金は残りの差額を意味します。

なお会社の発行する株式は，**普通株式（common stock）**と**優先株式（preferred stock）**とに分けられます。株を持つと通常利益の分配として**配当（dividend）**をもらえるわけですが，優先株式は，配当や会社**清算時（liquidation）**の**残余財産（residual equity）**分配請求権につき，普通株式に対し優先的な権利を有する代わりに，会社の経営に関与する**議決権（voting rights）**が付与されていません。

資本の内訳をまとめると以下のようになります。自己株式は資本の部からマイナスします。

　　普通株式資本金(common stock)　┐
　　　　　　　　　　　　　　　　　├法定資本金(legal capital)　┐
　　優先株式資本金(preferred stock)┘　　　　　　　　　　　　　├払込資本(contributed capital)
　　資本剰余金(additional paid-in capital)　　　　　　　　　　┘
　　利益剰余金（retained earnings）
　　　　　　　配当制限のあるもの（appropriated）
　　　　　　　配当制限のないもの（unappropriated）
　　その他の包括利益(損失)累計額(accumulated other comprehensive income)
　　　　　　　為替換算調整勘定（foreign currency translation adjustments）
　　　　　　　売却可能有価証券の未実現評価差額（unrealized gain/loss）
　　　　　　　など
　　自己株式（treasury stock）

(2) 株式発行時の処理

普通株式（common stock）については，額面株式の場合，額面が日本でいう資本金に相当する普通株式資本金に計上され，発行価額との差額は**資本剰余金**（additional paid-in capital）で計上されます。また無額面株式については，原則発行価額の全額が普通株式資本金に計上され，無額面株式の中でも**記載金額**（stated value）のあるものは，その記載金額が普通株式資本金に計上されます。

なお，新株発行にかかる手数料や弁護士報酬，印刷費等は**新株発行費**（stock issue costs）といい，これについては新株発行による収入額のマイナスとして，資本剰余金から控除します。またサービスや資産の提供の対価として株式を発行した場合には，その**公正市場価格**（fair market value）を払込価額とします。なお優先株式についても，日本の資本金に相当する勘定が優先株式資本金となるだけで，後は普通株式と同様です。

また普通株式，及び優先株式双方が発行されている場合は，貸借対照表上それぞれの資本金及び払込剰余金を分けて表示することになります。

〔設例1〕

額面＄5の普通株式を＄12で100株発行した際の仕訳を示せ。なお新株発行費が＄100かかったものとする。

（解答）

　　　Cash　　＄1,100　（＝＄12×100－新株発行費＄100）

　　　　　　　　　　Common stock　　＄500　（＝額面＄5×100）

　　　　　　　　　　APIC－CS　　＄600　（＝差額）

---

common stock は普通株式のほか，普通株式資本金の勘定を表します。またAPIC－CSは，Additional Paid In Capital-Common Stock（普通株式資本剰余金）の省略形で使っています。これは額面超過払込剰余金なので，paid-in capital in excess of par という勘定を使うこともあります。なお優先株式の場合は，

common stock を preferred stock，APIC－CS を APIC－PS（Additional Paid In Capital-Preferred Stock）にすればよいだけです。新株発行費は，払込剰余金からマイナスします。

(3) 優先株式の種類について

　株式の種類として，普通株式と優先株式があることを(1)において触れましたが，資金調達において銀行からの間接金融が主体であった日本と異なり，株式発行による直接金融を主体としてきた米国では様々なタイプの優先株式が発行されており，その代表的なものとしては以下の4つがあります。なお日本においても，昨今，会社再建の手法として優先株式が活用されています。なおいずれの場合も，貸借対照表上に表示するときは，Preferred stock（優先株式資本金）の後で，その種類を明記しておく必要があります。

　① **累積型優先株式**（cumulative preferred stock）

　取締役会（board of directors）による配当が見送られた場合は，優先株主も配当をもらえませんが，その権利が将来の配当時に繰り越され，繰越分を将来の配当と合わせて普通株主に先んじて優先的に受け取れるものを累積型優先株式といい，この配当の繰越を**繰越配当金**（dividend in arrears）といいます。

　② **参加型優先株式**（participating preferred stock）

　優先株は通常，配当率が額面金額の～％（～％ of par），または配当額が1株につき＄～と定められていますが，配当率が普通株式よりも低くなった場合に，普通株式と同率になるまで優先配当を積み増せる**完全参加型**（fully-participating）と，その差額のうち何割かを積み増す**部分参加型**（partially-participating）とに分けられます。

　③ **転換優先株式**（convertible preferred stock）

　普通株式への転換権が付与されている優先株をいいます。転換は通常簿価，すなわち転換優先株式の当初の発行価額で行われ，転換による損益は発生しません。

④ 償還優先株式（callable preferred stock）

発行会社に買い戻し権が付与されている優先株式をいいます。但し，社債と異なり買戻し時においては，償還価額と発行価額の差額を損益計算書において当期純利益の構成要素として認識することはなく，発行価額が償還価額を上回った場合の貸方差額は，**優先株式償還による払込剰余金**（paid-in capital from preferred retirement）に，逆の場合の借方差額は利益剰余金とします。

〔設例2〕

A社は以前額面＄100の転換優先株式を＄150で3,000株発行した。転換優先株式は1株あたり，額面＄60の普通株式2株に転換可能であり，当期中に全て普通株式に転換された。転換時の普通株式の時価は＠＄50であった。転換時の仕訳を示せ。

（解答）

Preferred stock	＄300,000		
APIC－PS	＄150,000		
		Common stock	＄360,000
		APIC－CS	＄90,000

転換優先株式の転換は簿価で行い，転換による損益は発生しません。よって単純に転換優先株式の発行時の処理を取り消し，普通株式の発行の処理に置き換えればよいことになります。転換により発行される普通株式数は6,000株（＝3,000×2），転換優先株式の発行価額＄450,000（＝3,000×＄150）でこれが転換時の簿価となり，これから普通株式資本金＄360,000（＝＄60×6,000）を引いた差額が普通株式資本剰余金となります。よって上記の仕訳となります。

普通株式の時価は一切考慮されないことに，注意してください。

〔設例3〕
額面＄100，発行価額＄150の償還優先株式を1,000株発行したが，これを＠＄170，＠＄120で全て償還した際の仕訳を示せ。

(解答)

＜＠で＄170で償還＞

Preferred stock	$100,000	
APIC－PS	$50,000	
Retained earnings	$20,000	
Cash		$170,000

＜＠＄120で償還＞

Preferred stock	$100,000	
APIC－PS	$50,000	
Cash		$120,000
Paid-in capital from preferred retirement		$30,000

＠＄170で**償還**した際は，発行時の貸方仕訳を取り消し，償還価額の発行価額に対する超過額は利益剰余金とします。

＠＄120で**償還**の場合，やはり当初の発行時の貸方の仕訳を取り消し，今度は発行価額＠＄150が償還価額を上回っていますから，差額を優先株式償還による資本剰余金勘定に計上します。

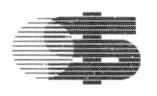

15 資本会計(1) －各種株式の発行と転換－

第1部　基礎会計編

16 有価証券（1）
－有価証券の分類と評価方法－

本章では，**有価証券**（securities）の分類とその分類に応じた評価方法，さらに取得原価を時価に評価替えする際の評価差額の処理について学習します。

■ 基本例文 1

リポート　ア　ネット　アンリアライズド　ロス　ゲイン　オブ　～ダラー　オン
Report a net unrealized loss [gain] of $～ on
セキュリティーズ　オン　インカムステイトメント
securities on income statement

損益計算書上，～ドルの有価証券評価損[益]を計上する

■ We **reported a net unrealized loss of** $1,000 **on** trading **securities on** 2007 **income statement**.
（当社は2007年度の損益計算書上，売買目的有価証券につき1,000ドルの評価損を計上した）

ここがポイント！　　unrealized loss は「評価損」。有価証券で，期末に時価で評価替えを行った際に生じる評価差額の損益計算書上の表示を「評価損益」というが，実際の売却で実現していないので，unrealized をつけている。trading securities は「売買目的有価証券」，income statement は「損益計算書」。

■ 基本例文 2

ビー　キャリード　アット
Be carried at ～

（有価証券の）評価は～による

16 有価証券(1) －有価証券の分類と評価方法－

■ Held-to-maturity securities **are carried at** amortized cost.
（満期保有目的債券の評価は償却原価法によっている）

ここがポイント！ held-to-maturity securities は「満期保有目的債券」を表す。このcarry は「帳簿に記載しておく→評価する」を意味する。amortizeは「（債務を）償却する」で，amortized cost は「償却原価」。

▶▶▶関連用語
available-for-securities 売却可能有価証券（その他有価証券）
debt securities 負債証券　　equity securities 持分証券
APB opinion（opinion of the Accounting Principles Board）　会計原則審議会意見書

解説

(1) **有価証券の分類**

　有価証券投資についての米国基準では，SFAS 115号「負債証券および持分証券に対する投資の会計」（accounting for certain investments in debt and equity securities）により，**社債**（bonds）や**転換社債**（convertible bonds）をはじめとする**負債証券**（debt securities）と，**普通株**（common stock）や**優先株**（preferred stock）をはじめとする時価を容易に決定できる**持分証券**（equity securities）を対象として，それぞれへの投資をその保有目的ごとに，以下の3種類に分類しています。負債証券，持分証券については，それらの発行主体からみれば，調達資金についていずれ返済を要するか否か，という観点から区別すればよく，返済を要するものが負債証券，要しないものが持分証券と考えればわかりやすいでしょう。

　① **売買目的有価証券（trading securities）**…短期的に売却益を得るため

に保有している有価証券で，1日あたりでも相当程度の反復的な売買を繰り返すもの。
② **満期保有目的債券**（held-to-maturity securities）…負債証券に限られ，**満期まで保有する積極的な意図と能力**（the positive intent and ability to hold the security to maturity）を有するもの。
③ **売却可能有価証券**（available-for-securities）…①，②のいずれにも分類されないもの。日本ではその他有価証券と呼ばれ，いわゆる持ち合い株が該当する。

なお，負債証券，持分証券それぞれの性質を考えると，②の満期保有目的の債券は，元本の返済を要する負債証券ですから，持分証券の分類は①と③のみとなります。一方負債証券は，①から③いずれにも分類されます。

なおSFAS115号では，被投資会社に対し**重要な影響力**（significant-influence）を行使しうるものについては上記の分類の対象外としており，それらについては別途ＡＰＢ18号にて**持分法**（equity method）が採用されます（第16章参照）。具体的には被投資会社の**営業方針**（operating policy）および**財務方針**（financial policy）の決定に対し，重要な影響力を行使しうることをいいますが，以下の投資については，重要な影響力を行使し得ないものとされます。よって本項では，これらの重要な影響力を行使できない投資を対象とすることに注意してください。

ⅰ）　負債証券
ⅱ）　その議決権比率（voting shares）が20％未満（less than 20％）の持分証券

(2) **売買目的有価証券の会計処理**

売買目的有価証券は，わずか1日の間でも相当程度の反復的な売買を繰り返すものですから，通常は専門のディーラーを有し短期的な利ざやの獲得を目指す金融機関が保有する有価証券がそれに該当し，それ以外の，例えば製造業等における保有有価証券が売買目的と分類されることはまずありません。また期

末においては**時価**(fair value)で評価し，時価と**簿価**(carrying value)の評価差額は**未実現保有損益**(unrealized holding gain or loss)として，損益計算書の当期純利益に含めます。まだ売却してないので未実現なのですが，売ろうと思えばすぐに売れるわけで，評価損益の実現性は極めて高いからです。これは日本も同様です。

(3) 満期保有目的の債券の処理

満期保有目的の債券の期末における評価は，**償却原価**(amortized cost)によります。そして取得原価と償還価額の差額については，満期まで**定額法**(straight-line method)または**実効利率**(effective interest rate〈第14章参照〉)によって算定した償却額で償却し，損益計算書に計上します。

満期保有目的の債券は，発行する側からみれば社債ですので，実効利率による償却額の計算は第14章で詳しく説明していますので，そちらを再度ご覧ください。

またたとえ同じ債券であっても，満期保有目的の債券と分類されるか，そうでないかによって処理は異なります。以下設例で確認します。

〔設例1〕

A社は，X1年1月1日に以下の社債を購入した。満期保有目的と分類された場合の，X1年期末における必要な仕訳を示せ。

B社社債（満期保有目的債券に該当）額面＄10,000，表面利率2％，市場利率3％。償還期限は3年，利払い日は年1回で年度末である。期末時価は＄9,875である。

（解答）

Cash	$200	
Investment in B bond (held-to-maturity)	$91.5	
Interest income		$291.5

購入者側からみた満期保有目的の債券は，発行者側からみれば社債であり，また社債(1)の設例１（第14章参照）では，社債の売値，すなわち発行価額は購入者側からみれば満期保有目的の債券に対する購入価額であり，社債の売買が成立するには，両者が等しくならなければならないことをみてきました。本設例での社債は社債(1)での設例１と全く同じものとしていますので，そこで社債のdiscountの償却を求める際に使用したテーブルをそのまま利用できることになり，それを参考に必要部分だけを抜き出したのが以下の表です。

	①期首簿価	②現金利息	③実質利息	④償　　　却	⑤期末簿価
Ｘ１年	$9,716.72	$200	$291.5	$91.5	$9,808.22
Ｘ２年	$9,808.22	$200	$294.25	$94.25	$9,902.47
Ｘ３年	$9,902.47	$200	$297.53	$97.53	$10,000

（但し，②＝額面 $10,000×表面利率２％，③＝①×３％，④＝③－②，⑤＝①＋④）

　そこでみましたように，市場利子率（＝実効利子率）３％は，購入側のＡ社からみたＢ社社債に対する要求利率となり，Ａ社はＢ社社債からの利息を市場利子率３％で再投資することを前提としますから，Ｂ社社債の購入により得られる将来キャッシュ・フローを，市場利子率３％で割り引いた現在価値の合計に等しくなるよう，購入価額を決めることになり，それが満期保有目的債券の期首簿価（＝償却原価）$9,716.72となるわけです。

　そして期首簿価に市場利子率３％を乗じた額（＝③の実質利息）を損益計算書上有価証券利息として計上し，それと額面に表面利率を乗じたクーポン利息$200との差額を，利息の調整としてＢ社社債投資勘定として帳簿価額に加算し，毎期末の償却原価を算出していくことになります。よって

　　Cash　　　　　　　　　　　　　　　$200（＝表②）
　　Investment in B bond (held-to-maturity)　$91.5（＝表④）
　　　　　　　　Interest income　　　　$291.5（＝表③）

の仕訳となります。

なお満期保有目的債券と分類されれば，期末においてあらたに時価への評価替えは不要（ただし，後述するように時価の下落が一時的でないと認められる場合には，時価への評価替えが必要となります）ですので，損益計算書への影響は，上記の受取利息の計上のみとなります。期末時価は＄9,875で，償却原価考慮後の期末簿価よりも高いですから，一時的でない時価の下落かどうか考える必要はなく，時価への評価替えは不要です。

〔設例2〕

設例1において，B社社債が売買目的と判定された場合の期末処理を示せ。

（解答）

　　　　Securities fair value adjustment　　＄66.78
　　　　　　　Unrealized holding gains (income statement)　　＄66.78

　債券を額面よりも低い，あるいは高い値段で購入した場合，その差額については，満期保有目的の債券であろうがなかろうが，必ず上記の実効利率法または定額法により償却を行います。そして満期保有目的の債券であれば，まさにそうして算定された償却原価を，評価額としていくわけです。

　ところが，満期保有目的と認定されなかった場合には，いったん償却原価を算定した上で，それを期末時点の時価に評価替えを行うことになります。よって設例1の償却原価への調整仕訳（ただし投資勘定は売買目的有価証券に分類します）に加え，1年後の償却原価＄9,808.22を時価＄9,875に修正する上記解答の仕訳が必要となります。

　借方はB社社債投資勘定の調整勘定で，貸借対照表の表示上は本勘定たるB社社債投資勘定に加減します。無論，調整勘定を用いず，直接B社社債投資勘定を使う方法もありますが，時価への評価替えによる差額につき調整勘定を使うことにより，B社社債投資勘定が絶えず償却原価を表すことになるので，管理上便利であるためこの処理で解説しています。なお貸方は売買目的のため，損益計算書の当期純利益の構成要素となります。

(4) 売却可能有価証券の処理

① 時価の下落が一時的（temporary）な場合および時価が上昇した場合

売却可能有価証券については，市場性があり時価を有するものについては売買目的有価証券と同様，期末においては時価で評価します。ただ，評価差額については，売買目的有価証券と異なり，税効果（第25～28章参照）考慮後の金額で損益計算書上の**当期純利益（net earnings）**の構成要素としてではなく，**その他の包括利益（other comprehensive income）**として包括損益計算書に表示されます。

一方貸借対照表上は，その他の包括利益の過去からの累積額を示す**その他の包括利益累計額（accumulated other comprehensive income）**として，**資本（equity）**の部で，**利益剰余金（retained earnings）**の下にやはり税効果考慮後の額で表示されます。

これに対し日本では，評価差額について，損益計算書において当期純利益に含めず，貸借対照表上の純資産の部で，評価・換算差額等の一項目として税効果考慮後，その他有価証券評価差額金という名称で計上しています。従来は，損益計算書で計上された当期純利益が繰越利益剰余金となって貸借対照表上の純資産に吸収されていくというのが通常のあり方でしたが，金融商品に関する会計基準により，米国の売却可能有価証券に該当するその他有価証券についても時価評価を適用することとなり，短期的な売却を想定していないものについてまで評価差額を企業の業績評価の対象となる当期純利益に含めてしまうのは酷との考えから，従来のように損益計算書の当期純利益を経由せず，その他有価証券評価差額金として，税効果考慮後，いきなり貸借対照表上の純資産の部に計上することとしたのです。そしてこれにより，損益計算書の当期純利益を通さずに，純資産を変動させる要因が，株主からの払い込みや払い戻し等のいわゆる資本取引に加え，新たに生じることになったわけですが，米国ではこれをその他の包括利益と呼んでいます。

そして日本では，その他の包括利益，その他の包括利益累計額という概念はなく，損益計算書において当期純利益の計算までで終わり，売却可能有価証券

の評価差額につき損益計算書上，当期純利益の構成要素としない点は米国と共通しますが，米国ではそれをその他の包括利益として扱い，損益及び包括損益計算書（第3部参照）において当期純利益に加減算して包括利益の構成要素とする点が異なるわけです。ここでその他の包括利益を再度定義しますと，損益計算書の当期純利益（損失）を除いて，純資産の増減をもたらす要因のうち，株主からの払込取引や払戻取引さらに配当等の資本取引を除いたものをいいますが，貸借対照表上，当期純利益が利益剰余金となって純資産を増やすのに対し，その他の包括利益はその他の包括利益累計額となって，純資産の増加要因となることに注意してください。

その他の包括利益は，売却可能有価証券の未実現評価差額以外には，年金資産の年金負債に対する積立不足（超過）額（第29章参照）と為替換算調整勘定（第32章参照）等がありますが，日本の企業会計基準委員会が2004年7月2日に公表した「財務会計の概念フレームワーク」（以下，「概念フレームワーク」とする）によれば，包括利益のうち投資のリスクから解放されていない部分を除いたものが当期純利益（但し，ここでは個別財務諸表を前提とし，後述する組替修正がないものと仮定しています）とあり，また当期純利益を「期間中にリスクから解放された投資の成果」としていることからも，リスクから解放されていないということをその他の包括利益の最大の特質と考えることができます。

売買目的有価証券の評価差額につき当期純利益に含めるのは，売却しておらず未実現とはいえトレーディング目的での売却を想定しており，すぐにでも損益として実現可能であることから，その意味でリスクから解放された投資の成果として当期純利益に含めることができるのに対し，売却可能有価証券の場合には，ある程度の期間保有することを前提としており，未だ投資のリスクから解放されているとはいえないためその他の包括利益とするわけです。後でみるように為替換算調整勘定も支配目的で保有する子会社については，すぐさま投資成果を顕現させる必要はなく，その意味で投資のリスクから未解放であるといえ，同様に年金資産の年金負債に対する積立不足（超過）額についても，企業活動を存続させていくにあたり確定給付年金制度を続ける限りは，必然的に

生じるもので投資とは性格が異なるものの,リスクから解放されていないという点では性質を同じくするものといえます。

一方貸借対照表上の表示では,米国ではその他の包括利益を通してその他の包括利益累計額に計上され,一方日本ではその他の包括利益やその他の包括利益累計額という概念はなく,評価・換算差額等という項目に計上されるものの,最終的に純資産の部(米国では資本)に表示され純資産の増減要因となる点は共通しています。

現在IASB (International Accounting Standards Board:国際会計基準審議会)やFASBは,その他の包括利益についても金額的な重要性が高まっていることから,これまでの当期純利益を廃止し,当期純利益にその他の包括利益を加えた包括利益を,新たな業績表示の利益として,**損益及び包括損益計算書**(statement of earnings and comprehensive income)のように当期純利益とその他の包括利益を別立て表示せず,一本化して表示しようという動きを進めています。しかし,やはり「概念フレームワーク」の言葉を借りれば,リスクから解放された投資の成果である当期純利益とそうでないその他の包括利益を区分しないで,包括利益として一本表示することは情報開示の観点からも好ましいとはいえないでしょう。

〔設例3〕

先の設例1で,B社社債が売却可能有価証券と認定された場合の1年目の期末の処理を示せ。なお税効果については考慮外とする。

(解答)

   Securities fair value adjustment (available-for-sale) $66.78
    Unrealized holding gains (other comprehensive income) $66.78

設例2と同様で,まず償却原価への調整仕訳を行った後,この償却原価を時価に修正する上記の仕訳を行います。

借方は先と同様に調整勘定を使い,貸方は勘定名は設例1と同じですが,当

期純利益には含まず，その他の包括利益として，貸借対照表上その他の包括利益累計額に集計される点が異なります。

またこれと併せ，2年目に本社債を売却した際の処理をみていきます。

〔設例4〕

設例3において，B社社債を＄9,915で，2年目末に売却した際の処理を示せ。

（解答）

Cash	＄9,915		
	Investment in B bond		＄9,902.47
	Gain on sale of investment in B bond		＄12.53
Unrealized holding gains	＄66.78		
	Securities fair value adjustment		＄66.78

2年目末に売却する場合，設例1の表に示した2年目の償却原価の調整仕訳が必要です。よって先の表より，

Cash	＄200
Investment in B bond	＄94.25
(available-for-sale)	
Interest income	＄294.25

の仕訳を行います。これにより，2年目末の償却原価は＄9,902.47となります。一方売却損益の計上にあたっては，

売却価額－売却時の償却原価＝売却益（マイナスなら売却損）

と計算します。よって，まず以下の売却仕訳

Cash	＄9,915		
	Investment in B bond		＄9,902.47
	Gain on sale of investment in B bond		＄12.53

を行います。またその一方で，1年目末において時価に評価替えした際の設例

3の仕訳が残っており、対象とする社債は売却したので、この仕訳自体は不要となりますので、反対仕訳を行い消滅させます。よって

  Unrealized holding gains $66.78
    Securities fair value adjustment $66.78

の仕訳を行いますが、これは売却時までに行った時価への評価替、すなわち本設例では前年度の時価評価替により、その他の包括利益を通して貸借対照表の資本の部のその他の包括利益累計額に計上されていた、有価証券の未実現の評価差額が取り消され、損益計算書上の当期純利益の構成要素たる売却益となって実現したことを意味します。これをその他の包括利益の**組替修正**（reclassification adjustment）といいます。

 組替修正の意義を再度確認しますと、時価評価によって既にその他の包括利益を通して**その他の包括利益累計額**（accumulated other comprehensive income）として貸借対照表上の純資産の増加要因となっていた未実現保有損益が、実現損益として再度当期純利益を通して**利益剰余金**（retained earnings）となって純資産を増加させ二重計上されるのを防ぐ意味合いがあります。これをみるのによりわかりやすい事例として、設例3を前提として2年目の期首に1年目末の時価$9,875と同額で売却できた場合を考えます。

 このときの売却仕訳は以下のようになります。

  Cash $9,875
    Investment in B bonds $9,808.22
    Gain on sale of investment in B $66.78（＝Net income）
  Unrealized holdings gain $66.78（＝Other comprehensive income）
    Securities fair value adjustment $66.78

 2段目は、既にみた未実現評価損益の取消仕訳ですが、1段目の仕訳によってその他の包括利益に計上されていた未実現評価損益$66.78が実現してB社社債売却益となって、損益計算書上当期純利益に計上され、これにより利益剰余金が同額増え純資産も同額増加したことになります。一方、その他の包括利

益も純資産の増加要因となり、前期において未実現評価損益＄66.78を既にその他の包括利益に計上し、それが貸借対照表上その他の包括利益累計額に集計され前期の純資産を増やしているので、1段目の仕訳を行ったままでは、評価差額が純資産に二重計上されてしまいます。よって、売却時にはその他の包括利益を取り消す2段目の仕訳を行うことにより、貸借対照表のその他の包括利益累計額が＄66.78だけ減少し、同額純資産が減少するので、これによりその他の包括利益から当期純利益への組替を行い、貸借対照表上の純資産への二重計上が防止されるわけです。

② 時価の下落が一時的でない場合（other than temporary）

売却可能有価証券につき時価が原価を下回り、時価の下落が一時的でないと判断された場合には、時価まで評価減を行い、評価差額は損益に計上します。これは時価の下落が確定的になった場合には、評価差額を当期純利益に反映させようとするもので、満期保有目的の債券についても同様に適用されます。

なお、その後の通常の時価の変動については、また原則通りに評価差額をその他の包括利益に計上しますが、満期保有目的の債券については、時価が上昇した場合でも評価額の修正は行いません。

一方日本では、時価が著しく下落しかつ回復の可能性が見込まれない場合にはじめて時価までの評価損を損益に計上します。時価の著しい下落の目安はだいたい原価の50％以上とされています。回復の可能性が見込まれないという要件は、一時的でないという要件にほぼ該当するものでしょう。また著しい下落という要件は米国では明示されていないものの、時価の下落が一時的でないということは、通常の時価の変動の範囲を超えたものであり、であるとすれば、50％以上下落している場合は大抵、単なる一時的な要因によるものではないといえるでしょうから、評価損の計上要件はほぼ等しいといえるでしょう。

時価の下落が一時的でないとする目安として米国ＳＥＣは、時価の下落期間と下落の程度を挙げており、下落期間につき6か月から9か月であれば一時的でないとしています。

第1部　基礎会計編

17 有価証券(2)
－持分法－

　本章では，他の会社の株式の20％以上を保有し，当該会社の財務及び営業方針の決定に対し重要な影響力を行使しうる場合の**持分法**（equity method）について学習します。

■ 基本例文 1

ビー　アカウンテッド　フォアバイ　ズィ　エクゥイティ　メソッド
Be accounted for by the equity method
（～に対する投資は）持分法によって評価される

■　Investments in 20% to 50%-owned affiliated companies **are accounted for by the equity method**.
（株式の20％から50％を所有している関連会社に対する投資は，持分法によって評価される）

ここがポイント！　account for ～ の本来の意味は「～の理由を説明する，～の収支を明らかにする」で，ここでは「for 以下の会計処理による」を意味する。equity は「株式」で，equity method は「持分法」。「持分法」ではなく「パーチェス法によって会計処理される（評価される）」ならば, be accounted for by the purchase method となる。なお，affiliated company は「関連会社」。

17 有価証券(2) －持分法－

基本例文 2

Exercise significant influence over the operating and financial policies of ～
（エクササイズ シグニフィカント インフルエンス オウヴァー ズィ オペレイティング アンド フィナンシャル ポリシーズ オブ）

（ある会社の）営業及び財務の政策に対し重要な影響力を行使する

■ ABC Corp. gained the ability to **exercise significant influence over the operating and financial policies of** XYZ Corp. by acquiring 25% of XYZ's outstanding stock.

（ＡＢＣ社は，ＸＹＺ社の発行済み株式の25％を取得し，同社の営業及び財務の方針に対し，重要な影響力を行使するようになった）

ここがポイント！ exercise significant influence over ～で「～に重要な影響力を行使する」という意味になる。典型表現として覚えておくとよい。outstanding は「未決済の，流通している」で outstanding stock は「発行済み株式」。

▶▶▶ 関連用語
investor　投資元，投資家　　　investee　投資先
the excess of cost over book　帳簿価額に対する取得価額の超過額

解説

(1) 持分法の適用対象

　ある会社が他の会社の議決権付普通株式の20％以上を保有する場合は，反証がない限り，その会社の営業政策及び財務政策に対し重要な影響力を行使しうる（exercise significant influence over the operating and financial policies）ものとして，個別財務諸表上当該保有株式についてはこれまでみてきた**時価を**

117

反映した原価法（cost adjusted fair value method）ではなく，**持分法**（equity method）が適用されます。なお，議決権の割合が50％を超える場合は当該会社を**支配できる**（control）ので，**子会社株式**（investment in subsidiary company）として，連結財務諸表作成の際，連結の対象として資本連結において相殺消去されます（第34章参照）。

　また日本においても，連結財務諸表を作成する際には，やはり基本的には議決権の過半数を所有している会社を子会社として連結の対象に含め，そして議決権の20％以上を所有している子会社以外の株式を**関連会社株式**（investment in affiliated companies）として持分法を適用するわけですが，一点大きく異なるのは，米国基準では持分法を個別財務諸表上適用するのに対し，日本では持分法が適用されるのは連結財務諸表作成時においてであり，個別財務諸表上は関連会社株式に対し当初の購入時の値段のまま据え置く原価法が適用されるという点です。

　なお20％以上というのはあくまで目安であり，実質はあくまで重要な影響力を行使しうるかという観点から持分法の採用を考えることに注意してください。仮にA社のB社に対する普通株式の保有比率が20％未満であっても，A社が単独の最大株主であり，かつA社の役員がB社の取締役会の過半数を占めているような場合などは，A社はB社の財務及び営業の方針に対し重要な影響力を行使しうるものと考えられますので，このときA社は保有するB社株につき持分法を適用することとなります。

　まとめれば米国基準では，個別財務諸表上は基本的に議決権の20％以上所有の株式については持分法を適用しますが，連結財務諸表作成時には50％超保有する株式については，連結対象となるので，個別財務諸表上適用した持分法の仕訳をいったん取り消して，その後連結財務諸表を作成します。連結財務諸表上も持分法が適用され続けるのは，基本的には議決権の割合が20％以上かつ50％以下の会社に限られます。

(2) 持分法の仕訳例

以下設例により，具体的な処理を確認してみましょう。

〔設例１〕

A社は2007年１月３日に，B社の発行済み普通株式の25％を50万ドルの現金で購入し，B社の財務及び営業政策に対し重要な影響力を行使しうるようになった。購入時のB社の純資産（net assets）の帳簿価額（carrying amounts）は120万ドルで，資産・負債項目のうち棚卸資産と，工場の建物及び土地を除き，時価（fair value）と簿価は一致しており，棚卸資産，建物及び土地の時価は簿価をそれぞれ，８万ドル，16万ドル，24万ドルだけ上回っていた。建物の残存耐用年数は５年で棚卸資産は全額07年中に売却された。

B社の07年の純利益は５万ドルで，１万ドルの現金配当を行っている。必要な仕訳を示せ。

（解答）

＜購入時＞

Investment	$500,000	
Cash		$500,000

＜利益確定時＞

Investment	$12,500	
Income from investment		$12,500

＜配当時＞

Cash	$2,500	
Investment		$2,500

＜投資消去差額の償却時＞

Income from investment	$8,000	

	Investment	$8,000 (=$40,000÷5)
Income from investment	$20,000	
	Investment	$20,000

持分法における特徴的な仕訳は，①**被投資会社（investee）**の利益確定時の仕訳と②配当時の仕訳，さらに③株式の購入価額と被投資会社の簿価純資産に対する持分との差額（以下，投資消去差額といいます）の償却の3つになります。購入時は，投資勘定のinvestmentを使って購入代価で計上するだけですから，

Investment $500,000
   Cash $500,000

となり何ら変わりはありません。持分法では持分という言葉が示すように，絶えず被投資会社に対する持分がいくらかを考えることになります。では持分とは何かというと，具体的には会社の資産から負債を引いた簿価純資産に対し，自らの所有割合を掛けたものとなるでしょう。例えばある会社の簿価純資産が1億円で，自分がその会社の発行済み株式の20%を持っていれば，当該会社に対する自分の持分は1億円×20%＝2千万円となるでしょう。すると利益確定時には，被投資会社の利益が増え，その利益の額に自分の持分比率を掛けた額（$50,000×25%＝$12,500）だけ持分が増加するわけですから，

Investment $12,500
  Income from investment $12,500

となります。（利益確定時の仕訳）

一方配当時ですが，配当により被投資会社の資産が流出し，純資産は減少するわけですから，被投資会社への持分は配当額に持分比率を掛けた額（$10,000×25%＝$2,500）だけ減少するので，

Cash $2,500
   Investment $2,500

となります。(配当時の仕訳)

　最後に投資消去差額の処理ですが，以下のステップを辿り，その差額の発生原因を追究し，資産・負債で時価と簿価が相違することを原因とするものは，その資産・負債に応じた方法で償却し，原因の解明できないものを**のれん（goodwill）**とし，減損の適用対象とします。
　① 投資消去差額の計算　購入価額－被投資会社の純資産×持分比率
　② 時価が簿価を上回る資産につき，その超過額に持分比率を掛けた額を投資消去差額の発生原因とし，配分先の資産に応じた方法で償却
　③ 上記②によって配分しきれなかった投資消去差額はのれんに計上

　先に純資産に持分比率をかけ持分の帳簿価額を計算すると説明しましたが，こうして計算した持分の額と購入価額とは通常一致しません。持分の額は財務諸表上の帳簿価額で計算しますが，購入価額を決定する際には，財務諸表上の帳簿の金額としては表れてこないものの，その会社独自の販売ルートや人材などその会社独自の収益力をもたらす様々なプラスの評価要因があり，そうした評価要因をも織り込んで，また資産負債については購入時の時価を加味して計算するため，それらの要因を反映した購入価額と帳簿価額をベースとした持分とで，食い違いが生じると考えてよいからです。そこで両者の差額，つまり投資消去差額を計算した上で，なぜその差額が生じたかの原因分析を行います。

　まずは被投資会社の資産負債のうち，時価と簿価が相違しているものがあれば，明らかに投資消去差額をもたらす要因として区別できますから，その時価と簿価の差額につき持分法ですので，持分比率を乗じた上で，対象となった資産・負債の性質に応じ，投資消去差額を償却していきます。

　一方，時価と簿価の差額の原因分析を通しても，なおも解明できない投資消去差額が残った場合，その残額について**のれん（goodwill）**とします。のれんは，先に説明したとおり被投資会社の有する人材や様々なノウハウの蓄積など，必ずしも財務諸表上には金額として表示されないものを，評価に加えたことによって生じる**無形固定資産**（intangible assets）として考えてください。

　設例ですと，購入価額50万ドルに対し持分価額は30万ドル（＝120万ドル×

25％）ですから，購入価額が持分を20万ドル上回り（excess of cost over book value），同額の投資消去差額が発生しています。いいかえれば高い買い物をしたといえるわけですが，これはB社に対し，帳簿価額以上の価値を認めているからです。そしてその原因を探ると工場建物と棚卸資産及び土地の時価が簿価を上回っており，その簿価ベースでの持分よりも多く支払ったということがいえるわけです。従って投資消去差額20万ドルの原因分析にあたり，識別可能な（identifiable）棚卸資産，建物及び土地につき，時価が簿価を上回っていたことによるものと判定でき，それぞれの超過額に対し持分を掛けた額2万ドル（＝8万ドル×25％）と4万ドル（＝16万ドル×25％）さらに6万ドル（＝24万ドル×25％）につき，原因解明できたことになります。そして残りの8万ドルについては，原因がわからないので，これをのれん（goodwill）とするわけです。これを図解すると，次のようになります。

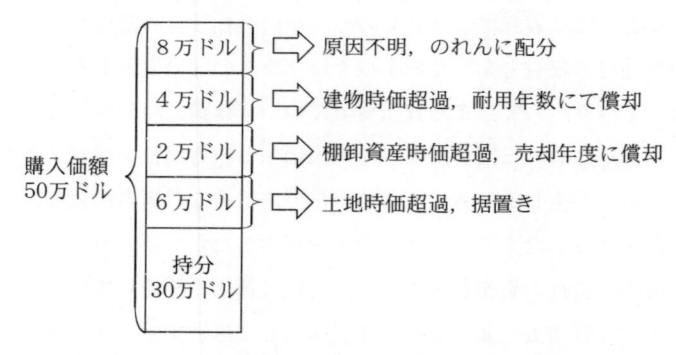

```
                ┌─────────┐
                │ 8万ドル  │⇒ 原因不明，のれんに配分
                ├─────────┤
                │ 4万ドル  │⇒ 建物時価超過，耐用年数にて償却
購入価額        ├─────────┤
50万ドル        │ 2万ドル  │⇒ 棚卸資産時価超過，売却年度に償却
                ├─────────┤
                │ 6万ドル  │⇒ 土地時価超過，据置き
                ├─────────┤
                │  持分   │
                │30万ドル │
                └─────────┘
```

一方投資消去差額は，（投資勘定－持分）で計算され，初めから投資勘定に含まれているわけですが，明らかになった差額原因につき持分法では連結財務諸表作成時の資本連結とは異なり，投資勘定から原因の明らかになった識別可能な資産・負債勘定への振替を行うことなく，期末においてのれんへの配分額を除き，対象資産・負債の性質に応じ，投資勘定の償却を行うだけであることに注意してください。

まず建物への配分相当額は，残存耐用年数で償却します。減価償却により，建物の価値は減少していくわけですから，これにより購入価額と簿価の差額と

なった発生原因も年々消滅していくからです。これに対し棚卸資産については全額取得年度に売却していますから，差額の発生原因も07年度中に解消したことになります。よって，07年にすべて償却されます。さらに土地の時価超過対応分については，土地は建物と異なり，使用または時の経過により価値が減少する資産ではなく，減価償却の対象とはなりませんので，土地の消去差額については建物のように耐用年数に応じた償却をすることなく，そのまま据え置くこととなります。そして本設例における棚卸資産のように，売却年度において全額が償却されることとなります。ただし固定資産の減損（第13章参照）でみましたように，当該土地につき収益性が低下し減損が適用されることとなった場合には，その減損の程度に応じた償却が行われることとなるでしょう。これにより以下の仕訳を行います。

Income from investment	$8,000	
	Investment	$8,000 （＝$40,000÷5）
Income from investment	$20,000	
	Investment	$20,000

（上段，建物相当分，下段，棚卸資産相当分の差額の償却の仕訳）

またのれんについて，従来はＡＰＢ18号により一定期間内で償却するものとしていましたが，SFAS142号の公表により，連結財務諸表上発生したのれんと同様，償却をしないことになりました。このようにのれんについて償却は行われなくなったものの，従来通りＡＰＢ18号に従い一時的でない（other than temporary）市場価値の下落が生じた場合に，**減損（impairment）**を認識することとしています。ここでは減損を行わないものと仮定したので，仕訳は不要となります。

(3) 日本の持分法

設例1を日本の処理で行う場合をみていきますが，先にも述べましたように，日本では持分法の適用は連結財務諸表を作成する時に限られていますから，ここでは連結財務諸表作成時を前提とします。

日本では，投資消去差額の計算の仕方が米国と若干異なります。日本ではまず純資産の価額を時価ベースに直したうえで，差額を計算します。従ってはじめから純資産に時価を織り込み済みで計算することになるので，計算された差額は必然的にすべてのれん（goodwill）となるわけです。

まず時価ベースでの純資産は，簿価の120万ドルに，建物と棚卸資産及び土地の時価の簿価超過額16万ドルと8万ドル及び24万ドルを加えた168万ドルになります。この168万ドルに持分比率25％をかけると，42万ドルになりますが，これと購入価額50万ドルを比較すると，8万ドルだけ購入価額の方が大きくなりますが，この差額はまさに設例1におけるのれんへの配分額と等しくなることがわかります。

従って先に述べたように，日本でははじめから時価を織り込んで計算するため，差額がすべてのれんとなることがおわかり頂けたと思います。

日本ではのれんを連結調整勘定相当額としており，米国と異なり，計上後20年以内に定額法その他合理的な方法により償却します。仮に償却期間を20年とした場合，8万ドル÷20＝4千ドルですから，以下の仕訳が計上されます。

  持分法による投資利益 ＄4,000

     投資有価証券 ＄4,000

一方，配当時についても処理が異なってきます。先にも述べましたように日本で持分法を採用するのは連結財務諸表作成時であり，個別財務諸表上は適用されていません。しかし個別財務諸表上においては，持分法適用株式については配当受領時に既に，以下の仕訳を行っています。

  現　金   ＄2,500

     受取配当金 ＄2,500

一方配当金があった場合は先にみたように被投資会社の純資産が流出したことを意味し，それだけ持分が減少したわけですから，持分法適用上は投資の一部が現金化されて払い戻しを受けたのと同じことになるため上記の仕訳を前提として，投資有価証券勘定を減らすとともに，受取配当金を取り消す以下の仕訳，

受取配当金　　＄2,500
　　　　投資有価証券　　＄2,500

を行うわけで，米国と比べると借方が現金ではなく受取配当金となっています。従って投資消去差額の償却及び配当金受領時につき，米国基準と相違点が出てくることになります。利益確定時の仕訳は同じです。

第1部 基礎会計編

18 社債(2)
－各種社債と償還－

本章では，**転換社債**（convertible bond）や**新株予約権付社債**（warrant bond）の会計処理，さらに社債を償還する際の**償還損益**の算定方法について，学習します。

基本例文 1

コンヴァート Xダラー オブ コンヴァーティブル ボンヅ イントゥ シェアーズ オブ Zダラー
Convert $ X of convertible bonds into Y shares of $ Z
パー ヴァリュー コモン ストック
par value common stock

転換社債Xドルを額面ZドルのY普通株式Y株に転換する

■ ABC Co. **converted** $300,000 **of** its **convertible bonds into** 30,000 **shares of** $1 **par value common stock**.
（ＡＢＣ社は，転換社債30万ドルを額面１ドルの普通株式３万株に転換した）

ここがポイント！ par value は「額面」で，face value ともいう。$～par value common stock は「額面～ドルの普通株式」。

基本例文 2

イッシュー オブ パーセント イヤー フェイス ヴァリュー
Issue W of X percent, Y-year, $1,000 face value
ボンヅ ウィズ ディタッチャブル ストック ワランツ
bonds with detachable stock warrants

利息X％，償還期限Y年，１口額面千ドルの分離型新株予約権付社債を，W口発行する

■ WBC Co. **issued** 1,000 **of** its **2 percent, 3-year, $1,000 face value bonds with detachable stock warrants** for $1,200,000.

(WBC社は，利息2％，償還期限3年，1口額面千ドルの分離型新株予約権付社債を，発行価額120万ドルで千口発行した)

ここがポイント！ warrantは「新株引受権」。detachableで「分離型」，nondetachableで「非分離型」となる。for $1,200,000は発行価額を示す。

基本例文 3

<ruby>Redeem<rt>リディーム</rt></ruby> <ruby>bonds<rt>ボンヅ</rt></ruby> <ruby>for<rt>フォア</rt></ruby> <ruby>$ X<rt>Xダラー</rt></ruby>

額面1口100ドル当たりXドルで社債の償還を行う

■ WBC Co. **redeemed** its 5-year **bonds** of $5,000 par value **for** $98.

(WBC社は，期限5年間，額面総額5千ドルの社債を額面1口100ドル当たり98ドルにて償還した)

ここがポイント！ 「償還する」はredeemのほかにextinguishやretireで表すこともできる。for $98は「(1口100ドル当たり) 98ドルで」。同じ「98ドルで」を14 社債(1)の基本例文2ではat $98で表しているが，債券発行の場合はat ～，償還の場合はfor ～ が主に使われる。

▶▶▶関連用語

term bonds　一括償還社債　　　serial bonds　連続償還社債

解説

(1) 転換社債とは

転換社債とは，社債のうち**普通株式（common stock）**に転換できる権利が付与されたものをいいます。しかし転換権についての評価はゼロであるため，発行時の処理は通常の社債と何ら異なるところはありません。注意すべきは転換時の処理です。転換時の処理として，転換前の社債の帳簿価額をそのまま払込資本とし，転換による損益を出さない**簿価法（book value method）**と，発行する株式の時価で転換を行い，発行による差損益を認識する**時価法（market value method）**とがあります。以下設例で確認しましょう。

〔設例1〕

WBC社は転換社債5万ドルを額面1ドルの普通株式2万5千株に転換した。転換時の社債の簿価は6万ドルで，かつ普通株式の時価は1株7ドルであった。①簿価法と②時価法による場合の転換仕訳を示せ。

（解答）

<①簿価法>

Bonds payable	$ 50,000	（＝転換社債額面）
Premium	$ 10,000	（＝簿価－額面）
	Common stock	$ 25,000　（＝$ 1 ×25,000株）
	Additional paid-in capital	$ 35,000（差額）

<②時価法>

Bonds payable	$ 50,000	（＝額面）
Premium	$ 10,000	（＝簿価－額面）
Loss	$ 115,000	（＝時価発行価額－簿価）
	Common stock	$ 25,000　（＝$ 1 ×25,000）
	Additional paid-in capital	$ 150,000（＝差額）

---

①簿価で6万ドル，額面5万ドルですから差額は premium 1万ドルの打歩発行であることがわかります。そして普通株式が社債の簿価6万ドルで発行されたことになり，額面1ドルに発行済み株式数を掛けた額が資本金，差額が資本剰余金になり上記の仕訳となります。

次に②時価法では，転換が株式の時価＄7で行われるので，株式の発行価額を＄7×25,000＝＄175,000，そしてこれと転換社債の帳簿価額6万ドルの差額11万5千ドルが差損となります。

(2) 新株予約権付社債の処理

新株予約権付社債（ワラント債）は，社債に所定の価格・数量で普通株式を購入できる新株予約権あるいは**ワラント（stock warrant）**を付与したものをいいます。仮に1株を＄10で購入できるワラントの場合，実際の時価が＄15のとき投資家が権利を行使すれば＄10で買って＄15で売れますから，1株当たり＄5得するわけです。またワラント債には，ワラント部分を社債から切り離せない**非分離型（nondetachable）**と，切り離せる**分離型（detachable）**とがあります。

非分離型の場合，ワラントの評価は行わず発行対価を全額ワラント債として負債に計上しますので，通常の社債の発行の仕訳と同じになります。一方，分離型の場合は，ワラントと社債を別個に区分して計上することになります。具体的には，発行対価をそれぞれの時価の比率で按分計算しますが，以下分離型ワラント債の発行時の処理を設例で確認します。

〔設例2〕

WBC社は，利率2％，期間3年，1口＄1,000の分離型新株予約権付社債を発行価額，＄3,600,000で，3千口発行した。1口につき，7個の新株予約権が付与されており，そのそれぞれにつき額面＄5の普通株式1株を＄20で購入できる権利が付与されている。発行直後の新株予約権なしの社債の時価は＄3,240,000，新株予約権の時価は＄360,000であった。このときの

第1部　基礎会計編

仕訳を示せ。

(解答)

Cash	$3,600,000		
	Bonds payable	$3,000,000	(＝額面)
	Premium	$240,000	(注1)
	Paid-in capital…Stock warrants	$360,000	(注2)

(注1)　発行対価 $3,600,000×90％－社債額面 $3,000,000
(注2)　発行対価 $3,600,000×10％

まずは，社債と新株予約権の時価の比率を計算します。

社債部分　$\dfrac{\$3,240,000}{\$3,240,000+\$360,000}×100=90\%$

新株予約権部分　$\dfrac{\$360,000}{\$3,240,000+\$360,000}×100=10\%$

よって，発行対価を上記の按分比率で社債と新株予約権に按分し，社債への按分額の額面に対する超過額は貸方差額として premium とし，新株予約権への按分は新株予約権－資本剰余金勘定で処理します。社債の額面は1口 $1,000で3千口ですから，$3,000,000（＝$1,000×3,000）となります。

〔設例3〕

上記新株予約権が全て行使された場合の仕訳を示せ。

(解答)

Cash	$420,000	
Paid-in capital…Stock warrants	$360,000	
	Common stock	$105,000
	Additional paid-in capital	$675,000

権利行使時の発行株数は，1口当たり7個の新株予約権が付与され，全部で3千口発行し，かつ予約権1個につき1株ですから，7×3,000＝21,000株と

なります。また1株$20での購入ですから，現金払込額は$20×21,000＝$420,000になります。そして当初の貸方に計上された新株予約権も現金払込額と共に資本の増加に充当され，額面（＝$5×21,000）が資本金，差額が資本剰余金になりますから，上記解答の仕訳になります。

(3) 社債の償還

　社債の償還（extinguishment of bonds payable）は，自社の資金繰りに余裕が出てきた場合に，有利子負債の削減を図り財務構造の改善を図るため，償還期限前に社債を買い戻すことをいいます。このときの買戻し価額である社債の時価と，前項でみたように社債の額面から未償却のDiscountを減算（premiumなら額面にプラス）して求めた社債の(実質)**帳簿価額（carrying value）**を比べ，時価が帳簿価額を上回っていれば，実質的な価値よりも高く買い戻したことになるので，**償還損(loss)**，逆ならば安く買い戻せたので**償還益（gain）**が計上されることになりますが，この関係は以下のようにまとめることができます。

　　　　買戻価額－帳簿価額＝プラスなら償還益，マイナスなら償還損

　また社債を発行する際，通常様々な手数料が発生しますが，これを**社債発行費（bond issue cost）**として，**無形資産（intangible assets）**に計上し，償還期間にわたって定額法で償却しますが，早期償還する際にこの**社債発行費の未償却残高（unamortized bond issue cost）**がまだ残っている場合には，これも併せて全額償却します。したがってこの場合，償還損益を計算するにあたって，買戻価額と比較すべき帳簿価格は以下のようになります。

　　　額面＋未償却Premium残高－社債発行費未償却残高
　または
　　　額面－未償却Discount残高－社債発行費未償却残高

　以下，設例をみてみましょう。

〔設例 4〕
　2006年12月31日，ＡＢＣ社は額面100万ドルの社債を104万ドルで償還した。当該社債の発行日は2001年 1 月 1 日，発行価額は95万ドル，償還期限は10年である。発行時における社債発行費は 4 万ドルであり，社債のプレミアム，ディスカウント，社債発行費はいずれも定額法により償却している。このときの仕訳を示せ。

(解答)

Bonds payable	$1,000,000（＝額面）		
Loss	$76,000（＝差額）		
		Discount	$20,000
		Bond issue cost	$16,000
		Cash	$1,040,000（＝買戻価額）

　前項において社債のプレミアム，ディスカウントの処理は実効利率を用いて行う方法を解説しましたが，より簡便なものとして本設例による定額法による償却も認められています。社債発行費もそうですが，定額法は減価償却の定額法と同様，期間按分しますが，ただ残存価額をゼロとするのが特徴です。

　まず，帳簿価格の計算にあたって，ディスカウントと社債発行費のそれぞれの未償却残高を求めましょう。

① ディスカウント

　発行時は 5 万ドル（＝$1,000,000－$950,000），期間10年ですから，定額法による毎年の償却額は$5,000（＝$50,000÷10），発行日から償還日まで 6 年経過していますから，

　よって未償却残高は$50,000－$5,000×6＝$20,000。

② 社債発行費

　当初の社債発行費は$40,000で毎年の償却は$4,000（＝$40,000÷10）。

　よって未償却残高は$40,000－$4,000×6＝$16,000。

③ 帳 簿 価 格

　　よって帳簿価格＝額面 $1,000,000 − $20,000 − $16,000 ＝ $964,000

④ 償還損益の計算

　　買戻価額 $1,040,000 − 帳簿価格 $964,000 ＝ $76,000

　　よって上記解答の仕訳になります。

第1部　基礎会計編

19 資本会計(2)
－自己株式の処理と株式分割・併合－

　本章では，会社がいったん発行した株式を買い戻した場合の**自己株式**（treasury stock）の会計処理と，**株式分割**（stock split）・**株式併合**（reverse stock split）の処理について学習します。

基本例文 1

Issue X of treasury shares at [for] $ Y per share
_{イッシュー　　オブ　トゥレジャリー　　シェアーズ　アット　フォア　Yダラー　パー　シェアー}

X株の自己株式を1株当たりYドルで処分する

■　ABC Corp. **issued** 30,000 **of treasury shares at** $15 per share.
　　（ＡＢＣ社は，3万株の自己株式を1株当たり15ドルで処分した）

ここがポイント！　　treasury stock [share] は「自己株式」。issue treasury shares は「自己株式を買い戻して再処分する」意味を表し，ここでは issue は「発行する」ではなく，sell または resell と同意。per share の per は「〜につき」。

基本例文 2

Split common stock X-for-Y
_{スプリット　コモン　ストック　フォア}

普通株式につき，X対Yの株式分割を行う

■　ABC Corp. **split** its **common stock** 2 **-for-** 1 on July 1, 2007, halving the par of all common shares from $10 to

$5.
（ＡＢＣ社は2007年7月1日に2対1の株式分割を実施し，株式1株当たりの額面は10ドルから半分の5ドルになった）

ここがポイント！ split は「分割，株式分割を行う」と名詞，動詞双方に使える。また現在，過去，過去分詞共に共通であることに注意。halve は「半分にする」，par は「額面（価額）」。

基本例文 3

Declare a X-for-Y stock split and distribute Z shares
ディクレアー ア フォアー ストック スプリットゥ アンド ディストゥリビュート シェアーズ

X対Yの株式分割を決議し，Z株を割り当てる

■ WBC Co. **declared a 2-for-1 stock split and distributed** another 500,000 **shares** to the shareholders.
（ＷＢＣ社は，2対1の株式分割を決議し，株主に50万株を割り当てた）

ここがポイント！ declare は取締役会や株主総会などで「決議して公表する」の意味。

▶▶▶関連用語
cost method　原価法　　　par value method　額面法

解説

(1) **自己株式の会計処理**

会社が自社の株式を買い戻した場合（repurchase）には，**自己株式**（treasury stock）という勘定を用い，資本の部から控除します。株式を発行したときには資本が増えるわけですから，逆に買い戻したときは資本のマイナスと考えられるからです。買戻し時の会計処理には**原価法（cost method）**と**額面法（par value method）**があります。

① 原　価　法

自己株式勘定をその買戻し時の取得価額で計上する方法です。原価法では，自己株式を買い戻した後再度処分或いは売却する場合，その処分差額（＝処分価額－自己株式の帳簿価額）を以下の方法で処理します。

処分差額がプラス…**自己株式資本剰余金（paid-in capital from TS）**

処分差額がマイナス…貸方に自己株式資本剰余金の残高があれば，まずそれを取り崩して借方に計上し，それでも不足する場合はその差額につき**利益剰余金（retained earnings）**を取り崩し，借方に計上します。

② 額　面　法

額面法は，買戻し時の自己株式を（当初発行時の）額面で計上するものですから，発行時の貸方仕訳の取消の仕訳，すなわち反対仕訳を行います。また発行価額と取得価額の差額につき，プラスであれば自己株式資本剰余金に，マイナスの場合，自己株式資本剰余金の残高があればそれを取り崩し，不足する場合利益剰余金を取り崩します。

また処分（再売却）時には，処分価額と額面との差額がプラスであれば，普通株式資本剰余金に，マイナスの場合，自己株式資本剰余金があれば先にそれを取り崩し，不足する場合利益剰余金を取り崩します。

以下，設例で確認しましょう。

〔設例 1〕

　額面 $10 の普通株式を 1 株 $15（以下 @$15）で 2 千株発行し，その後 @$20 で買い戻し再び売却した。売却価額を @$23，@$18 とした場合の原価法，額面法それぞれによる仕訳を示せ。

19 資本会計(2) －自己株式の処理と株式分割・併合－

（解答）

	原　価　法	額　面　法
買戻時	TS　　$40,000 　　　Cash　　　$40,000 取得価額（@$20×2,000）にて評価 発行時は普通株式ですから Cash　$30,000 　　　CS　　　　$20,000 　　　APIC-CS　$10,000 となり，額面法の場合も同じです。	TS　　　　　　$20,000 APIC-CS　　$10,000 RE　　　　　　$10,000 　　　Cash　　　　　$40,000 (注1)
@$23 で売却	Cash　$46,000 　　　TS　　　　　$40,000 　　　APIC-TS　　$6,000	Cash　　　　$46,000 　　　TS　　　　　　$20,000 　　　APIC-CS　　$26,000 (注2)
@$18 で売却	Cash　$36,000 RE　　$4,000 　　　TS　　　　　$40,000 (注3)	Cash　　　　$36,000 　　　TS　　　　　　$20,000 　　　APIC-CS　　$16,000 (注2)

（注）　APIC-CS…普通株式資本剰余金　　TS…自己株式　　CS…普通株式
　　　　RE…利益剰余金　　APIC-TS…自己株式資本剰余金

（注1）　発行時の貸方の仕訳につき額面のCSをTSに置き換え取消の仕訳を行う。CSとTSという勘定の違いはあるものの，一度発行したものを買い戻したものであるから，同一の株であり額面も当然同額のため，実質的に当初の株式の発行が取り消されたと考えるのである。なお発行価額$30,000と取得価額$40,000の差額がマイナスであり，ここでは自己株式資本剰余金の残高をゼロと仮定しているので，全額利益剰余金を取り崩している。仮に自己株式資本剰余金の残高があればそちらを優先的に取り崩し，不足する場合に利益剰余金を取り崩す。

（注2）　買戻し時において株式の発行の取消しをしているので，売却の際は新たに株式を発行したと考える。自己株式はもともと普通株式なので，売却価額と額面の差額は普通株式資本剰余金になる。

（注3）　売却価額$36,000と取得価額$40,000の差額はマイナスであり，ここでは自己株式資本剰余金残高をゼロと仮定したので，全額利益剰余金を取り崩している。仮に自己株式資本剰余金の残高があれば，先にそれを取り崩し，なお不足する場合に利益剰余金を取り崩す。なお原価法の場合の売却によって生じた貸方差額は，売却価額と自己株式の取得価額との差額であるため，自己株式資本剰余金となることに注意。

(2) 株式分割（stock split）の処理

　市場において株価があまりに高くなりすぎると，投資家にとって手の届かないものとなり，株式の流通性が損なわれます。そこで株式の単価を下げ，流通性を高めるために行われるのが，株式分割です。例えば3対1の株式分割であれば，当初株式を千株保有していた場合その3倍の株式を保有することになるので，追加で2千株の株式の割当を受けることになります。時価総額は株価に発行済み株式数を乗じて計算するわけですが，株式分割の場合株価は変わらないまま，発行済み株式が3倍になるので，理論的には株価は従前の3分の1となるわけです。

　またここで注意すべきは，株式分割の場合，単純に株式数が増えるだけで株主から追加的な払い込みがないため，会社側も株主側も何ら仕訳処理を必要とせず，会社はあくまで**備忘記録（a memorandum entry）**をとどめておくにすぎないということです。

　ただ額面株式の場合，追加発行株式数に比例して額面を下げることが必要となります。仮に2対1の株式分割であれば，発行済み株式数が2倍になりますから，額面はその逆数の2分の1になります。額面＄10で株式数が10万株の会社があれば，元々の法定資本の額は額面に株式数を乗じたものですから百万ドルですが，2対1の株式分割を行い，株式数が20万株になれば額面は＄5となり，こうすれば法定資本の額はやはり百万ドルで株式分割前と変化はありません。株式分割は追加払込がなく，株式数のみ増えるだけですから法定資本の額は変わらないわけで，仮に額面が株式数と比例して下がらなければ法定資本の額は増えてしまうからです。なお，株式分割は**取締役会（board of directors）**の決議によって実施されます。

〔設例2〕

　　額面＄20，発行済株式数が10万株の会社があったとする。2対1の株式分割があった場合，額面はいくらになるか。

(**解答**) $10

　元々の法定資本金は，200万ドル（＝$20×100,000）です。株式分割により，発行済株式は200,000株（＝100,000×2）になりますが，株式分割では，株主からの追加的な払い込みはありません。よって法定資本の額は200万ドルに変わりはありません。

　よって，額面は$10（＝2,000,000÷200,000）となります。

(3) 株式併合（reverse stock split）

　株式併合とは株式分割の逆で，今度は株価があまりに低迷する場合に株価を高めるために，株式を併合して発行株式数を減少させることをいいます。例えば**1対2の株式併合（a 1-for-2 reverse stock split）**であれば，既存の2株を1株に併合することになるので，発行済株式数が2千株であれば，新たな株式数はその2分の1の，千株となります。なお株主に対する払い戻しはないので，株式分割と同様会社が備忘記録を残すだけで，会社も株主も株式併合についての仕訳は不要となります。

　また額面株式の額面について今度は株式分割とは逆で，1対2の株式併合の場合，額面株式の額面は2倍になります。株式分割と同様，株式併合によって法定資本は何ら影響を受けません。しかし発行済株式が半分になるわけですから，今度は額面を2倍にしないと，法定資本が半分になってしまうからです。

第1部　基礎会計編

20 資本会計(3)
－利益剰余金の制限と配当－

　本章では，会社の利益処分の一環として行われる各種**配当**（dividend）の処理と，**利益剰余金**（retained earnings）の積立，及び優先株式への配当金の計算方法について学習します。

◉ 基本例文 1

ディクレアー ア キャッシュ ディヴィデンド オブ Xダラー パー シェア
Declare a cash dividend of $ X per share
1株当たりXドルの現金配当決議を行う

■ WBC Corp. **declared a cash dividend of $5 per share** to stockholders of record on February 25, 2008, payable on March 25, 2008.
（WBC社は，2008年2月25日時点の株主名簿上の記載株主に対し，支払日を2008年3月25日とする，1株当たり5ドルの現金配当決議を行った）

ここがポイント！　「配当を決議する（宣言する）」は，declare を用いる。「(株式の)配当」は stock dividend で，「現金配当」は cash dividend,「現物配当」であれば property dividend。

◉ 基本例文 2

アプロウプリエイト Xダラーオブ リテインド アーニングズ
Appropriate $X of retained earnings
利益剰余金からXドルの積立を行う

20 資本会計(3) －利益剰余金の制限と配当－

■ The company **appropriated $300,000 of retained earnings** for the construction of a new plant.
（会社は，新工場建設資金として利益剰余金から30万ドルを積み立てた）

ここがポイント！　appropriate は「(特定の目的に)あてる→積み立てる」。「利益剰余金」は retained earnings。retain は「保有する」。

▶▶▶関連用語
dividend increase　増配　　　nondividend　無配
dividend yield　配当利回り

解説

(1) 配当の処理

　会社は株主に対し，利益の中から配当を行わなければいけません。日本で配当は原則，**株主総会（general shareholders' meeting）**の決議事項ですが，会社法改正により，会計監査人設置会社では米国と同様**取締役会（board of directors）**の決議でも行えるようになりました。配当には，一番なじみのある現金配当の他に**現物配当（property dividends）**と**株式配当（stock dividends）**があります。以下それぞれの処理をみていきましょう。

　① 現 金 配 当

　配当すべてに共通することですが，配当の処理としては取締役会での配当決議時と，配当支払時の2回でそれぞれ仕訳が必要となります。そして配当はすべて，会社が過去の利益の内部留保として蓄えてきた利益剰余金が，その原資となります。なお日本の場合は利益剰余金の中に利益準備金，繰越利益剰余金の勘定があり，配当を行うのは繰越利益剰余金からですが，米国はすべて一括して利益剰余金でまとめています。

　そして取締役会の配当決議時には，利益剰余金が減少し，株主への支払債務

が生じますから，**未払配当金（dividends payable）** が貸方に来ます。そして支払い時において，未払配当金が消え，現金が減少します。

配当金総額を＄50,000とした場合のそれぞれの処理は以下の通りです。

＜取締役会決議時＞

  Retained earnings   ＄50,000
    Dividends payable   ＄50,000

＜配当支払い時＞

  Dividends payable   ＄50,000
    Cash   ＄50,000

② 現物配当

配当として現金ではなく，自社が保有する他社の株式を渡すケースを現物配当といいます。基本的な流れは現金配当と同じですが，一点配当決議時に保有株式を時価に評価替し，評価損益を認識する点だけ異なります。

〔設例1〕

 会社は保有するA社株式の現物配当決議を行った。同株式の帳簿価額は＄6,000であり，配当決議時の時価は＄9,000であった。配当決議時と支払い時の仕訳を示せ。

（解答）

＜取締役会決議時＞

 Investment in A   ＄3,000
  Gain on appreciation of securities ＄3,000
 Retained earnings   ＄9,000
  Property dividends payable   ＄9,000

＜配当支払時＞

 Property dividends payable ＄9,000
  Investment in A   ＄9,000

---

20 資本会計(3) －利益剰余金の制限と配当－

取締役会決議時は簿価を時価に評価替えして評価益を認識し，時価にて配当を行います。

配当支払時は時価にて株式を渡します。

③ 株 式 配 当

株式配当は，現金の代わりに自社の株式を無償で渡すものです。現物配当は，自社が保有する他社株式ですからその違いに注意してください。

また株式配当の会計処理については，交付株数が発行済流通株式数の20～25％未満の場合，配当決議時から配当支払時に至るまで最終的に利益剰余金から普通株式資本金および資本剰余金への振替仕訳が時価で行われますが，これを**低率株式配当（small stock dividend）**といいます。

一方，20～25％を超える場合は，**高率株式配当（large stock dividend）**といい，この場合，額面にて利益剰余金から普通株式資本金への振替を行います。なおいずれの場合も現金配当，現物配当と異なり，自社株式を交付するのみで，会社財産の流出がないので配当決議時において負債たる未払配当金の計上はなく，代わりにcommon stock dividend distributableという勘定を使用します。

〔設例2〕

発行済流通株式数が5万株の会社で，10％の株式配当（a stock dividend of 10％）を決議した。すべて普通株式で額面は＄5, 決議時の時価は＄8であった。配当決議時と株式交付時の仕訳を示せ。

（解答）

＜配当決議時＞

Retained earnings　　＄40,000（＝＄8×5,000）

　　　　Common stock dividend distributable　＄25,000

　　　　　　　　　　　　　　　　　　　　（＝＄5×5,000）

　　　　Additional paid-in capital　　　　　＄15,000

　　　　　　　　　　　　　　　　　　　　（＝差額）

＜株式交付時＞

  Common stock dividend distributable $ 25,000

      Common stock $ 25,000

　配当決議時，交付株式数は全体の10％で，20～25％未満ですから低率株式配当となり，時価にて振替を行います。Common stock dividend distributable は株式交付までの仮勘定です。なお交付株式数は5万株×10％＝5千株です。

〔設例3〕

　　設例2において30％の株式配当を行った。配当決議時と株式交付時の仕訳を示せ。

（解答）

＜配当決議時＞

  Retained earnings $ 75,000（＝$ 5×15,000）

      Common stock dividend distributable $ 75,000

＜株式交付時＞

  Common stock dividend distributable $ 75,000

      Common stock $ 75,000

　配当決議時，配当率は30％で，20～25％を超えていますから高率となり，額面にて振替を行います。交付株式数は5万株×30％＝1万5千株となります。

(2) 優先株式への配当の処理

　第19章において累積型優先株式の配当金について未払いがあるときは，後日配当を行う際普通株主に優先して，累積未払分及び当該期間分の配当を優先株主に支払い，それでなお余りある場合普通株主への配当が行われ，この優先株式への累積未払配当金を Dividend in arrears というと説明しましたが，これを設例にて確認します。

20 資本会計(3) －利益剰余金の制限と配当－

〔設例4〕

A社は額面＄5の普通株式を1万株，額面＄10，3％の累積型優先株式を2万株発行しているとする。2006年12月末の累積未払配当金は＄5,000であり，2007年において配当決議額が＄10,000であったとする。2007年度の累積未払配当金はいくらになるか？

（解答）　＄1,000

3％の累積優先株式という場合，額面に対し3％の配当をもらえることを意味します。2007年の配当決議額はまず累積配当未払金＄5,000の支払に充当され，次に当年度中の累積優先株の配当金＄6,000（＝＄10×2万×3％）に充てられますが，この合計額＄11,000で，すでに当年度の配当額＄10,000を＄1,000超過します。したがってこの＄1,000が07年末時点の新たな累積未払配当金となり，これは財務諸表において開示されることとなります。

普通株主はあくまで，配当額のうち累積優先株主が累積未払配当金及び当年度中の配当をフルに受け取った後も，なお余りある場合のみ配当をもらえることになります。

(3) 参加型優先株式への配当の扱い

やはり第19章で参加型優先株式につき，配当率が仮に普通株式よりも少なくなった場合，その差額につき普通株式と同率になるまで優先配当を積み増せる完全参加型と，差額のうち一定率までしか積み増しできない部分参加型があることをみましたが，これも設例にて処理を確認します。

〔設例5〕

ある会社が額面＄10，6％の完全参加型優先株式を千株，また額面＄20の普通株式を千株発行していたとする。当年度の配当決議額が＄2,700の場合の優先株主と普通株主への配当額を計算せよ。

（解答）

優先株　＄900

普通株　＄1,800

STEP 1：優先株主への配当額の計算　＄10×1,000×6％＝＄600

STEP 2：普通株主への配当の計算

　　　配当額＄2,700－優先配当＄600＝＄2,100

　　　普通株主への配当率は＄2,100÷額面＄20,000(＝＄20×1,000)＝10.5％

　これは優先配当率6％より大きいため，優先株主に不利

　そこでまず普通株主についても優先配当と同率で配当を計算

　　　＄20×1,000×6％＝＄1,200とする。

STEP 3：配当額から，STEP1と2で求めたすべての株主に優先配当と同率を適用して計算した配当額を差し引き，残額を計算。残額は＄2,700－＄600－＄1,200＝＄900。これを優先株，普通株に対しその額面比率で按分して配分し，これをそれぞれSTEP1，2で求めた配当額に加算して最終的な配当額を求めます。

$$優先株：\$900 \times \frac{\$10 \times 1,000}{\$10 \times 1,000 + \$20 \times 1,000} + \$600 = \$300 + \$600 = \$900$$

$$普通株：\$900 \times \frac{\$20 \times 1,000}{\$10 \times 1,000 + \$20 \times 1,000} + \$1,200 = \$600 + \$1,200 = \$1,800$$

〔設例6〕

　設例5において優先株が部分参加型で8％までの積み増ししか認められない場合のそれぞれの配当を求めよ。

（解答）

優先株　＄800

普通株　＄1,900

STEP1，2は設例5と同じです。

STEP3：差額の＄900の計算までは設例5と同じです。但し，部分型につき，ここでは8％までの積み増ししか認められないため，優先株につき8％までの積み増し額を先に計算し，残りを普通株主へ配分します。

　　　優先株：＄10×1,000×2％（＝8％－6％）＝＄200
　　　普通株：＄900－＄200＝＄700

　よって最終的な配当は，優先株が＄600＋＄200＝＄800，普通株が＄1,200＋＄700＝＄1,900となります。

(4) 利益剰余金の配当制限（appropriation of retained earnings）の処理

　配当は利益剰余金から行うといいましたが，配当により会社財産が流出するため，それを制限し一定の目的のために，利益剰余金の配当に制限をかけ，配当不能の利益剰余金として別途積み立てておくことを利益剰余金の制限または**積立**（appropriations）といいます。以下設例で確認します。

〔設例7〕

　A社は新工場建設のため利益剰余金から＄50,000の積立を行った。積立時と，工場が完成して積立金を取り崩した時のそれぞれの仕訳を示せ。

（解答）

　＜積立時＝配当制限時の処理＞

　　Retained earnings　　　　　　　　　　　　　　＄50,000
　　　　Retained earnings for construction of new plant　＄50,000

　＜工場が完成し積立金を取り崩した＞

　　Retained earnings for construction of new plant　＄50,000
　　　　Retained earnings　　　　　　　　　　　　　＄50,000

配当制限のあるもの（appropriated）と自由に配当してよいもの（unappropriated）との違いがあるだけで，共に過去の利益の内部留保である利益剰余金という点には変わりはありません。ただ工場完成という目的が達成されるまで，完成資金に必要な財産が配当として社外流出することのないよう，別途新工場建設積立金として，配当財源となる通常の利益剰余金とは別建て表示されますので，配当が制限されることになります。

そして工場完成により，配当制限をかける必要性がなくなったため，再度配当可能な利益剰余金勘定に振り替えることになります。

第2部 特殊会計編

第2部 特殊会計編

21 リース会計(1)
－オペレーティング・リース－

本章では，リースにつき，賃貸借処理する**オペレーティング・リース**（operating lease）について賃貸人と賃借人双方の処理を学習します。

基本例文 1

Enter into a X-**year lease agreement for** Y **at** $ Z **per year**
エンター イントゥ ア イヤーリース アグリーメント フォア アット Zダラー バーイヤー

期間X年，年間Zドルで，Yのリース契約を結ぶ

■ ABC Co. **entered into a** five-**year lease agreement for** a machine **at** $30,000 per year.
（ABC社は，年間3万ドルで期間5年の機械のリース契約を結んだ）

ここがポイント！ 「リース契約を結ぶ」は enter into a lease（agreement）のほか，sign a lease ともいえる。「年間Xドル（のリース料）で」はat $X per year のほか at an annual payment of $X とも表現できる。

基本例文 2

The lease requires equal annual payments of $X
ザ リース リクワイアーズ イークォル アニュアル ペイメンツ オブ Xダラー

リース料は毎年均等にXドル発生する

■ **The lease requires equal annual payments of** $20,000, due at the end of the year.

(リース料は毎年2万ドルで，年度末払いとなっている)

ここがポイント！ 「リース料が毎年均等に発生する」は the lease requires equal annual payments で表現でき，「毎月」であれば annual の代わりに monthly を使えばよい。due ～ は「支払期日が～で」。

基本例文 3

<ruby>Be amortized over the shorter of A or B</ruby>
ビー アモータイズドゥ オウヴァー ザ ショーター オブ オア

AかBの，いずれか短いほうの期間で償却される

■ Leasehold improvements **are amortized over the shorter of** the remaining lease term **or** the useful life of improvements.
(リース物件改良費は，残存リース期間か，耐用年数のいずれか短い方の期間で償却される)

ここがポイント！ amortize は「(債務を)償却する」。the shorter of A or B で「AかBのいずれか短い方」となる。長い方なら the longer を使う。lease term は「リース期間」，useful life は「耐用年数」。lease hold improvements については解説(5)を参照。

▶▶▶**関連用語**
lease A from B　BからAをリースする　　lessor　レッサー (貸主，賃貸人)
lease A to B　BにAをリースする　　　　lessee　レッシー (借主，賃借人)

解説

(1) リースの意義

リースとは，資産の所有者である**賃貸人**（lessor）が**賃借人**（lessee）に対し，リース料の支払いと引き換えに，当該資産を使用する権利を認める契約のことをいいます。リースは，法律上は賃貸借契約ですが会計上はその**経済的実質**（substance）に着目して，賃貸借処理と，資産の購入・売却とみなす処理の2つがあり，後で詳しい判定基準をみますが，経済的実質に鑑みて，資産の購入・売却とみなされなかったものが，賃貸借処理され，これを**オペレーティング・リース**（operating lease）といいます。

(2) オペレーティング・リースの会計処理

オペレーティング・リースの場合，法律上も経済上も共に資産の賃貸借として，賃貸人は**受取リース料**（rent revenue），賃借人は**支払リース料**（rent expense）をそれぞれ収益，費用として認識するだけで，特別難しい話はありません。ただ，リース契約によっては，最初の期間において**リース料がゼロのもの**（free rent）や，**リース料が均等でないもの**（uneven payments）があり，この場合は全期間のリース料総額を計算し，これをリース期間で割って会計上のリース料を毎期均等にならすことが要求されます。そしてこうして計算した会計上のリース料と現金支出あるいは収入との差額につき，賃借人は**未払リース料**（rent payable），賃貸人は**未収リース料**（rent receivable）を計上します。

またリース契約において，賃借人が有利な条件で契約を締結するために賃貸人に対し，**返還されることのない**（non refundable）**リースボーナス**（lease bonus）という費用を払う場合がありますが，このとき賃借人はいったん全額を**前払リース料**（prepaid rent）に計上し，リース期間にわたり均等額を償却し費用化するとともに，賃貸人は同額を**前受リース料**（unearned rent) とした上で，やはり全期間にわたり均等額を償却し，毎期収益計上していくことになります。

〔設例１〕

リース期間４年，リース料につき初年度ゼロ，２年目＄2,000，３年目，４年目を＄11,000とする。また契約の際賃借人は賃貸人に＄4,000のリースボーナスを支払うものとする。各年の仕訳を示せ。

（解答）

	賃　借　人	賃　貸　人
１年目	（会計上のリース料計上） Rent expense　＄6,000 　　Rent payable　＄6,000 （リースボーナスの計上） Prepaid rent　＄4,000 　　Cash　　　　＄4,000 （リースボーナスの償却）(注１) Rent expense　＄1,000 　　Prepaid rent　＄1,000	（同左） Rent receivable　＄6,000 　　Rent revenue　＄6,000 （同左） Cash　　　　　＄4,000 　　Unearned rent　＄4,000 （同左）(注２) Unearned rent　＄1,000 　　Rent revenue　＄1,000
２年目	Rent expense　＄6,000 　　Cash　　　　＄2,000 　　Rent payable　＄4,000	Cash　　　　　＄2,000 Rent receivable　＄4,000 　　Rent revenue　＄6,000
３年目以降の仕訳	Rent expense　＄6,000 Rent payable　＄5,000 　　Cash　　　　＄11,000	Cash　　　　　＄11,000 　　Rent receivable　＄6,000 　　Rent revenue　＄5,000

（注１，２）　リースボーナスの償却仕訳は以降２年目から４年目まで同じ仕訳ですので，省略しています。

　　　１年目，２年目は，現金ベースのリース料が会計上のリース料を下回っていますから，その差額につき，未収（未払）リース料がそれぞれ計上されます。

　　　一方，３年目と４年目ですが，今度は現金ベースの額が会計上の額を上回りますから，その差額については賃借人側，賃貸人側でそれぞれこれまで計上されてきた未払リース料及び未収リース料の支払，または回収が行われたことになるため，その取消仕訳を行えばいいわけです。

リース料総額は＄2,000＋＄11,000＋＄11,000＝＄24,000。よって毎期の会計上のリース料は＄24,000÷4＝＄6,000となります。また，リースボーナスは＄4,000で各期間への配分額はリース期間で除して，＄1,000（＝＄4,000÷4）となります。よって賃借人，賃貸人それぞれの仕訳は上記のようになります。

(3) **保　証　金（security deposits）の処理**

リース契約時において，不動産の賃貸借契約時と同様に，賃借人によるリース料の支払いを担保し，またリース物件の損傷時の修繕に備えるため，賃貸人は賃借人から保証金を徴収します。この保証金の扱いについては，返還の有無により，以下の処理を行います。

① **返還される保証金（refundable deposits）**

返還される保証金につき，受け取った賃貸人側では，リース契約終了時まで**預り保証金（deposit payable）**として，1年を超える負債のため**長期負債（long-term liability）**に計上し，契約が終了して保証金を賃借人に返還した段階で，これを借方に計上し，消滅させます。

また支払った賃借人側では，**支払い保証金（deposit receivable）**として，1年を超える資産のため**長期資産（long-term assets）**に計上し，やはり返還を受けた段階で，これを貸方に計上し，消滅させます。

② **返還されない保証金（non-refundable deposits）**

返還されない保証金については，賃借人は**前払リース料（prepaid expense）**，賃貸人は**前受リース料（unearned rent）**として計上し，リース期間終了時に，それぞれリース料の支払及び受取に充当し，支払リース料及び受取リース料と相殺します。

(4) **リース契約に付随的に発生する初期直接費用（initial direct cost）**

初期直接費用とは，リース取引開始までに賃貸人側に発生する費用のことで，例えば，不動産会社等への**仲介手数料（finder's fee）**，リース契約書等の**書類作成費用（document processing fees）**，**鑑定費用（appraisal fees）**，

交渉代理人への報酬（negotiation fees）等があります。

　これらについては，オペレーティング・リースでは，賃貸人側で毎期受取リース料が発生するので，費用と収益を対応させる観点から，リースボーナスと同様の処理を行い，初期直接費用を全額資産計上し，リース期間にわたって，**定額法**（straight-line method）で**償却**（amortization）し，各期に費用配分することとしています。

　なお，初期直接費用は後でみる販売型リースにおいては，オペレーティング・リースの場合と異なり，取引開始年度に全額費用計上しますが，これについては第23章を参照してください。

(5) リース物件改良費（leasehold improvements）

　賃借人が賃借しているリース資産につき，リース資産に付着し一体となって移動が不可能なような改良を加えた場合，契約終了時にはそのまま賃貸人に引き渡すか，原状回復をした上で，返還するかのいずれかになります。

　例えば土地をリースし，その上に建物を建てたような場合等が，これに該当しますが，このようなものを**リース物件改良費**（leasehold improvements）といい，オペレーティング・リースに該当するか，後でみるキャピタル・リースに該当するかにかかわらず，同じリース物件改良費という勘定名で資産計上し，以下のうちいずれか短いほうの期間で償却します。

- 資産の耐用年数（useful life）
- 残存リース期間（remaining lease term）

　なお残存リース期間は当初の契約上のリース期間に基づきますが，契約上，**更新権利**（renewal option）があり，更新することが**確実**（probable）な場合，更新権利期間を残存期間に含めることに注意してください。

　また貸借対照表上は，**無形固定資産**（intangible asset）か，**有形固定資産**（property, plant, and equipment：PPE）のいずれかに表示します。

第2部 特殊会計編

22 リース会計(2)
－キャピタル・リース－

本章では，賃借人が実質的に固定資産を購入したのと同様とみなされる場合に適用される**キャピタル・リース**（capital lease）の処理について学習します。

基本例文 1

Transfer title to ～
トランスファー タイトル トゥ

所有権を～に移転する

■ The lease **transfers title to** the lessee at the end of the lease term.
（リース契約では，契約期間終了時に所有権が賃借人に移転する）

ここがポイント！ 「所有権」はtitle。法律上もよくでてくるので，覚えておこう。lessee「借主」，lessor「貸主」は前項でもみた。

基本例文 2

X% or more of Y
パーセント オア モア オブ

YのX％以上

■ The present value of minimum lease payments is 90**% or more of** the fair market value of the assets.
（最低リース支払額の現在価値は，その資産の公正価値の90％以上である）

22 リース会計(2) －キャピタル・リース－

ここがポイント！　～ or more で「～以上」を表現する。

基本例文３

Within the last X percent of Y
（ウィズィン　ザ　ラスト　パーセント　オブ）

Yの残りX％（の期間）以内に

■ The lease is not executed **within the last** 25% **of** the original useful life.
（リースは資産の耐用年数の残り4分の1以内の期間に契約されたものではない）

ここがポイント！　この文は解説(2)でみる「要件」の中の表現。execute は「実行する→契約する」。within the last ～ で「残り～以内に」。

▶▶▶関連用語
bargain purchase option　割安購入選択権
minimum lease payments（ＭＬＰ）　最低リース支払額

解 説

(1) キャピタル・リースの意義

　リースのうち,「資産の所有に伴う危険と便益が賃借人に移転しているとみなされるもの」(The risks and rewards of ownership are deemed to have been passed from the lessor to the lessee) については, 法律上は資産の賃貸借契約であっても, 実質的に賃借人が固定資産を購入したのと同じものとして, 賃借人につきオペレーティング・リースではなく**キャピタル・リース**（capital lease）の処理が要求されます。

一方,「資産の所有に伴う便益と危険が賃借人に移転している」場合の,賃貸人の処理については,直接金融型リースと,販売型リースとの2つの処理があります。ただし,この点は後で詳しく述べますが,賃貸人側でこの処理をとるにあたっては,以下の(2)でみる4つの要件のうちいずれか一つをクリアすることに加え,付随的な2つの要件を充足することが求められます。したがって,賃借人側で,キャピタル・リースの処理をとる場合でも,賃貸人側では必ずしも,直接金融型あるいは販売型リースの処理をとるとは限らず,オペレーティング・リースの処理をとることもあるのだという点を,注意してください。これをまとめると以下のようになります。

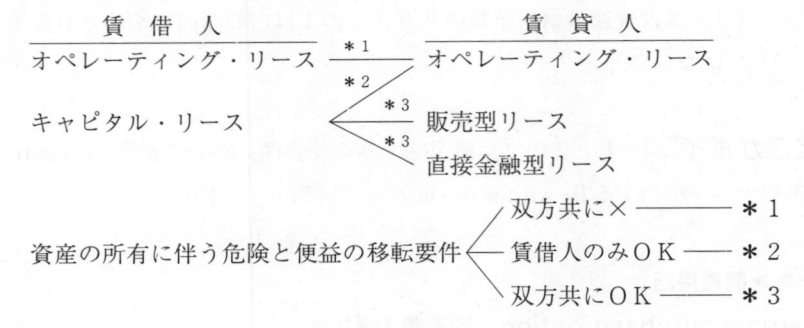

```
    賃 借 人                    賃 貸 人
オペレーティング・リース ──*1── オペレーティング・リース
                       *2
                     ┌*3── 販売型リース
キャピタル・リース   ─┤
                     └*3── 直接金融型リース

                           ┌双方共に×────── *1
資産の所有に伴う危険と便益の移転要件←─┤賃借人のみOK──── *2
                           └双方共にOK──── *3
```

(2) **キャピタル・リースの要件**

(1)でみた「資産の所有に伴う危険と便益が実質的に賃借人に移転している」と判断する場合の具体的な要件については,リース契約が**解約不能(non-cancelable)**で,以下に掲げる4つの要件のうち,一つでも満たす場合とされ,このとき賃借人についてはキャピタル・リースの処理が要求されます。

 1.リース期間終了時に,リース資産の所有権が賃借人に移転する。つまり賃借人はリース終了時に,リース資産につき対価を払うことなく,無償で取得できることを意味する。

 2.リース期間終了時に,賃借人はリース資産を割安価格で購入できる選択権を有する(The lease contains a bargain purchase option.)。割安価格ということは,その時点での公正市場価値よりも低い場合を意味する。

3．リース期間はリース資産の耐用年数の75％以上であり，かつ当該リースはリース資産の耐用年数の残り25％の期間内に契約されたものでないこと(注1)。(The lease term is 75% or more of useful life and the lease is not executed within the last 25% of the original useful life.)
4．最低リース支払額の現在価値はリース資産の公正市場価値の90％以上であり，かつ当該リースはリース資産の耐用年数の残り25％の期間内に契約されたものでないこと(注2)。(The present value of minimum lease payments is 90% or more of the fair market value of the asset and the lease is not executed within the last 25% of the original useful life.)

(注1，2) これは，すでに耐用年数の75％以上を経過したような中古の固定資産のリースについては，たとえ3と4の要件に該当しても，キャピタル・リースの処理は行われないことを意味します。

これらの要件は，その実質がリースよりは購入であるという意味合いの強い順に整理されており，1の所有権移転要件はまさにずばりそのものといえます。2の割安購入選択権は通常，リース期間終了時のリース資産の公正市場価格の半額以下で購入できる場合を想定しており，当該条件の有利性により，契約終了時において賃借人によるリース資産の購入が予想されます。3については，リース期間がリース資産の耐用年数の75％以上であれば，実質その耐用年数とほぼ同じ年数を使用しているのと変わりなく，4については，将来にわたって支払リース料の現在価値がリース資産の公正市場価値の90％以上なら，ほぼそれを購入したのと結果が同じになるからです。よって上記のいずれかを満たせば，実質的に資産を購入するのと同じため，賃借人においてキャピタル・リースの処理が要求されることになります。

(3) キャピタル・リースの会計処理

① 最低リース支払額の構成要素

リースがキャピタル・リースとなった場合，賃借人において**最低リース支払額の現在価値（present value of minimum lease payments）**を，**リース資産（leased asset）**および**リース負債（lease obligation）**として計

上します。ただし，最低リース支払額の現在価値が，対象資産の**公正市場価値**（fair market value）を超える場合には，その公正市場価値を計上額とします。最低リース支払額の構成要素は以下の通りです。

（ⅰ）支払リース料。ただしリース取引についての**固定資産税**（property tax）や**保険料**（insurance），**修繕費**（repairs and maintenance）などの**未履行の費用**（executory cost），および一定の条件により発生する**偶発リース料**（contingent rentals）は除きます。未履行の費用については，賃借人あるいは賃貸人のいずれか負担した方で，費用として処理します。

　また偶発リース料は，例えば年間の売上高が所定の金額を超えた場合に，リース料を上乗せして払うなどの契約をしている場合のその上乗せ額をいいますが，その発生はあくまで偶発的なもので経常的なものではありませんから，発生時に，賃貸人，賃借人側それぞれにおいて，収益，費用として処理します。

（ⅱ）**割安購入選択権**（bargain purchase option）の代価　リース終了時に割安購入選択権を使用し，資産購入に支払う代価

（ⅲ）**保証残存価額**（guaranteed residual value）　リース期間終了時において，リース資産につき一定の残存価額の保証を賃借人が負担するもので，終了時の実際残存価額（時価）が保証価額に満たない場合，賃借人はその差額を賃貸人に支払うことになります。仮に保証残存価額が＄1,000の場合，賃借人の使用状態が悪く，リース終了時の時価が＄600の場合，差額の＄400を賃貸人に支払うこととなります。

　なおこれも大事な点ですが，保証残存価額が最低リース支払額の対象となりますから，**非保証**（unguaranteed）残存価額の場合には最低リース支払額に含めないことに注意してください。

（ⅳ）**契約更新を失念した場合のペナルティー**（penalty for failure to renew）

上記はいずれも将来発生するものであるため，最低支払額の計算にあたって

は現在価値に割り引く必要があります。

② 最低リース支払額の現在価値の計算

最低リース支払額の現在価値の計算にあたっての割引率は，以下のいずれか小さい方を用います。

（ⅰ）**賃借人の限界借入利子率（incremental borrowing rate）**　賃借人がリースではなく，銀行借入によってリース資産と同じ固定資産を購入する場合の借入利子率

（ⅱ）**賃借人が知っている場合の賃貸人の契約上の利子率（the lessor's implicit rate if known by the lessee）**　賃貸人が当該リース契約につき要求する利子率（但しあくまでも，その利率を賃借人が知っている場合に限ります）

③ 減価償却の期間

最低リース支払額の現在価値が計算されれば，その額でリース資産及び債務が計上され，リース資産については通常の資産と同様減価償却が必要となりますが，減価償却の期間については，先のキャピタル・リースの要件のうちいずれを満たすかで，償却期間が異なります。すなわち要件１，２に該当する場合，リース資産の耐用年数で償却しますが，要件３，４に該当する場合リース期間を償却年数とします。これは，要件１，２の場合，条件の有利性により最終的にリース資産は賃借人が購入しますから，その耐用年数で償却すればよく，一方，要件３，４の場合リース資産は契約終了後賃貸人に返還されますから，リース期間での償却となるわけです。

④ リース債務の支払いと利息の計算

最低リース支払額の現在価値はリース資産の計上額とともに，リース債務の計上額となり，債務については当然その元本の返済と利息の支払いが要求されるわけですが，実は毎年のリース料の現金支払額は，その双方の支払いに充当されるように設定されています。つまり

毎年のリース料＝リース債務の支払利息＋リース債務の元本返済額

となっています。実はこれと同じことが，銀行からの元利均等返済方式の住宅

ローンでも行われているのです。読者の方で住宅ローンのある方は是非，返済予定表を一度ごらんください。

そして社債(1)(第14章参照)でもみましたように，利息の計算については②でみた利子率のいずれか小さい方を実質利回りとして，リース債務の期首の帳簿価額に乗じて支払利息を計算し，毎年のリース料の現金支払額からこの利息を差し引いた額が債務の返済に充当されます。以下，設例で処理を確認します。

〔設例1〕
- 2005年1月1日に，耐用年数5年の機械を期間3年，年度末払いでリースした。毎年のリース料は＄10,000である。
- 賃借人の限界借入利子率は5％，賃貸人の要求利子率と等しく，賃借人は賃貸人の要求利率を知っている。
- リース資産の時価は，＄28,959.6で，保証残存価額は＄2,000，見積残存価額は＄1,500である。なお固定資産の減価償却は定額法による。リース開始時及び2005年末の仕訳を示せ。

(解答)

＜リース開始時＞	Leased asset	＄28,959.6
	Lease liability	＄28,959.6
＜2005年末＞	Lease liability	＄8,552.02
	Interest expense	＄1,447.98
	Cash	＄10,000
	Depreciation expense	＄9,153.2
	Accumulated depreciation	＄9,153.2

STEP 1：キャピタル・リースの判定　まず，キャピタル・リースに該当するための要件ですが，所有権移転条項はなく，割安購入選択権の明示もありません。またリース期間は3年で，耐用年数に75％をかけた3.75年を下回っているので，要件3までは満たしません。では，第4の最低支払額の要件です

が，手形の割引の項でみましたように，金利がある場合将来の＄1は現在の＄1と等しいわけではなく，現価係数を乗じて現在の価値に戻してやる必要があります。ここで以下のテーブルをみてください。

期間 n	現価係数：$\dfrac{1}{(1+0.05)^n}$	現価係数の各年の合計：$\sum_{i=1}^{n}\dfrac{1}{(1+0.05)^n}$
1	.9524	.9524
2	.9070	1.8594
3	.8638	2.7232

　賃借人の限界借入利子率が，賃貸人の要求利率と等しく，また賃貸人の要求利率を知っているので5％を使って，将来の3年間に渡る価値を現在の価値に割り引くことになります。テーブルの左は各年の現価係数を示しますが，右側はその現価係数の各年毎の合計値です。最低支払額の計算にあたって，支払は年度末ですから各年毎にそれぞれの現価係数を用いるわけですが，リース料のように毎年等しいものについては，わざわざ各年毎の現価係数を乗じるのは面倒なので，現価係数の合計表の数字を拾うわけです。また保証残存価額の支払は3年後でこれは3年後の現価係数を乗じますから，よって最低リース支払額の現在価値は＄10,000×2.7232＋＄2,000×0.8638＝＄28,959.6と計算されます。これはリース資産の時価に等しく，当然時価に90％を掛けた額より大きいですから，要件4を満たし，よって本リースはキャピタル・リースに該当し，賃借人側ではこの最低リース支払額をリース資産，リース債務の計上額とします。

STEP 2：リース債務の元本返済予定表と毎期の利息表の作成

期間(西暦)	①リース債務期首残高	②リース料	③支払利息(=①×5％)	④債務返済額(=②−③)	⑤リース債務期末残(=①−④)
05年	＄28,959.6	＄10,000	＄1,447.98	＄8,552.02	＄20,407.58
06年	＄20,407.58	＄10,000	＄1,020.379	＄8,979.621	＄11,427.959
07年	＄11,427.959	＄10,000	＄572.041	＄9,427.959	＄2,000
計		＄30,000	＄3,040.4	＄26,959.6	

これは社債(1)でみたテーブル表(第14章参照)と同じ,実効利率法に従って計算しています。つまり5％を実効利率として,リース債務期首残高にこれを乗じて支払利息を計算し,毎年のリース料＄10,000からこの支払利息を引いた額をリース債務の返済額としています。ただし保証残存価額や割安購入選択権のように最後に支払うものについては,その合計額を最終のリース債務残高として残るように計算してください。よって最終年度の07年においては,④の債務返済額は①の期首債務から保証残存価額の＄2,000を引いて,＄9,427.959（＝＄11,427.959－＄2,000）として求め,③の支払利息はリース料＄10,000から債務返済額を引いて求めることに注意してください。また減価償却期間は第4の要件充足によりリース期間となりますので,減価償却費は（＄28,959.6－＄1,500）÷3＝＄9,153.2となります。

リース開始時	Leased asset	＄28,959.6	
	Lease liability		＄28,959.6
2005年末	Lease liability	＄8,552.02（＝表④）	
	Interest expense	＄1,447.98（＝表③）	
	Cash		＄10,000
	Depreciation expense	＄9,153.2	
	Accumulated depreciation		＄9,153.2

なお2年目,3年目は演習としますが,最後の資産返還時の仕訳は残存価額が当初見積通りであった場合,保証残存価額との差額の＄500を現金で払いますので,以下のようになります。

Lease liability	＄2,000	
Accumulated depreciation	＄27,459.6	
Cash	＄500	
Leased asset		＄28,959.6

⑤ リース料の支払いが前払いの場合の処理

〔設例1〕では,1年間のリース料の支払いが年末で後払いでしたが,今度はリース料の支払を契約と同時に行う前払いの処理をみていきます。

このとき第1回目のリース料には，契約時からリース支払時まで時間の経過はないため，利息は含まれず全額がリース債務の返済に充当されることに注意してください。また最低リース支払額の現在価値の計算にあたり，現在価値に割り引く必要があるのは1年後の第2回と2年後の第3回の支払いのみで，第1回目の×1年1月1日の支払いはまさに現在行うものですから割り引く必要がありません。そこで設例1の解説でみた現価係数の毎年の合計値のうち，2年分の合計に対応する1.8594を用い，最低支払額は＄10,000（第1回分）＋＄10,000×1.8594（第2回と第3回分）＋＄2,000×0.8638＝＄30,321.6と計算されます。これは当然リース資産の時価の90％以上になり，よってキャピタル・リースに該当し，リース債務の元本返済予定表と毎期の利息表は以下のように作成されます。

期間 (西暦)	①リース債務 期首残高	②リース料	③支払利息 (=①×5％)	④債務返済額 (=②-③)	⑤リース債務期末残 (=①-④)
05年	$30,321.6	$10,000	$0(注)	$10,000	$20,321.6
06年	$20,321.6	$10,000	$1,016.08	$8,983.92	$11,337.68
07年	$11,337.68	$10,000	$662.32	$9,337.68	$2,000
計		$30,000	$1,678.4	$28,321.6	

（注）　05年の利息だけ，ゼロとなります。

これによればリース開始時と2006年期首の仕訳は以下の通りになります（ただしリース資産の計上仕訳と減価償却は除く）。

リース開始時	Lease liability	$10,000	
	Cash		$10,000
2006年期首	Lease liability	$8,983.92	
	Interest expense	$1,016.08	
	Cash		$10,000

第2部　特殊会計編

23 リース会計(3)
－販売型リースと直接金融型リース－

　本章では，賃貸人につきオペレーティング・リースが適用されない場合の，販売型リース (sales-type lease) と直接金融型リース (direct finance lease) について学習します。

基本例文 1

Collectibility of X
コレクティビリティ オブ

Xの回収可能性

■ **Collectibility of** minimum lease payments is predictable.
（最低リース支払額の回収可能性は予測が可能である）

ここがポイント！　「債権を回収する」は collect で，「回収」なら collection，collectibility は「回収可能性」。predictable は「予言できる，予測がつく」。

基本例文 2

There are no important uncertainties regarding X
ゼア　アー ノウ イムポータント アンサートゥンティーズ リガーディング

（X以下の事に関して）重大な不確実性がない

■ **There are no important uncertainties regarding** costs yet to be incurred by the lessor under the lease.
（リース契約において，賃貸人側に将来追加的なコストが発生すること

23 リース会計(3) －販売型リースと直接金融型リース－

につき，重大な不確実性がない）

ここがポイント！　yet to ~ は「これから~する」，incur は「（損害などを）受ける」。regarding は concerning とも言い換え可能。

▶▶▶**関連用語**
sales-type lease　販売型リース
direct financing lease　直接金融型リース

解説

(1)　**オペレーティング・リース以外の賃貸人の処理について**
　これまで，「資産の所有に伴う危険と便益」が実質的に賃借人に移転しない場合のオペレーティング・リースの処理，及びそれが移転した場合の賃借人についてのキャピタル・リースの処理をみてきましたが，ではその「危険と便益」が移転した場合の賃貸人の処理はどうなるかが疑問になると思います。実は賃貸人にとってのこの移転要件は，先に賃借人のキャピタル・リースで掲げた4つの要件（第22章参照）のいずれかを満たしかつ，次に掲げる2つの要件（基本例文と同じですが再度掲げます）をいずれも満たすこととしています。
　1．最低リース支払額の回収可能性につき，合理的な予測が可能であること。
　2．リース契約において，賃貸人側に将来追加的なコストが発生することにつき，重大な不確実性がないこと。
　そしてこれらの要件を充足した場合，賃貸人が商社やメーカーであれば**販売型リース（sales-type lease）**，さらに賃貸人が金融機関であれば**直接金融型リース（direct financing lease）**の処理をとることとなります。

(2)　**リース料の決定方法**
　リース料はそもそも賃貸人が設定するものであり，ここでは以下の設例に基

づき，リース料の決定方法をみてみましょう。

〔設例 1〕

A社は2005年1月1日にリース契約により期間3年，年度末払いの条件で時価＄28,959.6のリース資産をB社にリースした。保証残存価額は＄2,000であり，当該リースへのA社の要求利率は5％であるとした場合，A社の決める毎年のリース料を求めよ。

（解答）　＄10,000

賃貸人の要求利率は5％ですから，毎年度末に受け取るリース料を5％で再投資すると考えられます。したがって向こう3年間で受取るリース料の現在価値は，第22章でみた5％の現価係数をそのまま使え，5％の現価係数の1年目から3年分の合計が2.7232，3年目の現価係数が0.8638，さらにリース料を＄Zとすると，リースにより得られる将来収入の現在価値の合計は

$$\$Z \times 2.7232 + \$2,000 \times 0.8638 = \$2.7232Z + \$1,727.6$$

となります。そしてこれがリース資産の時価＄28,959.6と等しくなるように，リース料を決めればよいのです。すなわち, $2.7232Z + \$1,727.6 = \$28,959.6$，これより$Z = \$10,000$となります。なおここでも第14章でみた経済学上の需要と供給が一致する点で価格が決まるという考えを応用しています。リースを行う賃貸人の立場からすれば，もしリース資産の時価より，当該資産のリースによって得られる将来キャッシュ・フローの割引現在価値が大きければその利ざやの獲得を目指し，同種資産のリースを行おうとみんなが殺到するので，当該資産のリース供給は，リース需要を上回って，供給過剰の状態が続きます。供給過剰となれば，当然お客を獲得しようとリース料を下げるようになるでしょう。するとリースへの需要は増え，逆にリース料の減少により賃貸人側ではリースの旨味がなくなっていきますから，リース資産の供給は減少し始め，結局このプロセスはリースの需要と供給が等しくなる点まで続き，そのとき初めて安定したリース料が市場で成立します。ここで勘のいい読者の方ならおわか

りと存じますが，これは第22章の設例1と全く同じ数値を用いています。すなわちリース料は賃貸人が，リース資産の時価と要求利率，また保証残存価額などリースにより得られる将来の現金収入のデータを基に，

$$\text{リース資産の時価}=\text{リース料をはじめリースによって得られる将来収入を，要求利率で割り引いた現在価値}$$

となるように，決定されるわけです。

また以上からおわかりと思いますが，時価が同じでも要求利率が異なればそれに応じて，現価係数の変化とともにリース料の水準も変化します。

(3) 直接金融型リース（direct-financing lease）

① 直接金融型リースの意義

金融機関やリース会社が賃貸人となってリースを行う場合，メーカーから賃借人が希望する固定資産を購入しそれを賃貸して，リース料を受け取ることになりますが，これは実質的には資産の購入代金の融資と同じことですから，リース料の中には資産の購入代金はもちろんの事，他に利息相当分も含まれていることになります。すなわち，金融機関やリース会社はリースという金融活動によって，その利ざやを稼ぐわけです。

② 会計処理

直接金融型リースの処理はキャピタル・リースにおける賃借人側の処理と全く正反対になります。以下設例により処理を確認しましょう。

〔設例2〕

前頁の設例1を前提として，直接金融型リースの要件を満たした場合の賃貸人の処理を示せ。

(解答)

<リース資産購入時>	Equipment	$28,959.6
	Cash	$28,959.6
<1年目期首>	Lease receivable	$32,000
	Equipment	$28,959.6

| | Unearned revenue | $3,040.4 |

(注) リース債権は，$10,000×3（リース料）+$2,000（保証残存価額）です。

<1年目末>　　　Cash　　　　　　　　$10,000
　　　　　　　　　Lease receivable　　$10,000
　　　　　　　　Unearned revenue　　$1,447.98
　　　　　　　　　　Interest revenue　　　$1,447.98（=表④）

　直接金融型リースにおいては，リース資産の賃貸にあたって，時価（購入後はそれが簿価となります）で**リース資産（leased asset）**を購入後，賃借人に引き渡し時に貸方に計上し，同時に将来にわたって受け取るリース収入すなわち，リース料及び保証残存価額の合計額を現在価値に割り引く前の総額で，**リース債権（lease receivable）**に計上します。

　一方，リース債権とリース資産の時価との差額は今後リース開始に伴い収益として計上されていくため，その時点で全額**前受利息（unearned revenue）**とし，毎期一定の方法で前受利息から受取利息に配分されます。そして毎期の受取利息への振替後の前受利息を，リース債権から差し引いた残額がリース債権の割引後の実質簿価となります。つまり当初購入時のリース資産の時価は，割引前のリース債権を割り引いた後の実質簿価といえるわけです。また毎期の受取リース料には，資金融資による受取利息とリース債権の元本の回収分との双方が含まれることになりますが，受取利息はこれまでみてきた**実効利率法（effective interest method）**によって，リース債権の実質帳簿価額に実効利率（ここでは賃貸人の要求利率です）を乗じた額で計算され，受取リース料から受取利息を引いた残額がリース債権の元本の回収額となります。

　これを整理すると以下のようになります。

　　リース債権（割引前）－リース資産の購入時時価（=リース債権の割引後実質簿価）＝前受利息

　　1年目の受取利息＝リース債権の割引後実質簿価（初めは購入時のリース資産の時価）×実効利率

　　期末の前受利息＝期首の前受利息－1年目の受取利息

23 リース会計(3) －販売型リースと直接金融型リース－

期末のリース債権の割引後実質簿価＝期末リース債権－期末前受利息

２年目の受取利息＝期首リース債権割引後実質簿価（＝１年目期末と同じ）×実効利率

以下同様のプロセスで求めます。

この場合も同じくリース債権（リース料部分のみ）の回収表を以下の通り作成するとわかりやすいでしょう。

期間	①期首リース債権	②期首前受利息	③リース料	④受取利息	⑤元本回収額	⑥期末リース債権	⑦期末前受利息
1	$28,959.6	$3,040.4	$10,000	$1,447.98	$8,552.02	$20,407.58	$1,592.42
2	$20,407.58	$1,592.42	$10,000	$1,020.38	$8,979.62	$11,427.96	$572.04
3	$11,427.96	$572.04	$10,000	$572.04	$9,427.96	$2,000	$0
			$30,000	$3,040.4			

（注） ①＋②，⑥＋⑦の額が割引前の期首，期末のリース債権，また①，⑥はリース債権の割引後の期首，期末の実質帳簿価額となります。④＝①×５％，⑤＝③－④，⑥＝①－⑤，⑦＝②－④。小数点以下３位を四捨五入し，最後の３年目で期末前受利息をゼロ，期末リース債権を残存保証価額の$2,000となるように調整。これはあくまでリース料部分についての元本と利息の配分表のため，最後の期末リース債権には期間終了時において受け取るリース料以外の債権金額を計上します。

```
リース資産購入時   Equipment              $28,959.6
                      Cash                      $28,959.6
１年目期首         Lease receivable       $32,000
                      Equipment                 $28,959.6
                      Unearned revenue          $3,040.4
```

（注） リース債権は，$10,000×３（リース料）＋$2,000（保証残存価額）です。

```
１年目末           Cash                   $10,000
                      Lease receivable          $10,000
                   Unearned revenue       $1,447.98
                      Interest revenue          $1,447.98（＝表④）
```

なお本処理はリース債権を割引前の総額で処理し，割引後の額との差額を

Unearned revenue で表示していますが，先に述べた通り割引前のリース債権から Unearned revenue を引いたものが割引後のリース債権の実質帳簿価額となるわけで，仮に上記1年目末の仕訳をリース債権＄10,000から前受収益＄1,447.98を引いた実質簿価で行うと

  Cash   ＄10,000
      Lease receivable ＄8,552.02
      Interest revenue ＄1,447.98

となり，これはまさに第22章でみたキャピタル・リースにおける賃借人の処理と対照的になることがわかります。なお，リース債権につき割引前のリース債権と前受収益を両建処理する方法を総額法，割引前のリース債権から前受収益を控除しネットで表示する方法を純額法といいます。

 話を戻しますが，2年目以降は上記の表を基にみなさんの演習としますが，3年目末において資産の残存価額が賃借人の見積通り＄1,500であり，資産の返還とともに保証残存価額との差額＄500を現金にて受け取った時の仕訳を書いておきます。これはやはりキャピタル・リースにおける賃借人の処理と対照をなしています。

  Equipment ＄1,500
  Cash   ＄500
      Lease receivable ＄2,000

③ リース債権の計上額

 キャピタル・リースにおける賃借人側の賃貸人へのリース債務の計上額は，最低リース支払額の現在価値だということを前項でみましたが，この最低リース支払額の構成要素には**非保証残存価額**（unguaranteed residual value）は含まれませんでした。ところが，直接金融型リースにおいて，賃貸人が賃借人に対し認識するリース債権の計上額については，

  最低リース支払額の現在価値＋非保証残存価額の現在価値

となり，賃借人がリース契約終了時において，残存価額の支払を保証していない場合の，非保証残存価額の現在価値も加える点に注意してください。なおこ

れが通常**純投資額**（net investment）と呼ばれ，また現在価値に直す前の総額ベースの金額は**総投資額**（gross investment）といいます。

　先の設例では非保証残存価額がゼロでした（つまり，保証残存価額が＄2,000に対し，リース終了時の残存価額が当初の見積通り，＄1,500であるため保証額が実際の残存価額を補って余りあるから，非保証残存価額はゼロです）ので，考慮に入れませんでした。したがって見積残存価額に対し，保証額がゼロの場合には，その見積残存価額が全額非保証残存価額となりますし，また仮に保証残存価額がある場合でも，その額が見積残存価額より少ない場合には，その差額が非保証残存価額となることに注意してください。

　これは(4)でみる販売型リースも同様です。

　なお本来非保証残存価額は，賃借人側で支払いを保証していないものですから，リース債権に計上するのは，よくよく考えるとおかしな話です。しかしそもそも固定資産は，残存価額も含め帳簿上に計上し，リースの際にはじめて保証，非保証という概念が出てくるわけですから，非保証を理由に残存価額部分を帳簿上オフバランス処理することは，固定資産の実態にそぐわないものとなりますから，リース債権に含める処理をとるわけです。

(4) 販売型リース（sales-type lease）

① 意　　義

　直接金融型リースと異なり，賃貸人が他から資産を買ってそれをリースするのではなく，**メーカー**（manufacturer）や**販売会社**（dealer）が自分の棚卸資産を賃借人にリースするような場合を販売型リースといいます。

② 会 計 処 理

　販売のためリース資産の時価にて売上が計上され，同時に原価にて売上原価が計上され，商品の販売益が計上される点が異なります。なおリース料についての，リース債権の元本回収分と利息発生額への配分方法は直接金融型と全く同じです。ただし非保証残存価額がある場合には，その割引現在価値を，リース資産の原価から引いた額を売上原価とします。

〔設例3〕
　設例1，2を前提に，リース資産の原価を＄20,000，保証残存価額を＄2,000，要求利率を5％，リース料を毎年＄10,000とし，さらに賃貸人につき販売型リース処理が適用されることとした場合のリース時および1年目末仕訳を示せ。

（解答）

＜リース時＞ Lease receivable	＄32,000	
Sales		＄28,959.6
Unearned interest		＄3,040.4
Cos of goods sold	＄20,000	
Inventory		＄20,000
＜1年目末＞ Cash	＄10,000	
Lease receivable		＄10,000
Unearned revenue	＄1,447.98	
Interest revenue		＄1,447.98

　数値は設例2と同じで，リース債権と前受利息及び各期の受取利息への配分は直接金融型と全く同じになり，ただ時価での売上計上，及び原価での売上原価の計上仕訳だけ異なります。なお非保証残存価額はありませんから，売上原価への振替は原価で行います。

　直接金融型では，時価でEquipmentの引渡しを認識しましたが，販売型ではこれがSales（売上）となり，そしてその原価で**棚卸資産（inventory）**から**売上原価（cost of goods sold）**への振替が行われ，それによって**売上総利益（gross profit）**が＄8,959.6（＝＄28,959.6－＄20,000）だけ計上されます。また販売型リースにおいてリース資産は販売目的資産として，棚卸資産として扱われることに注意してください。

　これ以降は設例2と同じです。ただ設例2のリース債権の実質価額がここで

は Sales に置き換わっていることに注意してください。また最後の資産返還時の仕訳ですが，Equipment を Inventory にだけ置き換えればあとは同じです。

(5) 初期直接費用の扱い

オペレーティング・リース（第21章参照）で，初期直接費用はリース期間にわたり，均等額を償却するとしました。

これに対し直接金融型リースの場合では，初期直接費用の金額を最低リース支払額と非保証残存価額双方の現在価値の合計である**純投資額（net investment）**に加えた後の金額を新たな純投資額として，再度実効利率を計算し直して，毎期の償却を行っていくことになります。

また販売型リースでは，リースを販売の一形態として利用し，売上総利益を計上することが目的ですから，初期直接費用については，この売上総利益を計上するリース開始年度に売上原価に含め，全額費用処理することになります。したがって販売型リースにおける売上原価は，以下のように計算されます。

$$売上原価 = リース資産の原価 + 初期直接費用 - \begin{matrix}非保証残存価額\\の割引現在価値\end{matrix}$$

第2部 特殊会計編

24 リース会計(4)
−セール・リースバック−

本章では,固定資産を売却後すぐさま売却先からリースする,**セール・リースバック取引**(sale-lease back transaction)についての処理を学習します。

基本例文 1

<ruby>Immediately<rt>イミーディエイトゥリー</rt></ruby> <ruby>lease<rt>リース</rt></ruby> X <ruby>back<rt>バック</rt></ruby>

すぐさまXをリースバックする

■ ABC Co. sold the machine to WJ Co. and **immediately leased** it **back** for five years.
(ABC社は機械をWJ社に売却したが,その機械につきすぐさま5年間のリースバックをした)

ここがポイント! lease back(リースバック)「(土地・建物の)売却借用」については解説を参照。ここでは lease するという動詞。「機械をX社に(から)期間3年,年間リース料5千ドルでリースする」は,lease a machine to(from) X Co. for a three-year term at an annual rental of $5,000. となる。

基本例文 2

<ruby>More<rt>モア</rt></ruby> <ruby>than<rt>ザン</rt></ruby> <ruby>a<rt>ア</rt></ruby> <ruby>minor<rt>マイナー</rt></ruby> <ruby>portion<rt>ポーション</rt></ruby> <ruby>but<rt>バット</rt></ruby> <ruby>less<rt>レス</rt></ruby> <ruby>than<rt>ザン</rt></ruby> <ruby>substantially<rt>サブスタンシャリー</rt></ruby> <ruby>all<rt>オール</rt></ruby>

一部分超かつ実質的にすべて未満

24 リース会計(4) －セール・リースバック－

■ ABC Co. retains **more than a minor portion but less than substantially all** the rights to use machine.
（ＡＢＣ社は機械の使用権につき，一部分を超えかつ実質的にすべて未満だけ留保している）

ここがポイント！　more than ～ は「～超」，less than ～ は「～未満」。この表現の substantially all（実質的にすべて）は解説(2)，minor portion（一部分）は解説(3)，そして表現全体については解説(4)を参照。

▶▶▶関連用語
rent expense　賃借料　　　gain on sale of assets　売却益
deferred gain　繰延利益

解説

(1) セール・リースバック取引の意義

　今Ｘ社がＹ社に保有する機械を売却し，すぐさま同資産のリースを受けた場合，これを**セール・リースバック取引**（sale-lease back transaction）といいます。このときＸ社は資産の売手となり**資産の所有権**（title to property）は買手であるＹ社に移転しますが，一方資産の**使用権**（right to use property）は賃貸人であるＹ社から賃借人であるＸ社に移るわけです。この狙いは例えばある自社物件を売却し，その資金で別の新規物件への投資を行いながら，同時に売却物件をそのまま引き続き使用できるという点にあり，賃貸人側からすればその業種にかかわらず，純然たる融資取引となりますので，要件を充足すれば直接融資型リース，そうでなければオペレーティング・リース取引となり，販売型リースが適用されることはありません。

　ここで問題となるのは賃借人であるＸ社の処理で，売却により売却益が発生した場合それを額面どおり収益計上していいのかという疑問が出てきます。売

却した資産を再度リースすれば，引き続きその資産を利用し続けていることになり，単なる利益操作の手段ではないかとの疑念が生じるからです。以下場合分けをして，セール・リースバックの賃借人による売却益の会計処理をみていきます。

(2) 賃借人がリース資産の「実質的にすべて」（substantially all）を保有する場合

「実質的にすべて」の定義ですが，売却した資産を再度リースバックした場合のリース料の現在価値（present value of rental payments）が売却資産の時価（fair market value（当然売却価額と等しくなります））の**90%以上**(90% or more of the fair value)の場合を意味します。例えば＄30,000で資産を売却しても，リースバックによりリース料の現在価値が＄27,000であれば，正味収入は1割の＄3,000のみですから，売却益を売却年度に全部実現させてしまうと，利益操作につながる恐れが生じます。よってこの場合，売却益をいったん繰り延べて，**繰延利益（deferred gain）**に計上し，以下の仕訳をします。

　　　　Cash　　　　　　　××
　　　　　　　　Asset　　　　　　　　××
　　　　　　　　Deferred gain　　　　××

ただし，繰延利益の処理に関するその後の扱いは以下の2つに分けられます。

① リースがキャピタル・リースに該当する場合

(ⅰ) リース契約終了後，リース資産を賃貸人に返還する場合

　　繰延収益をリース期間にわたり，**減価償却費（depreciation expense）**と相殺します。この場合リース資産を返還するので耐用年数ではなく，リース期間で償却するからです。

　　　Deferred gain　　××
　　　　　　　Depreciation expense　　××

（ⅱ）リース契約終了時に賃借人に所有権が移転するとき

　　　　リース資産の耐用年数にわたり，減価償却費と相殺します。所有権移転により，キャピタル・リースの要件1を充足し，リース資産は耐用年数で償却することになるからです。仕訳は（ⅰ）と同じです。

　　　　いずれにしても減価償却費との相殺により順次売却益が実現します。

② リースがオペレーティング・リースに該当する場合

　リース料の現在価値が時価の90％以上の場合，キャピタル・リースの4番目の要件（最低リース支払額が時価の90％以上，第22章参照）と比較すると，リース料に保証残存価額等を加えたものが最低リース支払額ですから，

　　　リース料の現在価値≦最低リース支払額の現在価値

となり，よってキャピタル・リースの要件4も当然充足するわけです。ただし，耐用年数の75％以上を経過した場合は除きましたから，キャピタル・リースの要件1，2，3を満たさず，かつ耐用年数の75％以上が経過した資産であれば，オペレーティング・リースに該当するわけです。このときは，賃借処理をしますから，繰延収益はリース期間にわたり**リース料（rent expense）**と相殺するので，上記①（ⅰ）の貸方が Rent expense となります。

(3) 賃借人がリース資産の使用権につき「一部分」（minor portion）しか保有していない場合

　「一部分」とは，リース料の現在価値が**時価の10％以下（10% or less of the fair value）**の場合を指します。この場合は，$30,000で売却してもリースバックによるリース料の現在価値は$3,000以下で，手元に売価の90％以上のお金が残りますから，実質的にすべての売却が実現したといえるわけであり，**売却益（gain on sale of assets）**についても全額収益として認識し，繰り延べる必要はありません。よって以下の仕訳となります。

　　　　Cash　　××
　　　　　　　　　Assets　　　　　　　　　××
　　　　　　　　　Gain on sale of assets　　××

(4) ①と②以外の場合 (more than minor portion but less than substantially all)

リース料の現在価値が**時価の10%を超え，かつ90%に満たない場合**（more than 10% but less than 90% of the fair value）は，以下のように処理します。

```
Cash     ××（売価）
            Assets                  ××（簿価）
            Deferred gain           ××
            Gain on sale of assets  ××（差額）
```

なお，繰延収益については売価（selling price）から簿価（carrying value）を引いた差額のうち，キャピタル・リースの場合にはリース資産の計上額相当額，オペレーティング・リースの場合には，最低リース支払額（MLP）の現在価値相当額とし，残額を売却年度の収益として認識します。この場合には，リース資産の使用を完全に放棄して売却したとも，あるいはリース資産の使用を完全に続けているとのいずれともいえない状況であることから，キャピタル・リースに該当する場合のリース資産計上額相当額，オペレーティング・リースの場合の最低リース支払料の現在価値相当額部分については，リース資産の継続使用が認められるものとして，当該部分については売却益とせず，繰延収益として随時収益として認識していくべきとの考えによるものです。

(5) 売却損が出た場合の処理

利益操作が問題となるのは売却益が発生する場合で，基本的に売却損が出る場合は特別問題とはならず，**人為的な損失**（artificial loss）を除いては全額発生時の損失として認識します。

(6) 設例による確認

以下設例によりセール・リースバックの処理を確認します。

24 リース会計(4) —セール・リースバック—

〔設例 1〕
A社は以下の条件で期首にB社に設備を売却し、すぐにリースバックした。
- リース期間は3年、残存耐用年数は5年（当初は7年）、リース料は毎年＄10,000で期末に支払い、リース資産は契約終了後B社に返還される。減価償却は定額法にて行う。現時点での設備の簿価は、＄27,000である。
- 保証残存価額は＄2,000、見積残存価額は＄3,000。A社の限界借入利子率は5％で、B社の要求利率と等しい。利率5％の現価係数の3年間の合計は2.7232、3年後の現価係数は0.8638とする。

売価（＝時価）が＄30,000の場合につき、売却益についての仕訳を示せ。

（解答）

<売却時>　Cash　　　　　　　＄30,000
　　　　　　　　Equipment　　　　　　　＄27,000
　　　　　　　　Deferred gain　　　　　＄3,000

<毎期末>　Deferred gain　　＄1,000
　　　　　　　　Depreciation expense　＄1,000

まずリース料の現在価値は＄10,000×2.7232＝＄27,232でこれは時価＄30,000の90％以上ですから、「実質的にすべて」の所有権を有する場合に該当します。次にキャピタル・リースの判定から入りますが、最低リース支払額の現在価値は、リース料の現在価値に保証残存価額の現在価値を加えたもので、今前者だけで時価の90％以上になっていますし、当初の耐用年数が7年で残存が5年ですから中古資産についての規定もクリアーしていますので、キャピタル・リースの第4の要件を充足します。

資産は最後B社に返還しますから、リース期間で繰延収益を減価償却費と相殺します。よって上記解答の仕訳になります。減価償却費の相殺仕訳は毎期末行います。

ちなみに、売価が①＄300,000　②＄210,000　③＄31,000のそれぞれの場合

についての解答を示すと以下のようになります。

---

① ＜売却時＞　Cash　　　　　　　　＄300,000
　　　　　　　　　　Equipment　　　　　　　＄27,000
　　　　　　　　　　Gain on sale of equipment　＄273,000
② ＜売却時＞　Cash　　　　　　　　＄210,000
　　　　　　　　　　Equipment　　　　　　　＄27,000
　　　　　　　　　　Deferred gain　　　　　　＄28,959.6
　　　　　　　　　　Gain on sale of equipment　＄154,040.4
　＜毎期末＞　Deferred gain　　　＄9,653.2（＝＄28,959.6÷3）
　　　　　　　　　　Rent expense　　　　　　＄9,653.2
③ ＜売却時＞　Cash　　　　　　　　＄31,000
　　　　　　　　　　Equipment　　　　　　　＄27,000
　　　　　　　　　　Deferred gain　　　　　　＄4,000
　＜毎期末＞　Deferred gain　　　＄1,333（＝＄4,000÷3）
　　　　　　　　　　Depreciation expense　　＄1,333

---

① リース料の現在価値＄27,232≦＄300,000×10％より，所有権を「一部分」しか保有していないケースに該当します。

　よって売却益を全額認識するため，上記解答の仕訳になります。

② ＄210,000×10％＜現在価値＄27,232＜＄210,000×90％の場合に該当します。

　まずキャピタル・リースの判定については，最低リース支払額はリース料現在価値＄27,232に保証残存価額の現在価値＄1,727.6（＝＄2,000×0.8638）を足した＄28,959.6ですが，これは時価＄210,000の90％未満となり，またリース期間の3年は耐用年数5年の75％未満となりかつ割安購入選択権も所有権移転条項もないため，キャピタル・リースの要件を満たさず，よってオペレーティング・リースに該当します。

24 リース会計(4) －セール・リースバック－

なおセール・リースバックでオペレーティング・リースに該当する場合に，売却益として計上する額は，売価 $210,000から簿価 $27,000を引いた差額 $183,000のうち，最低リース支払額の現在価値 $28,959.6を超える部分とし，最低リース支払額の現在価値は繰延収益とします。

また繰延収益は，**リース料（rent expense）**と相殺しますので上記解答の仕訳となります。やはり繰延収益の相殺仕訳は，リース期間に渡って毎期末行います。

③　$31,000×10％＜リース料現在価値 $27,232＜ $31,000×90％の場合に該当します。

リースの判定ですが，最低リース支払額は②より， $28,959.6でこれは時価 $31,000の90％である $27,900以上となりますから，キャピタル・リースに該当します。このとき売価から簿価を引いた差額 $4,000のうち，繰延収益とすべき額は，リース資産計上額相当額，つまり最低リース支払額の現在価値相当額 $28,959.6ですが，これは差額の $4,000を上回り，よってこの場合売却益はゼロとなり，差額の $4,000全額が繰延収益となり，またリース期間 3 年で減価償却費と相殺するので，上記解答の仕訳になります。

第2部 特殊会計編

25 税効果会計(1)
－課税所得と益金，損金－

　本章では，会計上の収益，費用に対応する**税務上の益金**（taxable revenue），**損金**（deductible expense）の概念について学ぶとともに，法人税を計算する際のもととなる**課税所得**（taxable income）の算出方法について学習します。

基本例文 1

Have a taxable income of $X
ハヴ　ア　タクサブル　インカム　オブ　Xダラー

課税所得がXドルある

■　ABC Co. **had** a pretax accounting income of $2 million **and a taxable income of $**1.5 million in 2007 fiscal year.
（ABC社は，2007年事業年度における会計上の税引前利益が200万ドルあったのに対し，課税所得は150万ドルであった）

ここがポイント！　「税引前利益」は pretax accounting income，「課税所得」は taxable income。

基本例文 2

Be not deductible from taxable income
ビー　ノット　ディダクティブル　フロム　タクサブル　インカム

（税務上）損金不算入となる

■　Warranty expense is **not deductible from taxable in-**

come, but is deductible from book income.

（製品保証引当金は，税務上は損金不算入であるが，会計上は費用となる）

ここがポイント！ deductible は「～から引ける，控除できる」という形容詞で，deductible from taxable income であれば「課税所得から控除できる」すなわち「損金算入」。前に否定の not がつけば「損金不算入」となる。warranty は「保証（書）」。taxable income「課税所得→税務上」，book income「会計所得→会計上」と対比されている。

▶▶▶関連用語

deductible expense　損金　　　taxable revenue　益金

解説

(1) **益金（taxable revenue）と損金（deductible expense）の概念**

　会計上の税引前利益は，収益から費用を引いて計算しますが，これに対し税金を算出する際の基礎となる**課税所得（taxable income）**は，益金から損金を引いて計算します。益金から損金を引いて課税所得を算出し，これに税率を掛けて法人税が計算されるわけです。ここで益金と損金が，それぞれ会計上の収益，費用と一致していれば，会計上の税引前利益と課税所得は一致します。しかし，益金と収益，損金と費用は必ずしも一致するとは限りません。よく出される例は，**罰科金（payment of enalty）**で，これはペナルティー的性格なので会計上は費用でも，税務上は損金として認められず，損金不算入となります。

　損金不算入とはどういうことかというと，益金から損金を差し引いて課税所得を計算する際に，益金から控除される損金として認められないということですから，全額課税所得に算入され，課税対象となってしまうことです。

　一方会計上は収益でも，税務上，政策的見地から益金不算入としているもの

もあり，米国連邦税法上の**地方債の受取利息収入（state and municipal bond interest income）**がこれに相当します。これは，地方債に対する利子を非課税とすることで，投資家にとって社債等の他の金融商品に比べ魅力的なものとし，かつ発行体である地方自治体の金利負担を軽くするために行われるものです。日本においても，東京一極集中が加速する中，財源不足に悩む地方自治体が債券を発行する際，利子を非課税にするくらいの配慮は必要でしょう。

このように，会計上の税引前利益と税務上の課税所得は，それぞれのよって立つ会計原則及び税法とで考え方に相違があるため，往々にして異なることとなります。

(2) 会計上の利益と課税所得の関係

(1)で述べましたように，課税所得を計算するには益金から損金を差し引いて求めますが，益金，損金を個別に集計して課税所得を出すのは時間の無駄となります。なぜなら，課税所得の計算の前にすでに収益と費用は集計され，税引前利益は計算されており，これを活用しない手はないからです。すなわち，益金と収益，損金と費用の関係から

　　益金＝収益－益金不算入項目＋益金算入項目　　①
　　損金＝費用－損金不算入項目＋損金算入項目　　②

となるはずです。それぞれの式において，不算入項目をマイナスするのは当然のことでしょう。収益，費用を益金，損金に一致させるためまず第一ステップとして，それぞれの中から益金，損金とならない不算入項目を除いてやるわけです。

次に，会計上は収益，費用でなくても，税務上それぞれ益金，損金として認める，益金算入項目，損金算入項目を加えてやれば，会計上の収益，費用を出発点として上記の調整を加えることで，益金，損金に辿り着くわけです。では，以下の課税所得の式に①，②を代入してみましょう。

　　課税所得
　　　＝益金－損金

$$= (収益 - 益金不算入 + 益金算入) - (費用 - 損金不算入 + 損金算入)$$
$$= (収益 - 費用) - 益金不算入 + 損金不算入 + 益金算入 - 損金算入$$
$$= 税引前利益 - 益金不算入 + 損金不算入 + 益金算入 - 損金算入$$

となります。収益－費用＝税引前利益は損益計算書からいいでしょう。よって課税所得は，税引前利益から益金損金につき，不算入，算入項目を拾い出し，加減算することで，誘導的に計算できるわけです。

〔設例1〕

損益計算書の収益は＄1,000，費用は＄600で税引前利益は＄400である。収益のうち益金不算入項目は＄100，費用のうち損金不算入項目は＄300とした場合，課税所得はいくらか答えよ。

（解答）

課税所得＝＄400－益金不算入＄100＋損金不算入＄300＝＄600

第2部　特殊会計編

26 税効果会計(2)
－欠損金の繰戻しと繰越し－

　本章では益金から損金を引いて計算される課税所得がマイナスとなった場合の**欠損金**（net operating loss）についての，税務上の特典である**繰戻し**（loss carryback）と**繰越し**（loss carryforward）について学習します。

基本例文 1

Net operating loss is carried back

欠損金の繰戻し（還付）を行う

■　$100,000 of the **net operating loss** in 2007 **was carried back** to profit years of 2005 and 2006.
（2007年度の欠損金のうち10万ドルが2005年と2006年度へ繰り戻された）

ここがポイント！　net operating loss は「欠損金」。carry back は「繰り戻す」。次の carry forward「繰り越す」とセットで覚えよう。profit year は「黒字の年(度)」。

基本例文 2

Net operating loss is carried forward

欠損金の繰越し（控除）を行う

■　**Net operating loss** of a particular period can **be carried forward** to offset the income of the next 20 years.

（ある期の欠損金は，翌期以降の20年間にわたり繰り越され，将来の（課税所得）から控除される）

ここがポイント！　carry forward で「繰り越す」。back は過去への戻り，forward は将来を指す。offset は「相殺する，差引勘定する」。

▶▶▶関連用語
tax return　納税申告書　　　tax refund　税金の還付

解説

(1) 欠損金（net operating loss）の意義

　第25章で，会計上の税引前利益から課税所得を誘導的に計算する方法をみましたが，ここで欠損金とはマイナスの課税所得を意味します。課税所得がプラスの場合，これに税率を掛けて税金が計算されるわけですが，課税所得がマイナスとなり，欠損金が生じた場合その会計期間の税金は当然ゼロになりますが，それに加え一定の優遇措置があり，それが以下でみる欠損金の**繰戻還付（loss carryback）**と**繰越控除（loss carryforward）**です。

　欠損金の繰戻還付とは，ある期に欠損金が生じた場合，その前期および前々期と2年前までにさかのぼり，払った税金のうち，その欠損金に見合う分の税金の還付を受けられるというものです。

　一方，欠損金の繰越控除とは，ある期の欠損金を翌期から20年間にわたって繰り越して，将来の所得から相殺できるとするものです。

　欠損金が生じた場合，繰戻還付を受けるか，繰越控除を行うかは自由で，仮に繰戻還付を受けた場合，前2年間のうち古い年度の課税所得から欠損金を充当しますが，それでもまだ欠損金に余りある場合，それを繰越控除に充てることもできます。また繰戻還付を受けず，全額繰越控除を行うことも可能です。

(2) 欠損金の繰戻還付

欠損金の繰戻還付を受ける場合の還付金額を以下の設例で計算します。

〔設例 1〕

以下の表に従い，4年度における税金の還付金額を求めよ。

年　度	1	2	3	4
課税所得	$100,000	$20,000	$10,000	($100,000)
税　率	40%	41%	38%	40%
税　金	$40,000	$8,200	$3,800	$0

（解答）　$12,000

4年度において欠損金が生じた場合，その2年前まで支払った税金の還付を受けられ，古い年度の所得から還付を受けるので，$100,000の欠損金につき，まずは2年度の課税所得$20,000，次に3年度の課税所得$10,000相当分の還付を受けることになります。過去に払った税金の還付ですから，適用税率は当然その該当年度それぞれにおける税率を用います。よって還付税額は，

　　還付税額＝$20,000×41％＋$10,000×38％＝$12,000

と計算され，国に対し還付金の請求権である**未収税金（tax fund receivable）**を借方に計上し，かつ税金の戻り分を**欠損金の繰戻しによる税務上の恩典（benefit due to loss carryback）**として貸方に計上するので，以下の仕訳となります。欠損金の繰戻しによる税務上の恩典の損益計算書上の表示については第28章の〔設例5〕を参照してください。

　　　Tax fund receivable　　$12,000
　　　　　　　Benefit due to loss carryback　　$12,000

(3) 欠損金の繰越控除

欠損金の繰越控除については設例1を前提として5年度6年度の課税所得は

$15,000，$25,000とした以下の設例2をみてください。

〔設例2〕
　設例1を前提として，5年度，6年度の課税所得がそれぞれ$15,000，$25,000であった場合の，5年度，6年度の税金を求めよ。
　（解答）　5年度，6年度ともに税金の額はゼロ。

設例1において，4年度の欠損金を2年度，3年度の繰戻還付に充当したことを前提とすると，以下の表が作成されます。

年　　　度	4	5	6	………………
課　税　所　得	($70,000)	$15,000	$25,000	
繰　越　控　除	該当なし	($15,000)	($25,000)	
控除後の所得	該当なし	0	0	
税　　　率	40%	41%	41%	
税　　　金	0	0	0	

　4年度の欠損金は2，3年度の繰戻還付に充当していますので，$70,000に減少しており，翌年以降課税所得が生じた場合，今度は将来の20年間にわたって繰越控除が可能となります。よって5，6年度の課税所得は欠損金の繰越控除によりともにゼロとなるので，税金もゼロとなり，その意味で欠損金の繰越控除は将来課税所得が発生した年度において，本来であれば発生するはずの将来の税金を軽減する効果を持つといえます。なお,5,6年度の繰越控除を終わった後の4年度の欠損金はまだ$30,000（＝$70,000－$15,000－$25,000）残っており，あと18年間にわたって課税年度の税金の軽減効果を持つことになり，仮に将来の税率をずっと41％とした場合，$70,000の繰越控除によって将来にわたり，$28,700（＝$70,000×41％）の税金の軽減効果を有するわけです。
　このように繰越控除については，将来の税金の軽減効果を持つという点をしっかり押さえてください。会計処理については，第28章でみていきます。

第2部　特殊会計編

27 税効果会計(3)
－永久差異と一時差異－

　本章では，会計上の利益と税務上の課税所得とに差異をもたらす**一時差異**（temporary difference）と**永久差異**（permanent difference）につき，その性質の違いに着目しながら学習します。

基本例文 1

Have deductible temporary differences of $ X
ハヴ　ディダクティブル テンポラリー　ディファレンシーズ オブ Xダラー

Xドルの将来減算一時差異がある

■　ABC Co. **had deductible temporary differences of $200,000 and taxable temporary differences of $400,000 at the year-end 2007.**
（ＡＢＣ社は，2007年期末において20万ドルの将来減算一時差異と40万ドルの将来加算一時差異があった）

ここがポイント！　temporary difference は「一時差異」で，「永久差異」なら permanent difference。temporary difference の前に，deductible「差し引くことができる」をつければ「将来減算一時差異」，taxable「（将来所得となって）課税される」をつければ「将来加算一時差異」となる。

基本例文 2

A temporary difference of $X　originated and will reverse
ア テンポラリー ディファレンス オブ Xダラー オリジネイティド アンド ウィル リヴァース

Xドルの一時差異が発生し，（将来にわたって）解消する

27 税効果会計(3) －永久差異と一時差異－

■ During 2007, **a temporary difference of $10,000 originated** for ABC Co. **and will reverse** equally over the next three years.
（2007年度中，ABC社では1万ドルの一時差異が発生し，これは将来の3年間にわたり均等に解消するものと見込まれる）

ここがポイント！ originateは一時差異が「発生する」，reverseは「逆にする→（一時差異を）解消する」。

▶▶▶関連用語
Internal Revenue Service（IRS） 内国歳入庁（日本の国税庁に相当）

解説

(1) 一時差異と永久差異

　課税所得，益金と損金の章（第25章参照）で，会計上の収益，費用とされたものが，税務上の認識基準の違いによって，税務上の益金，損金とは必ずしも一致せず，両者で差異が生じることをみてきましたが，この差異が永遠に解消されないものを**永久差異（permanent differences）**，時の経過により差異が解消されるものを**一時差異（temporary differences）**といいます。以下それぞれの具体例をみていきましょう。

(2) 一時差異の詳細

　一時差異を詳しくいえば，会計上ある年度において収益，費用として認識されたが，税務上は認識基準（あるいは時点）の相違により，会計上とは別の年度に益金，損金として認識されるもので，結果として会計上の資産・負債の帳簿価額と税務上での資産・負債の価額とに相違をもたらすものをいいます。あくまで認識時点が相違するに過ぎないものですから，一時差異は時の経過によ

り解消するもので，企業活動の全期間をトータルすれば，必ず収益と益金，費用と損金は一致することになります。

さらに一時差異のうち，差異が解消したときに，将来の課税所得を減少させ税金を減らすものを**将来減算一時差異**（deductible temporary differences），逆に課税所得を増加させ税金を増やすものを**将来加算一時差異**(taxable temporary differences) といいます。以下それぞれの具体例をみていきます。

① 将来減算一時差異

将来減算一時差異の中でも，ⅰ) 会計上は当期の費用となるが税務上は将来の損金となるもの（損金不算入項目），ⅱ) 会計上は翌期以降の収益とするのに，税務上当期の益金とされるもの（益金算入項目）が，これに該当します。

ⅰ) **損金不算入項目 (not deductible)**

これの代表例としては，**製品保証引当金 (estimated warranty liabilities)** があります。製品保証引当金は**偶発債務(contingent liability)** の一例として，製品販売時に故障等による将来の保証が見込まれ，偶発損失の計上要件を満たす場合（第8章参照），あらかじめその見込み額を引当金として費用計上するものですが，税務上は実際に保証が行われた時に損金として認識するものですから，会計上の費用計上時には損金不算入となるものです。

仮に06年に＄1,000の製品保証引当金を費用計上し，実際に保証が同額で07年に行われた場合の仕訳は以下の通りです。

06年　Estimated warranty expense　＄1,000
　　　　　　　　　Estimated warranty liabilities　＄1,000
07年　Estimated warranty liabilities　＄1,000
　　　　　　　　　Cash　＄1,000

ここで会計上は06年に費用計上しますが，税務上は損金として認識されず，実際に保証を行った07年において，損金計上するわけです。従って06年度からみた場合は，費用計上額が07年度において損金となって課税所得を減少させ，07年の税金を軽減する効果を持ちます。

27 税効果会計(3) －永久差異と一時差異－

また06年において製品保証引当金は会計上負債となりますが，税務上は認識されませんから，税務上の負債の額はゼロでここに，会計上と税務上の負債の額に相違が生じることになります。

ii） **益金算入項目（taxable）**

この代表例としては，**前受家賃（unearned rent）**があります。これは例えば来年分の家賃を当期にもらってしまった場合，会計上はあくまで受け取った額を全額負債として計上し，それを期間で按分して負債から当期1年分の家賃のみを収益に振り替えますが，税務上は前受家賃として受け取った現金を全額当期の益金としてしまうことから生じます。

仮に当期の期首に2年分の家賃$1,000を受け取った場合，会計上は

　　Cash　　　　　$1,000
　　　　　　　　Unearned rent　　　$1,000

といったん全額負債に計上し，1年経過した当期末において1年分を

　　Unearned rent　$500
　　　　　　　　Rent income（受取家賃）　$500

と仕訳しますが，税務上は1年目で$1,000全額を益金として課税対象としますので，1年目は$500を益金算入します。一方，会計上は1年目と2年目で$500ずつ収益計上しますが，仮に2年目において何もしなければ1年目で既に全額課税されているにもかかわらず，2年目の会計上の収益が課税対象となり二重課税が生じてしまうので，それを益金不算入として課税対象から控除しなければなりません。よって益金算入項目については，将来は益金不算入となり，税金を軽減する効果を持ちます。

また期末時点における会計上の前受家賃は1年分の$500に対し，税務上は現金受取時に$1,000全額が益金となり，税務上の負債認識はありませんから，負債の認識額が会計上と税務上とで異なることになります。

② **将来加算一時差異**

将来加算一時差異は，i）会計上当期の収益となるが，税務上は翌期以降の益金となるもの（益金不算入項目），ii）会計上は翌期以降の費用となるが，

税務上は当期の損金となるもの（損金算入項目），とがあります。いずれにしても，当期には課税されませんが，翌期以降に課税されることになります。

ⅰ) **益金不算入項目**（not taxable）

この代表例は，**割賦販売**（installment sales）があります。割賦販売は，商品の販売代金を長期にわたって分割して回収するものであり，代金の回収不能の危険性が高いため，通常は販売時点ではなく代金の回収時点で売上総利益を認識するもので，税務上も回収基準により回収代金につき益金として認識します。ところが，会計上割賦販売につき，代金回収の危険性がないものとして，販売基準により販売時に全額収益を認識する場合があります。例えば割賦販売額が全体として，＄500あり，当期に＄200を回収できた場合，会計上は＄500全額収益となりますが，税務上は＄200が益金となり，残り＄300は将来の益金となって将来の税金を増やします。

またこの場合は割賦売掛金の認識額において，会計上と税務上とで相違が生じることになります。

ⅱ) **損金算入項目**（deductible）

この代表例として，減価償却が挙げられます。会計上は定額法が採用されているのに対し，税務上**修正加速原価回収法**（modified accelerated cost recovery system, MACRS）が採用される場合，当初は税務上の減価償却費が会計上のそれを上回りますが，しばらくすると逆転し，今度は会計上の減価償却費の計上額が税務上の計上額より多くなります。

したがって当初は損金算入されるも，将来においては損金に算入されず，課税対象となり，将来の税金が増えますから，加算差異となります。

また減価償却については，取得価額から減価償却累計額を引いたものが帳簿価額となりますから，減価償却方法が会計と税務で異なれば，当然関連する固定資産の帳簿価額も，会計上と税務上とで相違が出てきます。このように一時差異については，必ず会計上と税務上の資産・負債の価額に相違が出て，かつそれが時の経過により解消します。

⑶ 永久差異の詳細

永久差異は，会計上収益，費用として認識しても，税務上は永久に益金または損金として認められないものをいいます。すなわち，差異の発生原因が認識時点の相違による期間的なずれによるもので，時の経過によりその差異が解消する一時差異と異なり，永久にその差異が解消しないものです。また永久差異については，一時差異と異なり，それが税務上の資産・負債と会計上の資産・負債の価額とに相違をもたらすものではありません。以下具体例をみていきます。

① **会計上は費用となるが，税務上損金とならないもの**（損金不算入項目）

ⅰ） **罰科金（payment of penalty）**

ペナルティーとして科した罰金につき，損金算入を認め税負担を軽減させることになれば，その意味合いが薄れてしまうからです。

ⅱ） **連邦法人税費用（Federal income tax expense）**

会計上は損益計算書において，税引前利益の後で費用計上され税引後利益が確定しますが，税務上の構造からいえば，まず課税所得に税率を掛けて法人税を計算しますので，その法人税を計算する前の課税所得に法人税を損金算入することはありえないからです。

ⅲ） **会社を受取人とする生命保険の保険料又は掛金（life insurance premium expense when the corporation is the beneficiary）**

会社を受取人として役員等に生命保険を掛けた場合の保険料や掛金は会計上費用となりますが，税務上は損金不算入となります。またこれから必然的に会社が役員等の死亡により受け取った保険金についても，会計上は収益となりますが，税務上は益金不算入とします。すなわち税務上は会社を受取人とする生命保険については課税関係の対象外としているわけです。

② **会計上収益となるが，税務上益金としないもの**（益金不算入項目）

ⅰ） **地方債の受取利息（state and municipal bond interest income）**

課税対象としないことで，投資家にとって魅力ある金融商品とするためです。

ii) 受取配当金の益金不算入（dividend received deduction, DRD）

日本でもおなじみですが，もともと税引後の利益から行う配当をもう一度課税すると二重課税が生じるので，配当の一定の割合を益金不算入としています。会計上は全額収益となりますが，税務上は，他社の株式保有割合に応じ，以下の額を益金不算入とします。

- a） 80%以上保有　　　　受取配当金全額（全額非課税）
- b） 20%超80%未満保有　受取配当金×80%（20%につき課税）
- c） 20%以下を保有　　　受取配当金×70%（30%につき課税）

なお永久差異については，法人税を除き，税務上と会計上とで資産・負債の価額に相違が生じることはありません。法人税の納税額については

Income tax expense　　××
　　　Income tax payable　　××

の仕訳をしますので，貸方の未払税金という負債については税務上とで相違が生じますが，これは先に述べた通り，課税所得に税率を掛けて税金を計算するため，後から計算する税金を損金に算入できないという税金計算の構造上しかたのないもので，若干性質が異なります。またこれ以外の永久差異については，すべて初めから現金の流入・流出を伴うものであることもお分かり頂けると思います。日本の法人税でいえば，一時差異は別表5，永久差異は別表4でいう社外流出に関係するものです，興味のある方は，日本の法人税の教科書を参照してください。

(4) 課税所得の算出の総合設例

以上で一時差異，永久差異の説明が終わりましたので，税引前利益から課税所得の算出の総合設例をみていきます。

〔設例1〕

A社の2007年度における税引前利益は，＄100,000であった。以下の項目を一時差異と永久差異に分け，課税所得を計算せよ。

① 罰科金の支払い　＄200
② 会計上の減価償却費に対する税務上の減価償却費の超過額　＄10,170
③ 家賃の前受け　＄90
④ 地方債の受取利息　＄120

（解答）＄90,000

Income before income taxes	$ 100,000
Permanent differences	
Payment of penalty	200
Municipal bond interest	(120)
Temporary differences	
Rent income	90
Depreciation expense	(10,170)
Taxable income	$ 90,000

また税率を40％とすれば，**税金費用**（income tax expense）は，

$90,000 \times 40\% = \$36,000$

となり以下の仕訳を計上します。

Income tax expense	$36,000	
Income tax payable		$36,000

よって損益計算書の最終表示は

Income before income taxes	$ 100,000
Income tax expense	$ 36,000
Net income	$ 64,000

となります。税金費用は日本では，法人税，住民税及び事業税と表示されますが，ここでは税金費用としておきます。

第2部　特殊会計編

28 税効果会計（4）
－繰延税金資産と繰延税金負債－

　本章では，一時差異から計算される**繰延税金資産・負債**（deffered tax asset liability）につき学び，それを基に税効果会計の構造について学習します。

基本例文 1

Deductible [/Taxable] temporary difference of $X is multiplied by the enacted tax rate of Y% to arrive at a deferred tax asset [/liability] of $Z

Xドルの将来減算［加算］一時差異にY％の法定実効税率を掛けてZドルの繰延税金資産［負債］を計上する

■ Taxable temporary differences of $700,000 are multiplied by the enacted tax rate of 40% to arrive at a deferred tax liability of $280,000.
（70万ドルの将来加算一時差異に，40％の法定実効税率を掛けて28万ドルの繰延税金負債を計上する）

ここがポイント！　X is multiplied by Y to arrive at Z で，「XにYを乗じてZになる」。「XをYで割れば」なら，X is divided by Yとなる。またenacted tax rate は「法定実効税率」。enact は「（法律を）制定する」。

基本例文 2

It is more likely than not that the deferred tax assets will be realized
(イットイズ モア ライクリー ザン ノットザット ザ ディファードタックスアセッツ ウィル ビー リアライズド)

繰延税金資産の回収（または実現）可能性が高い

■ XYZ Co. believes **it is more likely than not that** all of **the deferred tax assets** reported on its balance sheet will be realized.

（XYZ社は，貸借対照表上の繰延税金資産全額につき，回収可能性が高いものと見込んでいる）

ここがポイント！ more likely than not that ～ は，likelihood of more than 50％，すなわち「50％超の確率で，that 節以下の事が生じる」ことを意味する。

▶▶▶関連用語
tax planning strategy　税務戦略　　foreign tax credit　外国税額控除

解説

(1) 繰延税金資産（deferred tax asset）と繰延税金負債（deferred tax liability）

これまでみてきたように，将来減算一時差異は現在損金不算入あるいは益金算入であるが，将来において損金算入，益金不算入となって課税所得を減少させ，税負担を軽減するものでした。また将来加算一時差異は，現在損金算入または益金不算入であるが，将来において損金不算入，益金算入となって課税所得を増やし，税負担を増加させるものでした。

そこで，将来減算一時差異については，現時点において課税されるが，その

分将来の税負担が減るので，将来の税金の前払いとして資産性を認め，差異の解消時点で予想される将来の法定**実効税率**（enacted tax rate）を乗じて繰延税金資産として計上，また将来加算一時差異については，逆に将来の税負担の増加を見込みそれに負債性を認め，やはりその解消時点で予想される将来の実効税率を乗じて繰延税金負債として計上することが，SFAS 109号にて求められていますが，これを**税効果会計**（income tax allocation）といいます。

一方，永久差異について，繰延税金資産および負債が計上されることはありません。なぜなら永久差異は会計上収益・費用とされたものが，税務上永遠に益金，損金となることがなく，将来の税負担の増加あるいは減少となって表れることはないからです。税効果会計の対象となる差異は，あくまで将来的に差異が解消し，税負担の増加又は減少をもたらす一時差異のみであることに注意してください。

(2) **繰延税金資産・負債の仕訳**

繰延税金資産は，将来減算一時差異につき，将来の税負担の軽減効果に着目しそれを資産計上するもので，例えば会計上当期に製品保証引当金を＄100計上したとします。先にもみたように，これは税務上損金不算入となって，将来実際に製品保証を行った時点で損金算入されますから，将来の損金算入時点の法定実効率を40％と仮定すれば，＄100×40％＝＄40だけ将来の税金を減らします。よって当期末において，

  Deferred tax asset ＄40
      Income tax expense-deferred ＄40

という仕訳を切ります。貸方は税金費用等調整額であり，損益計算書の**税金費用**（income tax expense）の調整項目となります。

一方，繰延税金負債は，将来加算一時差異につき，将来の税負担の増加に負債性を認めそれを負債計上するもので，例えば税務上の早期償却制度により減価償却費が会計上の減価償却費を超過する場合，それは当期において損金算入

されますが，費用化される取得価額は会計上と税務上で共通ですから，いずれは会計上の減価償却費が税務上のそれを上回り，その分，将来において損金不算入となり，税負担が増えるわけです。よって今この超過額を＄300，同じく将来の損金不算入時の実効税率を40％と仮定すると，＄300×40％＝＄120の繰延税金負債が計上され，

  Income tax expense-deferred ＄120
    Deferred tax liability ＄120

という仕訳が切られます。借方はやはり税金費用等調整額で同じく損益計算書の税金費用の調整項目となります。

　いずれの場合も，将来の税負担に関するものですから，用いる税率は現時点の税率ではなく，将来差異が解消する時点での税率を使います。もちろん将来の税率が予想できないときは，現時点での税率を用いますが，税制改正により将来の改正税率が明らかな場合は，それを用います。

(3) 繰延税金資産・負債の表示

　繰延税金資産及び負債は貸借対照表上，関連する資産・負債が短期であれば**流動**資産・負債（current）に，長期であれば**固定**資産・負債（noncurrent）に表示します。税務上の減価償却超過額に対する繰延税金負債は，固定資産が長期に使用されるものですから，固定負債に表示されます。

　また繰延税金資産・負債が共に発生する場合，流動・固定区分毎に資産・負債を相殺して純額で表示しますので，流動，固定の区分ごとに繰延税金資産か負債のいずれかのみ計上されることになります。

(4) 税効果会計の意味合い

　日本の「税効果会計に係る会計基準」においては，税効果会計は，「企業会計上の収益または費用と，課税所得計算上の益金または損金の認識時点の相違等により，企業会計上の資産または負債の額と，課税所得計算上の資産または負債の額に相違がある場合において，法人税その他利益に関連する金額を課税

標準とする税金（以下「法人税等」という）の額を適切に期間配分することにより，法人税等を控除する前の当期純利益と法人税等を合理的に対応させることを目的とする手続である。(下線部筆者)」としています。この下線部分はどういうことを意味するでしょうか。法人税等は税金費用のことですが，上記仕訳の知識を前提に，損益計算書上それがどのように表示され，その仕訳がどういう意味合いを持つか以下の設例で考えてみましょう。

〔設例 1〕

会計上の税引前利益が$100,000，当期は以下の一時差異があり，これは次年度において全て解消したものとする。次年度の税引前利益も同じく$100,000で，次年度の一時差異は他にない場合，税効果会計を適用しない場合の税引前利益以下の損益計算書を表示せよ。なお実効税率は現在，将来共々にわたって40％を仮定する。

① 税務上の減価償却超過額　$10,000
② 製品保証引当金　$40,000

（解答）

当　期		次　年　度	
Pretax income	$100,000	Pretax income	$100,000
Income tax expense	$52,000	Income tax expense	$28,000
Net income	$48,000	Net income	$72,000

これまでみてきたように，税金費用は税引前利益にではなく課税所得に実効税率を乗じて計算します。ここで当期の課税所得は

$100,000＋$40,000（損金不算入）－$10,000（損金算入）＝$130,000

よって，当期の確定納税額は$130,000×40％＝$52,000となります。

一方次年度の課税所得は，税引前利益は当期と同じでかつ当期の一時差異が来年度解消され，①は損金不算入，②は損金算入となりますから，

$100,000－$40,000＋$10,000＝$70,000

よって次年度の納税額は$70,000×40\%=\$28,000$となります。なお会計上の仕訳は第27章を参照してください。従ってそれぞれの損益計算書の税引前利益以下の表示は，上記解答のとおりです。

これをみると，税引前の利益は同じでありながら，税引後利益が全く異なっていることがわかりますが，これでは「法人税等を控除する前の当期純利益と法人税等との合理的な対応がとれている」とはいえません。本来税引前利益が同じであれば，税金を会計上の費用と考えた場合，同じ額の税金が計上されるべきといえるはずですし，投資家が投資意思決定用として財務諸表を使う際も，税引前利益まで同じでいながら，税引後利益が年度によって異なるのでは，意思決定の判断材料としても困ることでしょう。

では税効果会計を適用した場合どうなるでしょうか。

〔設例2〕

設例1で税効果会計を適用した場合の損益計算書を表示せよ。

（解答）

当　　　　期			次　年　度		
Pretax income		$100,000	Pretax income		$100,000
Income tax expense			Income tax expense		
Current	$52,000		Current	$28,000	
Deferred	($12,000)	$40,000	Deferred	$12,000	$40,000
Net income		$60,000	Net income		$60,000

税効果会計を適用した場合，①税務上の減価償却超過額と，②製品保証引当金について，それぞれ以下の仕訳が計上されます。

① Income tax expense-deferred　　$4,000

　　　　　　　　Deferred tax liability　　　　　$4,000

② Deferred tax asset　　$16,000

　　　　　　　　Income tax expense-deferred　$16,000

このような場合，繰延税金資産・負債，及び借方，貸方の税金費用調整額は相殺します。よって①と②を相殺後の合算仕訳は，

③　Deferred tax asset　　　　　　　$ 12,000
　　　　　　　Income tax expense-deferred　　$ 12,000

となります。一方，次年度においては差異がすべて解消され，差異の解消時点では当年度の税効果の仕訳の逆仕訳を切り，もとの状態に戻してやるわけですから，これも③の合算仕訳で考えて

④　Income tax expense-deferred　$ 12,000
　　　　　　　Deferred tax asset　　　　　　　$ 12,000

となります。以上を考えて損益計算書の表示をみてみましょう。なお税効果会計を適用する場合，課税所得に実効税率を乗じて計算した法人税の納税額はIncome tax expense-current で表示しています。

③では税金費用調整額は貸方ですから，当期の税金費用の表示上はマイナス，一方④では借方ですから，次年度はプラスとなることに注意してください。

これをみれば，会計上の税金費用を実際の**納税額（current）**と，**税金費用調整額部分（deferred）**とに分け，その合計で考えており，税引前利益が同額であれば，それに対応する税金費用も会計上の費用として，税引前利益に税率40％を乗じて計算した$40,000になっており，きれいな対応がとれていることがわかります。すなわち，税金も**発生主義の原則（accrual basis）**に従い認識され，会計上の利益に対し費用・収益対応の原則が図られていることになり，税引前利益と税金費用の合理的な対応がとれているといえるでしょう。

なお本設例では，次年度については新たな一時差異は発生せず，税効果は当年度の解消仕訳だけでしたから，当年度の逆仕訳を切るだけで済みましたが，一般には各年毎に期末時点の一時差異に税効果を認識したあと，繰延税金資産・負債を相殺し，仮に期首及び期末ともに相殺後，繰延税金資産が残れば期首と期末の差額の追加仕訳を行います。これも設例にて確認します。

28 税効果会計(4) －繰延税金資産と繰延税金負債－

〔設例3〕

当期までの数値は設例2と同じで，次年度の税引前利益が＄120,000，前年度の一時差異はすべて解消し，次年度の一時差異は①前受家賃＄8,000，②税務上減価償却超過額が＄50,000とする。このとき次年度の損益計算書の税引前利益以下を表示せよ。法定実効税率は将来共々40％とする。

(解答)

当　　　　期			次　　年　　度		
Pretax income		$100,000	Pretax income		$120,000
Income tax expense			Income tax expense		
Current	$52,000		Current	$19,200	
Deferred	($12,000)	$40,000	Deferred	$28,800	$48,000
Net income		$60,000	Net income		$72,000

次年度の課税所得は

$120,000＋$8,000－$50,000－$40,000＋$10,000＝$48,000

よって納税額は40％を乗じて＄19,200。一方次年度末の税効果会計の仕訳は

① Deferred tax asset　　　　　　　　$3,200 (＝$8,000×40％)
　　　Income tax expense-deferred　　　　$3,200

② Income tax expense-deferred　　$20,000
　　　Deferred tax liability　　　　　　$20,000 (＝$50,000×40％)

よって期末時の税効果を①と②を合算し，

③ Income tax expense-deferred　　$16,800
　　　Deferred tax liability　　　　　　$16,800

一方，期首時点の税効果の仕訳は｜設例2｜より，

④ Deferred tax asset　　　　　　　　$12,000
　　　Income tax expense-deferred　　　　$12,000

よって次年度の税効果の調整仕訳は④の期首の仕訳を③の期末時の仕訳にす

るための差額仕訳となりますから，

 ⑤ Income tax expense-deferred $28,800
    Deferred tax liability $28,800

となります。これは中学校レベルの数学の話で，借方をプラス，貸方をマイナスとすれば引き算で⑤の調整額は出てきます。期首は繰延税金資産で$12,000，期末は繰延税金負債でマイナス$16,800ですから，差額はマイナス$16,800－$12,000＝マイナス$28,800となり，貸方ですから繰延税金負債で調整します。また税金費用調整額の勘定は同じですが，同様に期末は借方でプラス，期首は貸方でマイナスですから，マイナスのものを引けば，マイナスとマイナスでプラスになりますから，

  $16,800－(－)$12,000＝$16,800＋$12,000＝$28,800

となり，プラスの値をとりますから，税金費用調整額は借方に生じ，よって⑤の調整仕訳になることがわかります。

 以上を基に損益計算書の表示をみていきます。

 税効果を考慮した会計上の税金費用の額は，いずれも税引前利益に実効税率の40％を掛けた額に等しくなっており，言い換えれば税引前利益の60％が税引後当期純利益となっていることがわかります。これより税効果会計の適用により，たとえ税引前利益や一時差異の計上額が毎年違う場合でも，税引前利益と税金費用の合理的な対応が図られているといえます。

(5)　繰延税金資産の回収可能性（realization of deferred tax asset）

 これまでみてきたように，繰延税金資産を計上するのは，一時差異が将来の課税所得から控除でき税負担を軽減するからです。ということは仮に将来において課税所得が十分に発生せず，繰延税金資産を認識した一時差異の全額が控除しきれなかった場合はどうなるでしょうか。

 仮に01年度将来減算一時差異が$100,000あり，これが02年度において控除されるものとし，次年度の税率を40％とした場合，繰延税金資産が$40,000（＝$100,000×40％）計上されます。しかし，02年度になって課税所得が

＄80,000しかなかったとします。この場合，控除される一時差異は課税所得を限度とします（課税所得を超えて一時差異を控除し，欠損金とすることはありません）から，01年度の将来減算一時差異＄100,000のうち＄80,000しか控除できず，＄20,000余ってしまいます。

すなわち，01年度では02年度の課税所得を＄100,000控除でき，結果として02年度の税金費用を＄40,000軽減するものとして繰延税金資産を計上したわけです。これに対し，実際の税金費用は＄32,000（＝＄80,000×40％）だけですから，＄32,000だけの税金の軽減効果しかなく，差額の＄8,000（＝＄40,000－＄32,000）だけ資産の過大計上が生じていたことになるわけです。また01年度の損益計算書においてそれだけ税金費用が軽減されていますから，同時に利益の過大計上にもつながるわけです。

このように，繰延税金資産を計上する場合，資産，利益の過大計上とならないよう，将来において本当に計上額だけの税金費用の軽減効果を有するものかどうか（これを繰延税金資産の実現可能性または回収可能性といいます），厳しくチェックされなければいけません。

したがって仮に将来の期間において課税所得が十分に発生せず，一時差異につき全額控除が見込まれず，繰延税金資産の回収不能な率が50％を超えた場合（more likely than not），回収不能額を**評価性引当金（allowance to reduce deferred tax assets）**として計上し，繰延税金資産について貸借対照表上，売掛金に対する貸倒引当金と同様の表示をします。

なお，「50％を超える可能性」についての判定にあたっては，将来の課税所得や既存の加算一時差異の将来にわたっての取崩しなどの将来の課税所得の源泉を基に，近年の累積損失や過去の繰越欠損金の期限切れの実績等の消極的証拠，並びに将来十分な課税所得を生み出す既存の契約や確定受注残高等の積極的証拠の双方を考慮し，消極的証拠が積極的証拠を打ち消すほど多い場合には，評価性引当金の計上が必要となります。

これについてはSFAS 109号以外に，日本の監査委員会報告第66号「繰延税金資産の回収可能性に関する監査上の取扱い」が詳しいので，そちらを参照し

てください。

〔設例4〕
　長期の繰延税金資産が＄20,000計上されているが，このうち20％部分につき，実現しない可能性が50％を超えている。このとき必要な仕訳と貸借対照表上の表示を示せ。
(解答)
＜仕訳＞

　　　Income tax expense-deferred　　＄4,000
　　　　　　　　　Allowance to reduce deferred tax assets　　＄4,000

＜貸借対照表上の表示＞

　　　Deferred tax assets　　　　　　　　　　　　　＄20,000
　　　Less allowance to reduce deferred tax assets
　　　to expected realizable value　　　　　　　　　(＄4,000)
　　　　　　　　　　　　　　　　　　　　　　　　　＄16,000

当初の長期の繰延税金資産の計上仕訳は
　　　Deferred tax assets　　＄20,000
　　　　　　　　　Income tax expense-deferred　　＄20,000
これにつき実現不能額＄4,000（＝＄20,000×20％）の仕訳は，
　　　Income tax expense-deferred　　＄4,000
　　　　　　　　　Allowance to reduce deferred tax assets　　＄4,000
となり，貸方に評価性引当金を計上します。
　貸借対照表上は固定資産の区分で，上記のようになります。
　なお回収可能性についての疑いがなくなった場合には，先に行った実現不能額の仕訳を取り消すため，逆仕訳を行います。

28 税効果会計(4) －繰延税金資産と繰延税金負債－

(6) 繰越欠損金の税効果

① 繰越欠損金と一時差異の類似点

第27章で，米国では繰越欠損金が将来の課税所得から20年間にわたり控除可能であることをみましたが，これも将来の課税所得を減らし税負担を軽減させるという意味で，将来減算一時差異と同じ効果を持つものといえます。よって繰越欠損金についても繰延税金資産を認識することになります。

② 欠損金と税効果会計適用時の表示

欠損金は繰越控除の他に繰戻還付もあるわけですが，税効果を適用した際の総合的な設例をみていきます。

〔設例5〕

A社は07年に＄800,000の欠損金が生じた。05年，06年における課税所得の合計は＄500,000でこれにつき，欠損金の繰戻還付を請求することとし，残りにつき欠損金の繰越控除を選択することとした。控除対象年度において課税所得と税引前利益は一致しており，法定実効税率はすべての年度において40％である。必要な仕訳と，損益計算書の表示を示せ。なお欠損金の繰延税金資産の実現可能性につき問題はない。

（解答）

<仕訳>

  Tax fund receivable ＄200,000
         Benefit due to loss carryback ＄200,000
  Deferred tax asset ＄120,000
         Benefit due to loss carryforward ＄120,000

<損益計算書の表示>

  Loss before income taxes   （＄800,000）
  Less：
    Benefit due to loss carryback ＄200,000

| Benefit due to loss carryforward | $120,000 | $320,000 |
| Net loss | | ($480,000) |

課税所得と税引前利益は一致していることから、永久差異、一時差異共になく損益計算書上の**税引前損失**（loss before income taxes）は欠損金と同額の$800,000。2年前まで課税所得につき払った税金分の還付を受けるので、還付額は$500,000×40％＝$200,000。

一方、還付請求に充当後の欠損金は$300,000（＝$800,000－$500,000）でこれが将来の所得から控除されるので、税負担の軽減額として借方に繰延税金資産、貸方に**欠損金繰越の税務上の恩典**（benefit due to loss carryforward）をそれぞれ$120,000（＝$300,000×40％）計上します。よってそれぞれの仕訳は解答の通りになります。

そして損益計算書上の表示は以下のようになります。

Loss before income taxes		($800,000)
Less：		
Benefit due to loss carryback	$200,000	
Benefit due to loss carryforward	$120,000	$320,000
Net loss		($480,000)

すなわち、欠損金の還付金と繰越控除による収益分だけ、税引前純損失が、減少するわけです。

なお仮に設例において、将来20年間の所得が$200,000と見込まれ、差額の$100,000（＝$300,000－$200,000）については、実現不能となる可能性が50％を超えている場合、(4)でみましたように、評価性引当金の計上が必要になりますので、以下の仕訳が必要となります。

Benefit due to loss carryforward　　$40,000（＝$100,000×40％）
　　　　　　Allowance to reduce deferred tax assets
　　　　　　　to expected realizable value　　　　　　$40,000

28 税効果会計(4) ―繰延税金資産と繰延税金負債―

(7) 関係会社に対する投資と繰延税金（deferred tax related to business investments）

持分法（第16章参照）で，X社がY社の普通株式の20％以上を保有する場合，Y社の営業及び財務の方針に対して重要な影響力を行使することができるとして，X社の個別財務諸表上においてY社株式を持分法で評価することをみました。この場合Y社の利益確定時に，利益にX社の持分を掛けた額だけ，Y社への投資勘定を増加させ収益を認識し，また配当金の受取時には，配当によりY社の会社財産が流出し，それに持分比率を掛けた額だけY社への投資勘定が減少することとなります。

従って会計上はY社の利益確定時に収益が認識されるのですが，税務上はY社からの配当受取時に益金が認識され課税されるか，またはY社株式の売却時にその売却益に対し課税されるかのいずれかになり，その意味でY社利益に対する収益と益金の認識時点にずれが生じ，益金の認識時点が後のため，将来加算一時差異が発生することになります。以下設例で処理を確認します。

〔設例6〕

X社はY社株式を25％取得し，持分法を適用している。2007年度のY社の純利益及び配当総額はそれぞれ，＄400,000，＄80,000であった。受取配当金の益金不算入制度により，配当金の80％が益金不算入となる。他に一時差異はなく，次年度以降も実効税率を40％とした場合，必要な仕訳を示せ。

（解答）

＜未分配利益を将来全部配当として受け取る場合＞

Income tax expense－current　　＄1,600
　　　　　　　　　　　　　（＝現在の課税額＄4,000×40％）
　　　　　　Income tax payable　　＄1,600
Income tax expense－deferred　　＄6,400（＝＄16,000×40％）
　　　　　　Deferred tax liability　　＄6,400

<Y社株式売却の売却益により未分配利益が益金となる場合>

  Income tax expense－current $1,600
      Income tax payable $1,600
  Income tax expense－deferred $32,000(＝$80,000×40％)
      Deferred tax liability $32,000

 07年における会計上の収益はY社利益に対する持分の$100,000(＝$400,000×25％)，これに対し税務上の益金は配当金部分の$20,000(＝$80,000×25％)となりますが，受取配当金の益金不算入制度（ＤＲＤ）により，このうち80％部分は永久差異として益金不算入となりますから，実際に課税対象となるのは残りの20％分の$4,000(＝$20,000×20％)になります。

 ここで会計上の収益$100,000とＤＲＤ考慮前の配当金の額$20,000との差額の$80,000は，税務上はY社利益の**未分配利益額**(undistributed income)として考えられますが，将来的に税務上いくらの益金となるかは，この未分配利益額をどのようにして受け取るかによって違いが出てきます。

 ① 未分配利益を将来全部配当として受け取る場合

 このときやはりＤＲＤにより，配当の80％分は永久差異となり20％のみが課税対象となります。よってX社が配当として受け取る未分配利益$80,000のうち，$16,000(＝$80,000×20％)が将来加算一時差異となります。よって仕訳は

  Income tax expense-current $1,600（＝現在の課税額$4,000×40％）
      Income tax payable $1,600
  Income tax expense-deferred $6,400（＝$16,000×40％）
      Deferred tax liability $6,400

となります。

 ② Y社株式売却の売却益により未分配利益が益金となる場合

 配当金の場合は，ＤＲＤにより20％部分だけが課税されますが，売却による売却益の場合，全額が益金となりますから，未分配利益全額が将来加算一時差

異となります。よって,

   Income tax expense-current $1,600
       Income tax payable $1,600
  Income tax expense-deferred $32,000（＝$80,000×40％）
       Deferred tax liability $32,000

となります。

第2部 特殊会計編

29 年金会計

本章では，会社が従業員の退職後に支払う退職年金に係る年金会計（pension accounting）を学習します。

基本例文 1

Contribute $ X to the pension fund
コントゥリビュート Xダラー トゥ ザ ペンション ファンド

年金基金にXドルを拠出する

■ ABC Co. **contributed** $100,000 to the pension fund during 2007 fiscal year.
（ＡＢＣ社は2007年度において，年金基金に10万ドルを拠出した）

ここがポイント！ contribute は「貢献する」のほか，「（資金を）拠出する」の意味にも使われる。名詞形の contribution なら「拠出金」，pension fund は「年金基金」。

基本例文 2

Amortize the transition loss[/gain] over X years
アモタイズ ザ トゥランジション ロス ゲイン オウヴァー イヤーズ

移行時差異をＸ年で償却する

■ **The transition loss is** being **amortized** over 15 **years** by the straight-line method.
（移行時差異は，定額法により15年にわたり償却されている）

ここがポイント！ 「償却する」は，上記の例や無形固定資産の場合にはamortizeを使うが，建物等の有形固定資産についてはdepreciateを用いることに注意。

▶▶▶関連用語
benefit(s)　給付　　　　actuary　年金数理人（アクチュアリー）
projected benefit obligation　予測給付債務
accumulated benefit obligation　累積給付債務
pension cost　年金費用

解説

(1) 年金制度の概要

年金（pension benefit）は，従業員の退職後に会社から支払われる金銭をいい，企業年金制度では，将来の年金支払原資に充当するため，定期的に金銭等を年金基金に拠出しますが，この拠出金がcontributionと呼ばれます。一方年金基金では，この拠出金を株や債券等の金融資産で運用し，利益を稼ぎますが，この拠出金の元本および果実たる利益が将来の年金原資となるわけで，この全体を**年金資産**（plan assets）といいます。

そして従業員の退職後に年金基金から支払われる金銭（年金）が，benefitと呼ばれます。

(2) 企業年金制度の種類

企業年金制度には以下の2つの方式があります。

① 確定拠出年金制度（defined contribution pension plan）

確定拠出年金制度では，会社が毎期支払う掛金としての拠出金の額が確定され，その額と運用実績に応じ受け取る年金の額が決まるというものです。運用実績による将来の年金の変動リスクは，従業員が負うもので，その意味では従

業員にとっては，後でみる確定給付年金制度のほうが望ましいのですが，日本でも昨今は確定拠出年金制度に切り替える企業が多く出ています。

この場合の会計処理は単純で，以下のようになります。

期末（拠出が後払い）

Pension expense（年金費用）　　××

　　　　Accrued pension cost（未払年金費用）　××

年金拠出時

Accrued pension cost　　××

　　　　Cash　　　　　　　　　　　　　　　　××

すなわち，確定した拠出額を毎期年金費用として，計上することになります。

② 確定給付年金制度（defined benefit pension plan）

確定給付年金制度では，将来年金として受け取る給付金の額を，退職金規定などに基づき計算しあらかじめ規定しており，具体的には以下の算式により給付額が決まります。

退職時の予想給料×予想勤続年数×会社が定めた掛率

この場合あらかじめ給付額が確定しているため，年金基金の運用実績の変動リスクは従業員ではなく会社が負うわけですから，先に述べたように，日本においても年金会計に相当する退職給付会計が導入された後，いわゆる401kプランとして知られる確定拠出型年金制度に切り替える企業が多く出てきているわけです。

会計処理は後で見ますが，先の給付額算定の算式の要素を見ればわかりますように，勤続年数一つをとっても，途中での死亡や転職による離職等の要因もありますから，単純に現時点から定年までの年数を見積もればいいわけでなく，将来に関する複雑な見積もりの要素が非常に強くなり，これらの計算については，年金数理人（actuary：アクチュアリー）と呼ばれる専門家に任せることになります。

(3) 年金会計の意義

かつて1980年以前の米国においては、年金についての会計処理は、年金基金への拠出金を費用処理するだけのものでした。確かに確定拠出年金制度において、この処理はふさわしいものです。

しかし、確定給付型年金制度の場合、そもそも年金は従業員の労働提供の対価に伴う賃金の後払いとしての性格が強く、拠出金による年金基金への積立いかんにかかわらず、従業員から毎期労働力の提供を受けるごとに、退職金の支払義務が発生しており、それに相当する分を年金費用として費用計上すべきものといえます。すなわち年金費用についても、発生主義の観点から毎年従業員から労働力のサービスを受けるつど、年金費用を認識すべきとの声が高まり、現在の年金会計につながったわけです。年金会計の基本は、現在従業員に支払うべき年金の額と、その原資である年金資産を比較し、その差額を年金の積立不足額として、年金債務として認識することといえます。

(4) 年金債務(pension obligation)の種類

年金は会社側にとっては将来従業員に支払うものですから、当然債務になります。その年金債務については、以下の3つのものがあります。

① 予測給付債務(projected benefit obligation:PBO)

従業員が退職金をもらえるまでには、通常は一定の勤続年数を要件としますから、すると全従業員につき、一定の勤続年数を経過してないためいまだ退職金の権利が発生していない従業員(受給権未取得者)と、すでに権利を得ているもの(受給権者)とに分けることができます。

ここでPBOは、受給権の有無にかかわらず全従業員について、将来の昇給を見越して退職時の給付額を算定し、これを勤務期間等を基準として当期末までに発生している額に按分し、それを一定の割引率により退職時から現時点までの期間で、現在価値に割り引いて計算します。

② 累積給付債務(accumulated benefit obligation:ABO)

ABOは、PBOと異なり、将来の昇給を考慮に入れず現在の給与水準に基

づき計算したもので，それ以外の要素は全てPBOと同じです。

　③　**確定給付債務**（vested benefit obligation：VBO）

　VBOは，受給権を取得した従業員についてのみ，将来の昇給を加味せず，現在の給与水準に基づき退職時の給与額を算定し，それを現在価値に割り引いたものをいいます。

　これを図で示すと，以下のようになります。

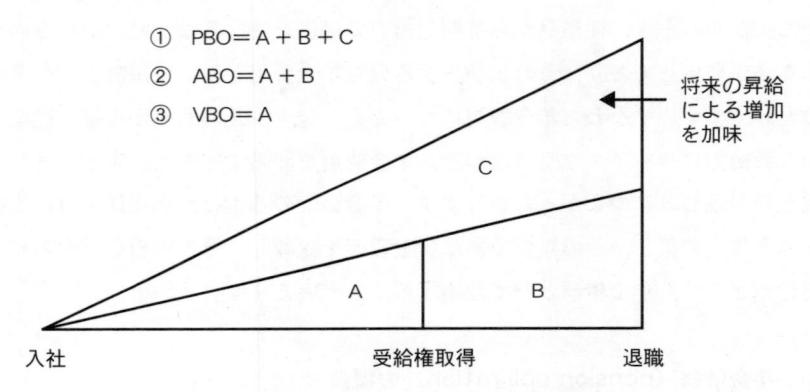

① PBO＝A＋B＋C
② ABO＝A＋B
③ VBO＝A

将来の昇給による増加を加味

入社　　受給権取得　　退職

(5)　**当期年金費用**（net periodic pension cost）の構成要素

　年金費用として計上する金額は以下の通りで，このうち①，②の値はプラスですが，③以下についてはマイナスの値をとることもあります。当期年金費用を算定する場合は，③のみ減算し，あとはすべて加算します。また費用ですから，貸方は年金負債である**未払年金費用**（accrued pension cost）が計上されます。

　①　**勤務費用**（service cost）
　②　**利息費用**（interest on projected benefit obligation）
　③　**年金資産の実際運用利回り**（actual return on plan assets）
　④　**過去勤務債権・債務の償却費**（amortization of unrecognized prior service cost or credit）
　⑤　**SFAS 87号の適用により生じた移行時差異の償却額**（amortization of unrecognized net transition obligation or asset）

⑥ 利益又は損失（gain or loss）
（ⅰ）実際運用収益から期待運用収益への修正（return adjustment）
（ⅱ）純損益（数理計算上の差異）の償却（amortization of the net gain or loss）

以下それぞれの内容を説明します。

① 勤務費用

　勤務費用は，当期従業員から労働力の提供を受けたことによる，ＰＢＯの増加額をいいます。仮に退職時の給料を＄50,000，予想勤続年数を3年，会社の定めた掛率を3％とすれば，退職金は＄4,500（＝＄50,000×3年×3％）となります。すると勤続1年で将来もらえる退職金は，退職時までの勤続年数で按分した＄1,500（＝＄4,500÷3）となります。しかし，これは初めの1年間勤務したことにより，退職時，すなわち1年目の終わりから起算して2年後の将来にもらえる金額です。したがってこれを現在の価値に割り引く必要があり，今割引率を2％と仮定すると，

$$\$1,500 \times \frac{1}{(1+0.02)^2} = \$1,500 \times 0.961 = \$1,442 \quad \left(\begin{array}{l}\text{小数点以下四捨五入。}\\ \text{以下同じ}\end{array}\right)$$

と計算され，これが1年目の勤務費用の額となります。なお割引率はリスクフリーレートである，割引年数に対応した国債の利子率や，優良社債の利子率を用います。

　また2年目の勤務費用はというと，これは1年間働くことにより，2年目の期末から起算して1年後に＄1,500をもらえるわけですから，

$$\$1,500 \times \frac{1}{(1+0.02)} = \$1,500 \times 0.980 = \$1,470$$

となります。

② 利息費用

　利息費用は時の経過に伴うＰＢＯの増加額をいいます。ＰＢＯは債務ですから，利息がある世界では債務には当然利息が発生するわけです。利息は現在価値を計算する際の割引率を使いますから，

利息費用＝期首ＰＢＯ×利子率（＝割引率）

と計算でき，2年目の利息費用は上記の数値例では＄29（＝＄1,442×2％）となります。

③ 年金資産の実際運用収益

年金資産は，年金基金が管理するものであり，会社が直接管理するものではありません。よって年金資産の増加要因となる年金資産の実際運用収益につき，会社が直接管理してないので年金資産の増加としては仕訳できないのですが，先にも述べましたように年金会計では，必要年金支払額から年金資産を引いた積立不足額を年金債務として計上しますから，年金資産が増えるということは結局年金債務が減少することと同じと考えてよいわけです。したがって年金資産の実際運用収益は年金債務を減らすものとして，当期年金費用の控除項目となります。なお年金資産の動きは，以下の様に図解するとわかりやすいでしょう。

年金資産

期首残高 0	
拠出金 500	給付金 325
	期末残高 200
運用収益 25	

資産ですから，通常の資産と同様の勘定分析になり，給付金の支払いがあった場合は年金資産の減少として貸方に，拠出金は年金資産の増加ですから借方に計上されます。運用収益については，実際マイナスとなることもあるわけですが，便宜上素直なケースとしてプラスを想定し，資産の増加要因として借方にのせ，あとは期首残高を借方，期末残高を貸方に記載すれば，貸方と借方の差額として計算されます。結果として数字がマイナスなら運用損失が生じたことになります。なおここでは期首残高はゼロ，期末残高を＄200で期首に＄500

を拠出，期末に＄325の給付金を払ったことにしています。

またこの図から，

　　実際運用収益＝期末年金資産－期首年金資産＋給付額－拠出額

と算定できます。

④　利益又は損失

ⅰ）　実際運用収益から期待運用収益への修正

　この項目は実際運用収益に関連するものですので，便宜上先に説明します。これは年金資産の期待運用収益と実際運用収益との差額であり，実際運用収益を期待運用収益に修正するものです。年金会計においては後でみるように，ＰＢＯ及び年金資産ともに期首の段階ではアクチュアリーが予想した見積で予測計算を行い，期末において実績値との修正を行います。したがって年金費用についても当初の仮定に基づいた期待値で計算されるわけですが，年金資産の収益についてだけは，年金費用の構成要素として実績値をあらかじめ別建てして計上し，後で期待値への修正を行うことで，当期の実際の収益がいくらあり，それは予定値と比べ有利であったかどうかを把握し，投資家保護を考えるわけです。

　先の例では１年目の期末年金資産が＄200でこれが２年目の期首の年金資産となるわけです。２年目における拠出金を期首に＄400行い，給付金をゼロとすれば，期待運用収益率を10％とした場合，期待運用収益は期首年金資産＄200に期首の拠出金＄400を足した＄600に10％を乗じて，＄60となります。実際運用収益を＄30（すなわち実際利回りは５％）とすれば２年目の利回り修正は，

　　　　　　　＄30－＄600×10％＝（＄30）

となるわけです。

　今これまでの構成要素だけで，２年目の当期年金費用を計算すると以下のようになります。

1)	勤務費用	$1,470
2)	利息費用	$29
3)	実際運用収益	($30)
4)	利益又は損失	
	ⅰ) 実際運用収益から期待運用収益への修正	($30)
	当期年金費用	$1,439

一方、当期の年金資産への拠出額は $400 で、年金費用の発生額だけ年金債務は増加するものの、年金資産への拠出で年金資産が増えた分だけ積立不足を表す年金債務は減りますから、以下の仕訳になります。

Pension expense	$1,439	
Cash		$400
Accrued pension cost		$1,039

すなわち年金費用と年金資産への拠出額とを比べ、年金費用の額が多ければ差額が貸方に生じますので、負債として年金債務である未払年金費用を計上しますが、仮に現金拠出額の方が多くなり、差額が借方に残れば**前払年金費用**（prepaid pension cost）を計上することになります。

⑤ **過去勤務債務・債権の償却額**

過去勤務債務・債権とは、年金制度の改定による給付水準の引上げ、または引下げに伴うPBOの過年度分の増加額又は減少額をいいます。例えば①の勤務費用の例で、会社の掛け率を3％としましたが、これが期首において年金制度の改正により5％に引き上げられた場合、当然PBOは増加することとなりますが、過去勤務債務は、PBOを制度改定時の期首時点で旧掛け率と新たな掛け率5％で計算した場合のその差額の増加分をいいます。これを図解でイメージすると以下のようになります。

29 年金会計

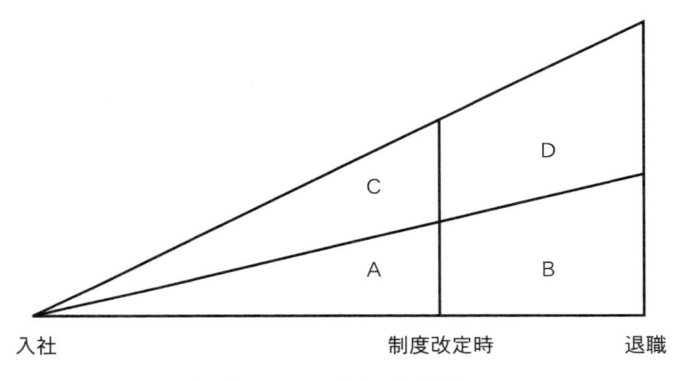

```
           D
      C
        A    B
入社      制度改定時    退職
```

　　　 i ）　3％の掛け率による退職時の給付額　A＋B
　　　ii ）　5％の掛け率による退職時の給付額　A＋B＋C＋D
　　　iii）　過去勤務債務　C

　会計処理ですが，2006年12月のSFAS158号の発効により，過去勤務債務は制度改正日において，税効果を考慮後**その他の包括利益（other comprehensive income）**を相手勘定として全額年金負債に計上することが必要となりました。例えば2年目の期首において年金制度の改正があり，掛け率が上昇したため，＄200の過去勤務債務が発生したとします。このとき，

　　　Other comprehensive income　＄200
　　　　　　　Accrued pension cost　　　　　　　　　＄200
　　　Deferred tax asset　　　＄80
　　　　　　　Deferred tax benefit-other comprehensive income　＄80

の仕訳を切るわけです。この場合，会計上の負債の額と税務上の負債の額とに差額が生じるので繰延税金資産（実効税率40％を仮定）が計上されますが，貸方については会計上の費用を経由して負債が増えたわけではなく，その他の包括利益を経由しており，費用と損金の認識時点の相違に基づく通常の一時差異とは異なるので，**税金費用調整額（income tax expense-deferred）**ではなく，その他の包括利益となります。よってその他の包括利益をネットすれば次の仕訳になります。

Other comprehensive income	$ 120
Deferred tax asset	$ 80
Accrued pension cost	$ 200

そしていったん上記のとおり，その他の包括利益に計上後，償却して当期年金費用の構成要素としますが，償却方法としては，

ⅰ) 従業員の**見積将来勤務期間**（expected future years of service）による級数法

ⅱ) 従業員の**平均残存勤務期間**（average remaining service periods）による定額法

の2つの方法があります。原則はⅰ) の方法ですが，計算が複雑であることから，継続適用を前提としてⅱ) の方法が認められており，実際のところ殆どの会社がⅱ) を適用しています。

ⅱ) は全従業員について，予想勤続年数を算出して合計後，過去勤務債務発生時の期末現在の従業員数で割って求めます。予想勤続年数を50年，従業員数を10人とすれば平均残存勤務年数は5年となります。よって2年目期首に認識した過去勤務債務の同年度における償却額は＄40（＝＄200÷5）となり，以下の仕訳を計上します。

Net periodic pension cost	$ 40
Other comprehensive income	$ 40
Deferred tax benefit-other comprehensive income	$ 16
Deferred tax asset	$ 16

当初過去勤務債務の増加に対応して，年金負債の認識と同時にその他の包括利益を減少させたわけですから，償却により年金費用が増えても，新たに年金負債を増やす必要はなく，その分，その他の包括利益を増額すればいいわけです。また償却により当初認識した税効果も解消しますので，償却額に応じ，繰延税金資産を取り崩すこととなります。

⑥ **SFAS 87号の適用により生じた移行時差異の償却額**

新たにSFAS 87号を適用する場合，当初は年金基金への拠出額を費用計上

していただけですから，多くの会社において実際に必要な年金給付額に対し大幅な積立不足が生じていました。これを一度に負債として認識し，費用処理すれば企業にとっては大ダメージとなることから，その積立不足額を移行時差異として，原則として過去勤務債務の償却に用いた平均残存勤務期間にわたり，均等に償却していくこととなりました。

具体的には以下のa）とb）の差額が移行時差異となります。

a） 適用初年度のPBOに未払年金費用を加算，または前払年金を減算した額

b） 年金資産の公正価値

⑦ **利益または損失**

ii） 純損益（数理計算上の差異）の償却

 i）でも述べましたが，年金会計は期首の時点においてアクチュアリーの算定した期待値による仮定計算を行いますので，必ず事後的に計算された実績値との乖離が生じてきます。この場合，予定は未定という言葉がありますように，あくまで実績値が正しい数字ですから，予定計算によるPBOや年金資産を期末時点において実績値に修正し，それを織り込んで予測値の見直しを行い，また次期以降のPBOと年金資産の予想数字を出していくことになります。

 この期首時点において予定計算により算定した，期末のPBOや年金資産の予想値と，期末時点の実績値との差額を**数理計算上の差異（actuarial loss or gain）**といいます。SFAS158号では，適用年度となる2006年末において算定した数理計算上の差異を，まず全額その他の包括利益に計上することを求めています。そして数理計算上の差異はある年度においてプラスとなるも，次年度においてはマイナスとなり，年度を通算してみれば互いに相殺される可能性も高いため，過去勤務債務と異なり，すぐに償却し年金費用の構成要素とするのではなく，**回廊アプローチ(corridor approach)**という特殊な方法で償却することとしています。

 これは年度毎に発生した数理計算上の差異は毎期，その他の包括利益

に計上され，その累計額が資本の部のその他の包括利益累計額に計上されていくわけですが，その期首残高がＰＢＯまたは**年金資産の市場連動価額（market-related value of plan assets）**のうち，いずれか大きいほうの10％を超えた場合には，その超過額につき，平均残存勤務期間で償却をするというものです。

　数理計算上の差異につきこうした償却方法をとるのは，長期的な趨勢をみた場合，先の10％の範囲の回廊内に落ち着いていく傾向があるため，その範囲外の金額については，長期的なトレンドを超えた異常値として償却をしようという考えに基づくものです。

(6) 当期年金費用の総合設例

以上をベースに次の設例で，当期年金費用の総合的な計算をみていきます。

〔設例1〕

　Ａ社は2006年12月よりSFAS158号を適用した。2006年12月末のＰＢＯと年金資産及び未認識の過去勤務債務，数理計算上の差異は以下の通りであった。過去勤務債務は期首に＄10,000発生し，2006年度において従業員の平均残存勤務年数10年で1年分の償却を行った後の金額である。数字の（　）は貸方にあることを表す。

　　ＰＢＯ　　　　　　　（＄100,000）
　　年金資産　　　　　　＄15,000
　　差額　　　　　　　　＄85,000
　年金債務として認識されていない項目（遅延認識項目）
　　過去勤務債務　　　　＄9,000
　　数理計算上の差異　　＄47,000
　　合計　　　　　　　　＄56,000

2006年度末において必要な仕訳を示せ。ただし税効果は無視する。

　（注）　なお，SFAS158号適用前においては，ＡＢＯと年金資産の差額を**最小債務**

(minimum liability) として，少なくともこれと同額の未払年金費用を計上しなくてはならないとされ，期末時点の未払年金費用計上額が最小債務額に満たない場合，差額分を未払年金費用として追加計上することとされていた（これを**追加計上最小債務**：additional pension minimum liability という）。追加計上最小債務の相手勘定の借方は，過去勤務債務の残高を上限として**無形固定資産 (intangible asset)**，それを超える場合は超過額をその他の包括利益としていた。従って追加計上最小債務の計上により，借方にその他の包括利益を計上していた場合，SFAS 158号の適用により修正の対象となるが，ここでは追加計上最小債務がなかったものと，仮定する。

(解答)

　　　Other comprehensive income　　$ 56,000
　　　　　　　　Accrued pension cost　　$ 56,000

　SFAS 158号適用前は，移行時債務，過去勤務債務及び数理計算上の差異はすべて未認識債務として簿外計上され，償却を通して少しずつ費用処理しながら，財務諸表上オンバランスしていく処理をとっていましたが，SFAS 158号適用により，それらは全て相手勘定をその他の包括利益として，全額未払年金費用に計上することが必要となりました。すなわち，SFAS158号適用前において，いくらの年金債務が計上されていたかというと，ＰＢＯから年金資産を引いた差額の$85,000から遅延認識項目の合計額$56,000を引いた$29,000のみ，未払年金費用が計上されていたわけです。

　これを図解すると次のようになります。遅延認識項目については，債務たる未払年金費用としてオンバランスされていないため，別途未払年金費用とは区別して借方にのせており，貸方のＰＢＯから年金資産と遅延認識項目を差し引いた$29,000だけ未払年金費用として認識されていることを意味します。

未払年金費用

年金資産 15,000	
数理計算上の差異 47,000	PBO 100,000
過去勤務債務 9,000	
未払年金費用 29,000	

しかし，SFAS 158号の適用により，遅延認識項目全額を一度に負債計上，すなわち積立不足額を全額負債計上することが必要となったわけです。この仕訳は上記解答のとおりです。

〔設例2〕

2007年における勤務費用は＄5,100，利息費用は＄3,200，期待運用収益は＄450，過去勤務債務の償却額は＄1,000とされた。

期首年金資産の市場連動価額を＄15,000，従業員の平均残存勤務期間を10年とした場合，今年度必要となる数理計算上の差異の償却額を求め，当期の年金費用を計算し，必要な仕訳を示せ。年金資産への拠出金は＄1,000とし，当期において年金資産からの給付はなかったものとする。

（解答）

＜数理計算上の差異の償却額＞

　＄3,700

＜当期年金費用＞

　＄12,550

<仕訳>
ⅰ) 過去勤務債務と数理計算上の差異を償却し,年金費用へ振り替える仕訳
　　Net periodic pension cost　$4,700 (=$1,000+$3,700)
　　　　　　　Other comprehensive income　$4,700
ⅱ) 上記以外の年金費用の計上仕訳
　　Net periodic pension cost　$7,850 (=$5,100+$3,200−$450)
　　　　　　　Accrued pension cost　　　　$7,850
ⅲ) 年金資産へ拠出金の支払い仕訳
　　Accrued pension cost　$1,000
　　　　　　　Cash　　　　　　　　　　　$1,000

　まず,数理計算上の差異の必要償却額ですが,PBOの期首残高は$100,000で年金資産の期首の市場連動価額は$15,000ですから,大きいほうはPBOでかつその10%は, $10,000 (=$100,000×10%)。期首の数理計算上の差異は,前期末の金額$47,000ですから, 償却額は

　　($47,000−$10,000)÷10=$3,700

と求まります。よって,当期年金費用は

　　①勤務費用$5,100+②利息費用$3,200−③期待運用収益$450
　　　+④過去勤務債務償却$1,000
　　　+⑤数理計算上の差異償却$3,700=$12,550

となります。

　次に必要な期末時の仕訳ですが,過去勤務債務及び数理計算上の差異を償却し,年金費用へ振り替える仕訳から先に行います。

　　Net periodic pension cost　$4,700(=$1,000+$3,700)
　　　　　　　Other comprehensive income　$4,700

　次に,上記の遅延項目の償却以外の年金費用の計上仕訳を行います。

　　Net periodic pension cost　$7,850(=$5,100+$3,200−$450)
　　　　　　　Accrued pension cost　$7,850

こちらについては，貸方の相手勘定は未払年金費用となり，期末のＰＢＯの構成要素となることに注意してください。一方過去勤務債務および数理計算上の差異については〖設例１〗でみたように発生時にその他の包括利益を相手勘定として未払年金費用に振り替えたため，それらを償却し年金費用に計上するときは，貸方において以前に計上したその他の包括利益を取り崩すことになります。

一方，年金資産へ拠出金の支払い仕訳は次のとおりです。

　　　Accrued pension cost　＄1,000
　　　　　　　　　　　Cash　＄1,000

なお拠出金の支払時に現実増えるのは年金資産ですが，実際（期待）運用収益を年金費用の控除項目としたのと同じで，年金資産は年金基金が管理しており，会社が仕訳を起こす場合自分が管理していない年金資産を増やすわけにはいかず，年金資産が増えることによって積立不足が解消されるので，代わりに年金債務の減少仕訳を起こすわけです。

この場合期末の予想ＰＢＯは，

期首＄100,000＋（遅延項目以外の年金費用増加分 年金資産の増加となる期待運用収益を除く）＄8,300＝＄108,300

また，期末の予想年金資産は，

　＄15,000＋期待運用収益＄450＋拠出金＄1,000＝＄16,450

となります。

〔設例３〕
　期末においてＰＢＯの実績値は＄109,300と算定され，年金資産の実績値は予想と同じであった。このとき，必要となる仕訳を示せ。

（解答）
　　Other comprehensive income　＄1,000
　　　　　　　　　　Accrued pension cost　＄1,000

ＰＢＯの予想値＄108,300に対し，実績値は＄109,300ですから，＄1,000だけ債務計上が不足していますから，数理計算上の差異が損失として生じていることになります。よって期末時において同額の年金負債の追加計上を行い，上記の仕訳を行います。

第2部 特殊会計編

30 キャッシュ・フロー計算書

　本章では，現金の収入・支出の状況を営業，財務及び投資という3つの活動に分けて示した**キャッシュ・フロー計算書**（statement of cash flow）についての作成方法を学習します。

● 基本例文 1

Net cash provided by operating activities amounted to $ X.

営業活動によるキャッシュ・フローはXドルになった[増加した]。

■ **Net cash provided by operating activities amounted to** $2 million, up 15% from the previous year.
（営業活動によるキャッシュ・フローは，200万ドルに達し，前年比15%の増加であった）

ここがポイント！　provided by ～ で，キャッシュ・フローが増加し，正味現金収入が生じていることがわかる。「～によるキャッシュ・フロー」については，cash provided by ～ の他に cash generated from ～ という言い方もできる。

● 基本例文 2

Net cash used in investing activities increased $ X to $ Y.

投資活動によるキャッシュ・フローは，Xドル増加しYドルのマイナスとなった。

■ Net cash used in investing activities increased $3 million to $8 million.

（投資活動によるキャッシュ・フローは，3百万ドル増加し8百万ドルのマイナスとなった）

ここがポイント！　used in ～ 部分でキャッシュ・フローがマイナスであることがわかる。投資活動によるキャッシュ・フローがプラスで，正味現金収入が生じた場合は，provided by ～ を用いるが，それがマイナスの場合には，used in ～ が使われることを覚えておこう。

▶▶▶関連用語
proceeds from ～　　～からの収入
be deducted from net income　当期純利益からマイナスされる
be added back to net income　当期純利益にプラスされる

解 説

(1) キャッシュ・フロー計算書（statement of cash flow）の意義

　キャッシュ・フロー計算書は，会社の現金の収支を，**営業（operation），投資（investment），財務（finance）**の3つの活動に分けて解明したものです。読者の方は「黒字倒産」という言葉を聞かれたことがあると思いますが，これは損益計算書において純利益が計上されているにも係らず，資金繰りに行き詰まり，倒産してしまうことです。例えばある会社が2007年において2万ドルの商品を仕入れ，それを5万ドルで売却し，ほかに何ら収益，費用がない場合損益計算書では，3万ドルの利益が出ます。しかしだからといって，3万ドルの現金が手許に残るわけではありません。なぜなら損益計算書上の収益，費用は，現金の出入りを示す収入，支出とイコールではないからです。

　仮に2万ドルの商品の仕入を全額現金で行ったとすると，支出は2万ドルに

なります。しかし，5万ドルの販売は掛けで行い，代金の回収が翌年になったとしますと，今年度の収入はゼロです。すると，損益計算書では，3万ドルの利益が出ているにも係らず，現金ベースでは2万ドルの支出超過となり，むしろ赤字となっています。仮に売掛金の回収が予定通り翌期に行われれば，来期に5万ドルの収入があってトータルでみれば，3万ドルの利益が現金となって手許に残るわけですが，もし相手先が倒産したら，どうでしょうか？

5万ドルの回収は永遠に行われず，3万ドルの利益は現金ベースでは永遠に2万ドルの支出超過となってしまい，こうした状態が累積していけば，会社は早番資金繰りに行き詰まり，倒産してしまうことでしょう。

この事例からもわかるように，キャッシュ・フロー計算書は利益と現金収支との差異の原因の解明に役立つとともに，企業の債務弁済能力，配当支払能力や資金繰りの状況等の情報を提供しますから，ある意味損益計算書以上に大事なものといえます。損益計算書でいくら利益が出ていたところで，最終的にその利益が現金として回収されなければ，砂上の楼閣となってしまうからです。

(2) キャッシュ・フロー計算書における現金の意義

キャッシュ・フロー計算書は現金の収支を解明するものですが，ここでいう現金は**現金及び現金同等物（cash and cash equivalents）**を指します。米国でいうcashは手許現金のほか，普通預金や当座預金等の要求払い預金を意味し，cash equivalentsは，**取得日から満期日まで3ヵ月以内の短期的な流動性の高い投資（highly liquid investments with an original maturity of three months or less）**で，具体的にはコマーシャルペーパーや，有価証券等が含まれます。

(3) キャッシュ・フロー計算書の区分

キャッシュ・フロー計算書は企業の活動を営業，投資，財務の3つの区分に分け，そのそれぞれの活動毎に現金の収支を示します。次にそれぞれの代表的なものを挙げましょう。

① 営業活動によるキャッシュ・フロー（Cash flows from operating activities）

現 金 収 入	現 金 支 出
・売上代金の回収 ・利息の受取り ・配当金の受取り ・売買目的有価証券の売却	・仕入代金の支払い ・税金の支払い ・利息の支払い ・売買目的有価証券の購入

② 投資活動によるキャッシュ・フロー（Cash flows from investing activities）

現 金 収 入	現 金 支 出
・固定資産の売却 ・貸付金の元本の回収 ・売買目的有価証券以外の有価証券の売却	・固定資産の購入 ・他社への貸付 ・売買目的有価証券以外の有価証券の購入

③ 財務活動によるキャッシュ・フロー（Cash flows from financing activties）

現 金 収 入	現 金 支 出
・新株発行による資金調達 ・負債による資金調達	・配当金の支払い ・負債の元本の返済 ・自己株式の購入

　投資活動及び財務活動には，損益計算書に影響する項目は含みません。よって，負債による利息の支払い，貸付による利息の受取り及び有価証券購入による配当金の受取りについてはすべて，損益項目であるため，営業活動に区分されます。なお配当金の支払いについては，損益項目ではなく，税引き後利益が内部留保として貸借対照表項目となった**利益剰余金（retained earnings）**からの支払いですから，まさに財務活動となります。

　また自己株式の購入については，購入後資本からの控除項目となりますから，財務活動に分類されます。なお営業活動はまさに会社の本業によってどれだけ現金を稼ぎ出すかを示すものですが，上記からもわかるように，投資活動，財務活動に分類されないものも含むことになります。

(4) 直接法（direct method）と間接法（indirect method）

営業活動によるキャッシュ・フローの作成方法として，営業収入，商品の仕入支出など，各取引ごとにその収入と支出を総額で表示する直接法と，損益計算書の当期純利益に一定の調整を加えて表示する間接法とがあります。米国において奨励されているのは直接法ですが，実務上手間がかかることから，ほとんどの企業は間接法を採用しており，ここでも間接法をとりあげます。

間接法による当期純利益からの調整ですが，次の表のような調整を行いますが，そのプロセスは大きく分けて以下の2通りになります。

間接法による純利益から現金への調整
(Reconciliation of net income to net cash flow from operating activities)

当期純利益 （Net income）	
純利益に加算 (Be added back to net income)	純利益から減算 (Be deducted from net income)
① 投資・財務活動関連費用 ・ 減価償却費 　(Depreciation expense) ・ 固定資産売却損 　(Loss on sale of property, plant and equipment) ・ 持分法による投資損失 　(Loss under the equity method) ・ 社債のディスカウントの償却 　(Amortization of bond discount) ② 投資・財務関連以外の資産の減少・負債の増加 ・ 受取債権の減少 　(Decrease in receivables) ・ 棚卸資産の減少 　(Decrease in inventory) ・ 前払費用の減少 　(Decrease in prepaid expense) ・ 買掛金の増加 　(Increase in accounts payable) ・ 未払費用の増加 　(Increase in accrued liabilities)	① 投資財務活動関連収益 ・ 固定資産売却益 　(Gain on sale of property, plant and equipment) ・ 持分法による投資利益 　(Gain under the equity method) ・ 社債のプレミアムの償却 　(Amortization of bond premium) ② 投資・財務関連以外の資産の増加・負債の減少 ・ 受取債権の増加 　(Increase in receivables) ・ 棚卸資産の増加 　(Increase in inventory) ・ 前払費用の増加 　(Increase in prepaid expense) ・ 買掛金の減少 　(Decrease in accounts payable) ・ 未払費用の減少 　(Decrease in accrued liabilities)

① 投資及び財務活動に関連して発生した損益の加算,減算

例えば固定資産売却益ですが,これは固定資産の売却に関連して発生した利益ですから,本来は投資活動によるもので,営業活動によるキャッシュ・フローに影響させてはいけないものです。しかし,間接法による場合の出発点となる当期純利益には,すでに固定資産売却益が含まれており,このままですと営業活動によるキャッシュ・フローの中に固定資産売却益が含まれてしまうので,そこでこの影響を排除するために固定資産売却益を純利益から減算するわけです。また同様の理屈で固定資産売却損なら,純利益に加算します。

これは持分法による損失と利益,社債発行によるDiscountとPremiumの償却についても同様で,損失または費用ならその影響を排除するために加算,収益なら減算します。

② 投資,財務活動に係る資産・負債以外の資産・負債の期首・期末の差額を調整

この時のポイントは,期首と期末時点の差額の仕訳だけを考え,次に借方,貸方それぞれの項目の利益と現金に与える影響を考え,利益の動きを現金の動きに一致させるよう調整を加えることです。

例えば売掛金ですが,期首と期末で売掛金が＄50増えたとします。この差額についての仕訳を切ると以下のようになるでしょう。

```
Accounts receivable    $ 50
        Sales                  $ 50
```

このとき貸方の売上計上によって純利益にはプラス＄50となりますが,借方は売掛金で現金ではありませんから,現金には何の動きもありません。今,純利益から現金への調整を行うわけですから,このときプラス＄50の純利益の動きを,現金＄0(動きはありませんから)に合わせるには,純利益から＄50をマイナスすればいいでしょう。従って売掛金の増加は間接法による純利益の調整において,利益からマイナスします。

一方,同額の売掛金の減少の場合,次の仕訳となるでしょう。

```
    Cash                    $ 50
        Accounts receivable      $ 50
```

現金で回収できたから売掛金が減少したと考えるわけです。現金が$50増えたにもかかわらず，貸方は売掛金の減少で利益に何の影響もありません。つまり利益の動きは$0で，これを現金の動きプラス$50に合わせるには，この分を利益に加算すればいいわけです。よって売掛金の減少は純利益に加算します。

これを一般化すると，現金以外の資産は最終的に現金で回収されるものですから，資産が減ったということは現金で回収されたからキャッシュ・フロー上はプラス要因，また資産が増えたということはそれを現金で買った，あるいは現金での回収が進んでいないから，マイナス要因ということがいえるわけです。

一方，負債はどうでしょうか。今度は買掛金を例にして期首と期末で$50増えた場合と減った場合の仕訳はそれぞれ以下のとおりです。

```
    Cost of goods sold      $ 50
        Accounts payable         $ 50
    Accounts payable        $ 50
        Cash                     $ 50
```

増加の時は，借方の売上原価が費用となって純利益にはマイナス要因となりますが，現金に動きはありません。よって，このときはプラスすることにより，利益の動きを現金に合わせますから，買掛金の増加は純利益に加算します。

一方減少の時は，現金を払ってるので現金にはマイナス要因ですが，利益の動きはなく，よって利益からマイナスすることにより現金の動きに調整しますから，買掛金の減少は，純利益から減算します。

これを一般化すれば負債が増えたということは，その分現金での支払いを猶予されたので，会社内部に同額の現金が留保されるから，負債の増加はキャッシュ・フロー上加算，負債の減少はそれを現金で支払ったから減算といえます。

(5) 固定資産についての留意点

キャッシュ・フロー計算書を作成する際，固定資産について購入・売却があ

〔設例1〕

A社の建物に関する，期首と期末の取得価額と減価償却累計額のデータは以下の通りである。

	期首	期末
建　　物	$100,000	$80,000
減価償却累計額	$40,000	$50,000

期中に取得原価$30,000，帳簿価額25,000の建物を現金$20,000で売却した。当該建物についての期首の減価償却累計額は$4,000である。これより，今期のキャッシュ・フロー計算書上必要となる調整を示せ。

（解答）

営業キャッシュ・フロー（以下営業ＣＦ）にて建物売却損$5,000，減価償却費$15,000をプラス

投資キャッシュ・フロー（以下投資ＣＦ）にて建物売却による収入額$20,000をプラス，建物取得による支出額$10,000をマイナス

まず売却仕訳を考える必要があります。期中売却の場合，期首からその時点までの減価償却費も計算されますが，ここでは売却時点の帳簿価額が$25,000，期首の帳簿価額は$26,000（＝$30,000－$4,000）ですから，売却時までの減価償却費は$1,000，よって

Cash	$20,000	
Accmulated depreciation	$4,000	
Depreciation expense	$1,000	
Loss on sale of building	$5,000	
Building		$30,000

の仕訳となり，建物売却損が$5,000計上されます。間接法を前提とした場合，

出発点となる当期純利益にすでにこれが含まれ，マイナスの影響を与えており，本来投資項目に該当する固定資産の関連損益が営業ＣＦに影響を与えていますので，営業ＣＦからこの影響を排除する必要があるので，営業ＣＦの中でこれをプラスして，影響をなくします。そして売却額の＄20,000が**建物売却による収入額**（proceeds from sale of building）として，投資活動によるＣＦの現金収入項目となります。

　また売却損は利益のマイナス要因となっても，借方をみればわかるように，現金のマイナスを伴うわけではありませんから，利益の動きを現金の動きに合わせるためにプラスするともいえます。

　次に建物，減価償却累計額それぞれの勘定分析を行います。

建　　物				減価償却累計額			
期首	＄100,000	売却分	＄30,000	売却分	＄4,000	期首	＄40,000
取得	＄10,000	期末	＄80,000	期末	＄50,000	＊	＄14,000
	＄110,000		＄110,000		＄54,000		＄54,000

＊期末に残っている建物の減価償却費

　建物の勘定分析より，期中取得額は＄10,000でこれが建物取得額として投資活動によるＣＦの中の支出項目となります。また減価償却累計額勘定からは，貸方差額で，売却建物以外で当期末残っている建物の減価償却費が＄14,000と計算されます。これは貸方が減価償却累計額ですから，費用ではあっても現金の支出を伴わない非現金支出費用で，また先の売却建物についての減価償却費も貸方は建物で，同様に非現金支出費用ですから，よってこの合計額をやはり，投資関連損益として，既に当期純損益に含まれるのでそれを出発点とする営業ＣＦに影響させないよう，営業ＣＦ上減価償却費として＄15,000がプラスされます。

　またこれより，一般的に投資・財務関連の非現金支出あるいは収入項目とな

る損益については，営業ＣＦ上においてその影響を排除するため，収益ならマイナス，費用及び損失ならプラスすることになります。

(6) 総合設例

以下キャッシュ・フロー計算書の総合設例をみていきます。

〔設例２〕

A社の2006年と2007年の貸借対照表は以下の通りである。

売却した建物の取得原価は＄60,000，期首の減価償却累計額を＄20,000，売却収入は＄70,000，売却時の簿価を＄34,000とする。また当期純利益は＄200,000とし，現金配当を行っている。キャッシュ・フロー計算書を作成せよ。

	12/31/2006	12/31/2007
Cash	$ 300,000	$ 550,000
Accounts receivable	200,000	300,000
Inventory	80,000	50,000
Buildings	100,000	120,000
Accumulated depreciation	(30,000)	(50,000)
Total assets	650,000	970,000
Accounts payable	$ 270,000	$ 320,000
Common stock	300,000	500,000
Retained earnings	80,000	150,000
Total liabilities and assets	650,000	970,000

（解答）

A Company

Statement of cash flows

For the year ended December 31, 2007

Cash flows from operating activities

Net income		$ 200,000
Adjustments to reconcile net income to net cash provided by operating activities		
Increase in accounts receivable	(100,000)	
Decrease in inventory	30,000	
Increase in accounts payable	50,000	
Depreciation expense	46,000	
Gain on sale of building	(36,000)	(10,000)
Net cash provided by operating activities		190,000
Cash flows from investing activities		
Proceeds from sale of building	70,000	
Acquisition of building	(80,000)	
Net cash used in investing activities		(10,000)
Cash flows from financing activities		
Proceeds from issuing stock	200,000	
Dividends paid	(130,000)	
Net cash provided by financing activities		70,000
Net increase in cash and cash equivalents		250,000
Cash and cash equivalents at beginning of year		300,000
Cash and cash equivalents at end of year		$ 550,000

まず，固定資産の売却損益の計算からはじめます。仕訳は以下の通りです。

Cash	$ 70,000		
Accumulated depreciation	$ 20,000		
Depreciation expense	$ 6,000		
		Building	$ 60,000
		Gain on sale of building	$ 36,000

また勘定分析は次の通りです。

建物				減価償却累計額			
期首	$100,000	売却分	$60,000	売却分	$20,000	期首	$30,000
取得	$80,000	期末	$120,000	期末	$50,000	*	$40,000
	$180,000		$180,000		$70,000		$70,000

＊期末に残っている建物の減価償却費

　よって営業ＣＦ上の調整項目として減価償却費＄46,000（＝40,000＋6,000）をプラス，固定資産売却益＄36,000をマイナス，そして投資ＣＦにおいて建物取得額＄80,000，建物売却額＄70,000をそれぞれ支出額，収入額とします。

　次に投資，財務以外に関連する資産の増減を調整します。売掛金は＄100,000増加していますから，営業ＣＦ上マイナス，棚卸資産は＄30,000減少していますからプラス，買掛金は＄50,000増加ですから，プラスの調整となります。

　また応用として，利益剰余金勘定の分析を行うと，以下のようになります。

利益剰余金			
配当金	$130,000	期首	$80,000
期末	$150,000	当期純利益	$200,000
	$280,000		$280,000

　すなわち，期首に当期純利益を足して，配当金を引けば期末額ですから，配当金は＄130,000と計算され，これが財務ＣＦに表示されます。また普通株式資本金は全額現金による払い込みを受けたものですから，差額の＄200,000がやはり財務ＣＦに表示されます。以上より，上記解答のようになります。

第2部 特殊会計編

31 デリバティブ会計

本章では，金融派生商品である**デリバティブ**（derivative）について，投機目的の場合とヘッジ目的の場合とに分けて学習します。

基本例文 1

Enter into a pay-fixed, receive-floating interest rate swap
固定払い，変動受取の金利スワップ契約を結ぶ

■ ABC company **entered into a pay-fixed, receive-floating interest rate swap** with a term of 5 years and notional principal of ＄2 million
（ＡＢＣ社は，想定元本200万ドルに対し期間5年，固定金利払い，変動金利受取の金利スワップ契約を結んだ）

ここがポイント！ enter into ～ で「～契約を結ぶ」。swap「スワップ」については解説(4)を参照。pay-fixed interest rate で「固定金利払い」，receive-floating interest rate で「変動金利受取」の意味になる。「想定元本」は notional principal で principal の代わりに amount を使ってもよい。

基本例文 2

Purchase a $X call option on Y shares of company's stock
(パーチェス ア Xダラー コール オプション オン シェアーズ オブ カム パニーズ ストック)

〜社のY株に対し，行使価格Xドルのコールオプションを購入する

■ XYZ Co. **purchased a $30 call option on 5,000 shares of** ABC **Co.'s stock**.
(XYZ社は，ABC社の株5千株につき，行使価格30ドルのコールオプションを購入した)

ここがポイント！ call option は「買う権利」，put option は「売る権利」を表す。「オプション」は解説を参照。

▶▶▶関連用語
option premium　オプション料　　future contract　先物契約

解説

(1) デリバティブの意義

　デリバティブの正式名称は「**金融派生商品**」(derivative instruments)といい，株式や債券などの**金融商品**（financial instruments）から副次的に生まれたものをいい，その主なものとしてスワップ取引，オプション取引，先物取引などがあります。SFAS 133号ではデリバティブにつき3つの要件を掲げていますが，それを示してもイメージとしてはピンとこないと思いますので，具体的には各取引の内容を押さえてください。

(2) デリバティブの使用目的

デリバティブを行う目的としては、大きく分けて**投機（speculation）**目的と、ヘッジ目的があります。投機は一攫千金を夢見て行うばくち的なものです。一方、ヘッジの意味は「回避する」であり、例えば将来ある商品の購入を予定しており、その価格の上昇が予定される場合にその仕入債務を固定するために、あらかじめ一定の価額で商品を購入する先物契約を行う場合などが、該当します。つまりこの場合将来の商品の購入に伴う仕入債務の変動を回避するため、先物契約を行ったわけであり、先物契約はヘッジ手段、仕入債務はヘッジ対象と呼ばれます。

(3) 投機目的のデリバティブの会計処理（オプションによる例示）

投機目的のデリバティブの処理をみるにあたり、ここではオプションを例に解説しましょう。なおここでオプションを例示しているからといって、オプションが全て投機目的に使われるのではなく、ヘッジ目的にも使われることに注意して下さい。

① オプションとは何か

オプションはあるものを一定の期間において、一定の価格（これを**行使価格（strike price）**といいます）で売買する権利をいいます。購入する権利はコールオプション、売却できる権利をプットオプションといいます。権利ですから、行使するしないは自由で、例えばある会社の株を＄50で購入するコールオプションを＄100で購入した場合、このオプションの購入代価（これを**オプション料（option premium）**といいます）を無視すれば、株価が行使価格の＄50を超え仮に＄70となれば、その時点でオプションを行使し、＄50で購入して＄70で売ることができるので差額の＄20が儲かるわけです。また満期日まで株価が行使価格を超えることがなければ権利を放棄すればいいわけです。

これはもともと自らが有する資産・負債の価値の変動を補填するためではなく、将来の株価の動向を見越して利益の獲得を狙った純粋な投機目的のオプションであり、このときオプションそのものの時価の変動を損益として認識す

ることになります。ではオプション購入時のオプションの時価，すなわちオプション料はどうやって決定されるのでしょうか？

② オプションの公正価値の決定と会計処理

〔設例1〕

　　A社は，2007年10月1日，B社株百株につき，行使価格＄200，行使期日2008年2月28日のプットオプションを＄500で購入した。同日のB社株の株価は＄200であり，決算日の12月31日の株価は＄150であった。購入日及び決算日の仕訳をそれぞれ示せ。但し決算日の時間的価値は＄400とする。

（解答）

<購入日>	Put option	＄500	
	Cash		＄500
<決算日>	Put option	＄5,000	
	Unrealized holding gain		＄5,000
	Unrealized holding loss	＄100	
	Put option		＄100

　まず全体の仕訳の説明の前に，オプションの購入代価，つまり**オプション料**（option premium）の決定について説明します。オプション料，いいかえればオプションの時価は設例では＄500となっていますが，このオプション料は**本源的価値**（intrinsic value）と**時間的価値**（time value）の2つから構成されます。

　本源的価値とは，オプション本来の価値で行使価格と市場価格との差額をいいます。例えば現在の市場価格が＄200に対し，行使価格が＄300のプットオプションであれば，その行使により市場よりも＄100高く売ることができるので，それが本源的価値となるわけです。設例では，オプション購入時の市場価格と行使価格は共に＄200で等しいため，本源的価値はゼロです。ちなみに，権利行使による利益がゼロのオプションをアット・ザ・マネー，プラスのものをイ

ン・ザ・マネー，マイナスのものをアウト・オブ・ザ・マネーといいます。

　一方時間的価値とはプットオプションの場合，オプションの満期日までに市場価格が行使価格を下回りそれにより利益を得られることへの期待値を金額で表したもので，それは行使期日までの期間と対象株価の変動性（これを**ボラティリティ（volatility）**といいます），また無リスク証券の利子率や配当率などの変数から，ブラック＝ショールズ式等を使って，計算されます。なお行使期日までの期間が長いほど，またボラティリティが高いほど，株価が行使価格を下回る可能性やその度合いが大きくなるので，時間的価値は高くなります。

　以上を前提として仕訳の説明に入りますが，設例では本源的価値はゼロでしたから，オプション料＄500全てが時間的価値となり，購入時にはこれを全額貸借対照表上，オプション資産としてPut optionに計上します。

　一方決算時においては，投機目的の場合オプションそのものの公正価値の変動を損益に認識しますので，オプションを時価評価し，評価差額を損益に計上します。ここで，オプションの本源的価値は行使価格と決算日の株価に売却株数を乗じて，＄5,000〔＝（＄200−＄150)×100〕となり購入時はゼロでしたから，その増加分＄5,000を未実現評価益として損益に計上します。

　一方時間的価値については，オプション購入日から行使期日に近づくにつれ，現実の株価が行使価格を下回る確率やその乖離の度合いが小さくなっていくため，徐々に減少していき，行使期日に至った段階では時間的価値はゼロとなります。決算日の時間的価値は＄400であり，購入時から＄100（＝＄500−＄400）減少しているので，これを未実現評価損として損益に計上します。従って損益計算書への影響はネットで＄4,900（＝＄5,000−＄100）だけ，当期純利益のプラス要因となります。なおこれにより，決算日におけるオプション資産の価値は，＄5,400（＝＄500＋＄5,000−＄100）となります。

〔設例2〕
　　設例1及び行使期日の株価につき＄140を前提として，行使期日にプットオプションを行使し差金決済をした際の仕訳を示せ。

(解答)

Loss on settlement of put option	$400	
Put option		$400
Cash	$6,000	
Put option		$5,000
Gain on settlement of put option		$1,000

または両者をまとめて

Cash	$6,000	
Put option		$5,400
Gain on settlement of put option		$600

としても可。

　まず行使期日において時間的価値はゼロとなりますので，前決算日からの時間的価値の減少額$400をオプション決済差損として損益に計上します。次にオプションは実際に株を売却するわけではなく契約相手との間で，差金決済をすることにより契約を終了しますから，行使期日の本源的価値に相当する$6,000〔＝($200－$140)×100〕の現金を受け取り，それに対し決算日におけるオプション資産の本源的価値は$5,000でしたから，差額の$1,000がオプション決済差益として損益に計上され，損益に対する影響はネットで$600の当期純利益のプラスとなります。

　なお，このように時間的価値と本源的価値に分けずとも，オプションの行使によって前決算日におけるオプション資産の価値$5,400を失う代わりに，$6,000の現金を受け取るため，一括してオプション差益$600を認識する仕訳も可能です。差金決済により受け取ることができる現金は，あくまで本源的価値の部分のみであり，これは行使期日前に決済をする場合も同様であることに注意してください。従って行使期日前に行使した場合，時間的価値相当分は全額損失となります。

　仮に先の設例1で決算日にオプションを行使するとした場合，オプションの

価値は＄5,400に対し，差金決済により受け取る現金は本源的価値相当分＄5,000ですから，差額の＄400，つまり時間的価値は全額損失となり，このとき以下の仕訳を計上します。

  Cash   ＄5,000
  Loss on settlement of put option ＄400
      Put option   ＄5,400

　また仮に前決算日以降行使期日までずっと権利行使をせず，行使期日の株価が行使価格よりも高い場合には，プットオプションを行使せず，そのまま売却したほうが得となるので権利放棄をしますが，このときには前決算日に計上したオプション資産が全額損失となりますので，以下の仕訳を計上します。

  Loss on settlement of put option ＄5,400
      Put option   ＄5,400

(4) ヘッジ目的のデリバティブ（金利スワップによる例示）

① ヘッジ会計の要件と種類

　SFAS 133号ではデリバティブをヘッジ目的に使う場合，以下のヘッジ要件を満たす必要があるとしています。

 1) 文書化基準

  ヘッジ開始時において，ヘッジの目的やヘッジ対象とヘッジ手段，ヘッジ方針等に関する**十分なドキュメンテーション**（sufficient documentation）があること

 2) 有効性基準

  ヘッジは**非常に高い有効性**（highly effectivity）を持つことが期待されること。ヘッジの有効性の検証は少なくとも3ヵ月毎に行う必要がある。

　またヘッジの種類につき，その目的により以下の3つがあります。

 1) **公正価値ヘッジ**（fair value hedge）…資産，負債または未認識の**確定契約**（firm commitment）の時価の変動をヘッジ対象とするもの

2) **キャッシュ・フロー・ヘッジ（cash flow hedge）**…資産，負債及び予定取引から生ずる将来のキャッシュ・フローの変動をヘッジするもの
3) **外貨ヘッジ（foreign currency hedge）**…外貨ヘッジは為替レートの影響から生ずる，公正価値ヘッジとキャッシュ・フロー・ヘッジの双方を含むもの。

ここでは金利スワップを例に公正価値ヘッジをみていきます。

② 金利スワップと公正価値ヘッジ

スワップ（swap）の元々の意味は，「交換する」であり，金利スワップといえば，変動金利と固定金利の交換を意味します。例えば今，固定利付の社債を満期まで保有する意図なしでかつ売買目的でなく購入した場合，これは**売却可能有価証券（available-for sale securities）**に分類されますが，将来金利の上昇が見込める場合，固定金利のままでは損をするので，銀行を相手に固定金利支払，変動金利受取のスワップ契約を締結します。

このとき，社債からの固定金利受取と銀行への固定金利支払が相殺され，結果的に銀行からの変動金利受取のみ発生することになります。

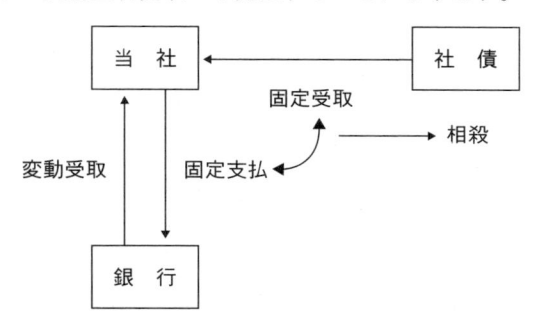

また市中の変動金利が社債の固定金利を上回った場合，当該固定利付社債の時価はどうなるでしょうか？ 誰もそんな社債を買おうとはせず，また保有主は当該社債を売ろうとするでしょうから，供給過剰となって当然時価は下落することでしょう。

一方金利スワップの時価はどうでしょうか？ オプションにも時価があったように，すべてのデリバティブはそれそのものの時価を持ちます。金利スワッ

プの時価は、将来にわたって自分が受け取る金利と支払う金利のそれぞれの割引現在価値の差額として計算されます。スワップ契約時においては、契約当事者が損をするようなことはしませんから、必ず時価はゼロとなりますが、金利は刻々変化していき、契約時の見込みとは当然状況が異なっていきますから、時間の経過につれ受取金利と支払金利の割引現在価値には差が出てきて、時価がプラスあるいはマイナスとなるわけです。

この場合変動金利受取、固定金利払いのスワップですから、市中の変動金利が上昇した場合、当然受取金利の現在価値のほうが多くなり、時価がプラスとなって上昇するわけです。すると固定利付社債につき、固定金利払い、変動金利受取のスワップを組むことで、変動金利が上昇した場合社債の時価は下落しても、スワップの時価が上昇することで、ここに社債の時価（＝公正価値）の下落をスワップの時価の上昇によりヘッジする、ヘッジ関係が成立するわけです。

逆に変動金利が下落した場合は、固定利付社債へのニーズが高まることで時価は上昇しますが、スワップは受取りの変動金利の低下になりますから、固定金利の支払超過となり時価は下落するでしょう。

③ 金利スワップとヘッジ会計の処理

以上を前提に以下の設例により、金利スワップとヘッジ会計の処理を確認しましょう。

〔設例２〕
- 12月決算のＡ社は07年７月１日額面総額＄100,000の年２％固定利付社債を一口＄100で現金で購入し、売却可能有価証券に分類した。また同時にＢ銀行との間で年２％の固定金利支払、市中変動金利受取の金利スワップ契約を締結した。
- 利払日は年２回で６月末と12月末である。07年12月末の受取変動金利は年４％にまで上昇し、社債の時価は＄96,000、金利スワップの時価は＄4,000であった。７月１日、12月31日の仕訳を示せ。

31 デリバティブ会計

(解答)

＜7月1日＞	Investment	$100,000	
	Cash		$100,000
＜12月31日＞	Interest expense	$2,000 $(=\$100,000\times 4\%\times\dfrac{6\text{ヵ月}}{12\text{ヵ月}})$	
	Cash		$2,000
	Unrealized loss	$4,000 $(=\$100,000-\$96,000)$	
	Investment		$4,000
	Swap contract	$4,000	
	Unrealized gain		$4,000

まず購入時は通常の有価証券の購入の仕訳と変わりませんし，また契約時のスワップの時価はゼロですからスワップそのものの仕訳は不要ですので，7月1日の仕訳は上記解答の通りです。

次に12月末ですが，まず利息の受取りと支払いの仕訳を行います。社債からの固定利息と銀行への固定利息は利率が同額ですから，相殺されるので変動金利の受取仕訳のみ書いておきます。

また決算時においては必ず，ヘッジ対象となっている社債とヘッジ手段である金利スワップの時価への評価替えの仕訳が必要となります。変動金利は4％に上昇してますから，固定利付社債の時価は下落しますが，変動金利受取，固定金利支払の金利スワップの時価は逆に上昇し，時価の上昇分を**金利スワップ（swap contract）** という資産勘定にて処理します。

よって12月末の仕訳は上記解答のようになります。

ここで，変動金利上昇による社債の損失と金利スワップの評価益は，共に**当期純利益**（net income）の構成要素となって損益計算書上で相殺され，損益への影響がゼロとなっていることに注意してください。これはまさにヘッジが100％有効なケースにほかなりません。

④ 公正価値ヘッジの会計処理原則

ここで，上記の売却可能有価証券に分類された社債の時価評価の処理をみて，賢明な読者の方はどこかおかしいと気づかれたかもしれません。有価証券(1)（第16章参照）でみたように，売却可能有価証券の評価差額については，**その他の包括利益（other comprehensive income）** として処理し，当期純利益の要素とはしなかったはずですが，公正価値ヘッジによるヘッジ会計の場合，売却可能有価証券についての評価差額の処理の根本原則から外れて，ヘッジ対象の時価の変動による評価差額は全て損益にて処理することとしているからです。仮に評価の原則どおりその他の包括利益として処理した場合どうなるでしょうか？　ヘッジ対象の評価差額はその他の包括利益となり純利益の構成要素とならないのに，ヘッジ手段のスワップ評価益だけ純損益の構成要素となり，損益計算書上においてヘッジ関係の有効性が確認できないことになります。

⑤ 日本のヘッジ会計

これに対し，日本のヘッジ会計では，売却可能有価証券（その他有価証券）の処理の根本原則を守り，米国のその他の包括利益勘定に性質上類似するその他有価証券評価差額金という勘定を用い，貸借対照表の部の純資産の評価・換算差額等の項目に計上し，そして金利スワップの評価益については，損益計算書の構成要素とせず，やはり米国のその他の包括利益に相当する繰延ヘッジ損益という勘定を用いて，同じく貸借対照表の純資産の部の評価・換算差額等の中に計上することとしています。この処理を繰延ヘッジといい，米国における処理（これを日本では時価ヘッジといいます）と異なる扱いをしています。こうすることで，有価証券の評価の処理を原則どおり守りながら，貸借対照表上の純資産の部の評価・換算差額等の項目でその他有価証券評価差額金と繰延ヘッジ損益が双方共にプラスマイナスで相殺されるので，貸借対照表上の純資産の部の中でヘッジ関係を対応させているわけです。先の設例と金額を同じにして，日本の繰延ヘッジの処理をみてみましょう（但し税効果は無視します）。

　　　その他有価証券評価差額金　＄4,000
　　　　　　その他有価証券　　　＄4,000

金利スワップ		$4,000	
	繰延ヘッジ損益		$4,000

　その他有価証券評価差額金は，借方ですから貸借対照表上の純資産の部の評価換算差額等の中でマイナス表示，一方繰延ヘッジ損益は貸方ですから，同じ評価・換算差額等の中でプラス表示され，お互い同額で相殺され，貸借対照表上純資産の部に何ら影響はないことになります。

　ただし日本でも，例外として米国と同様の時価ヘッジも認められており，これによれば上記の仕訳で，借方のその他有価証券評価差額金がその他有価証券評価損となり，損益として認識しますので，金利スワップの評価差額についても金利スワップ評価益として損益に計上し，ヘッジの対応関係が同一期間において損益計算書で確認されることとなります。

　このように日本の繰延ヘッジ処理では，ヘッジ関係が貸借対照表上で示されるのに，米国の処理では，ヘッジ関係が損益計算書上で表示されることがわかります。多少技術的な事ではありますが，覚えておけば何かと役に立つことでしょう。

第2部 特殊会計編

32 外貨換算会計

本章では，**外貨建ての債権・債務**（foreign loans/debts）についての処理，および外国に子会社を持ち，連結財務諸表作成時において外国子会社の財務諸表を親会社の通貨に**換算する**（translation）際の処理を学習します。

● 基本例文 1

Report a ＄X foreign exchange transaction gain
Xドルの為替（換算）差益を計上する

■ We **reported a** ＄270,000 **foreign exchange transaction gain** on our income statement for the year ended December 31, 2007.
（当社は2007年度の損益計算書において，27万ドルの為替換算差益を計上した）

ここがポイント！ report a ～ gain [/loss] と a が付く。なお，「2007年度」が the year ended December 31, 2007と表されていることから，この会社の会計年度は 1月～12月であることがわかる。

● 基本例文 2

The US dollar equivalent of ＄X
USドルに換算してXドル

■ We loaned **the US dollar equivalent of** $600,000 to ABC Inc.
（当社はABC社に対し，USドルにして60万ドルの貸付を行った）

ここがポイント！ equivalent は「〜と等しい」という意味であるから，「XドルのUSドルと等価の」を意訳して「USドルに換算してXドルの」になる。

▶▶▶関連用語
foreign currency transaction　外貨建て取引
spot rate　直物レート　　　　forward rate　先物レート
exchange rate　為替レート　　functional currency　機能通貨

解説

(1) 外貨建取引（foreign currency transaction）

　外貨建取引とは，例えば日本を例にして考えれば，外国からの仕入や販売に伴う代金の回収や決済を，日本円ではなく外国通貨で行う場合，すなわち債権・債務の決済が自国の通貨以外の通貨で行われた場合の取引をいいます。

　米国を主体として考えれば，USドル以外の通貨で決済が行われた場合，当然最後にはUSドルベースの財務諸表を作成するわけですから，USドルに換算する必要が出てきますが，これが**外貨建債権・債務のUSドルへの換算（translation of foreign currency transaction）**となります。

(2) 外貨建債権・債務の換算方法

　外貨建債権・債務の換算については，①取引発生時，②決済時，及び③貸借対照表日それぞれの換算が問題となり，それぞれの場合において当該時点の直物レート（Spot rate：現在時点における外貨の換算レート）で評価します。

時系列的には，貸借対照表日前に決済が終了するケースと，決済前に貸借対照表日をはさむケースの2つがありますが，前者では①と②の直物レートの差額が，後者では①と③及び③と②それぞれにおける直物レートの差額が**為替換算差益**（foreign exchange transaction gain or loss）として認識されることになります。

〔設例1〕

12月決算の米国企業のA社は，2006年10月1日にフランスのB社に商品を100万ユーロで販売した。当該時点の直物レートは1ユーロ1.3ドルであった。代金回収は翌年2月28日に行い，その時点での直物レートは1ユーロ1.6ドル，期末日の1ユーロは1.4ドルであった。

販売日，期末日，および代金回収日における仕訳を示せ。

（解答）

＜販売日＞	Accounts receivable	$1,300,000	
	Sales		$1,300,000
＜期末日＞	Accounts receivable	$100,000	
	Foreign exchange transaction gain		$100,000
＜代金回収日＞	Cash	$1,600,000	
	Accounts receivable		$1,400,000
	Foreign exchange transaction gain		$200,000

販売日の仕訳は，10月1日の直物レート1.3ドルにて換算（100万ユーロ×$1.3）。

期末日の仕訳は，（$1.4－$1.3）×100万ユーロ　ドル安・ユーロ高に伴う換算差益を認識。B/S上の売掛金は$1,400,000になります。

代金回収日の仕訳は，期末日の売掛金残高が$1,400,000で，回収日の決済額は回収日の直物レートで計算し$1,600,000（＝100万ユーロ×$1.6）のため，$200,000の為替差益を認識します。

⑶　外貨建財務諸表の換算

　連結や持分法適用の対象となる海外子会社や関連会社の在外事業単位の財務諸表は，通常当該国の**現地通貨**（local currency）で表示されます。そのため親会社が連結財務諸表を作成する際には，親会社の財務諸表に採用される**報告通貨**（reporting currency（日本企業なら円，米国企業ならドル））に表示し直す必要が出てきますが，これを**外貨建財務諸表の換算**（translation of foreign currency statements）といいます。

　この換算にあたり，海外子会社等の外貨建財務諸表上の現地通貨が，**機能通貨**（functional currency）かどうかにより，計算が変わり，**再測定**（re-measurement）をするか，**換算**（translation）をするか，あるいはその両方を行うことになります。

　ここで機能通貨とは海外子会社等において，日々の主要な取引活動，すなわち収入と支出に用いられる通貨を意味し，通常は当該国の現地通貨がそれに該当します。ところが，海外子会社でも独立性が低く，本国の親会社の管理下にある会社の場合，現地の取引においても現地通貨を用いず，親会社本国の通貨を用いるという場合があります。この場合は，その親会社本国の通貨が機能通貨となるわけです。以下では，機能通貨が現地通貨である場合と，そうでない場合との処理の違いをみていきます。

① 　現地通貨が機能通貨である場合

　現地通貨が機能通貨である場合，日々の主要な取引は現地通貨で行われるため，その現地通貨で表示された財務諸表は現地での取引をありのままに表示したものとなっていますから，親会社を米国企業とし報告通貨をＵＳドルとした場合，報告通貨への表示替えの作業は**換算**（translation）と呼ばれます。

　換算に用いるレートですが，これらは機能通貨である現地通貨ベースの財務諸表の資産，負債，資本，収益及び費用の相対的な関係を換算によって損なわないよう，配慮が必要となり，具体的には以下の方法をとります。

　ⅰ）　資産・負債は貸借対照表項目であり，期末日現在の残高であるので，

　　　期末日レート（current rate）。

ⅱ） ただし，資本勘定については，元々株主から払い込まれたものですから，その**取引発生日のレート（historical rate）**を使います。具体的には**資本（capital）**，**資本剰余金（additional paid-in capital）**については，払込み時のレートを用います。また**利益剰余金（retained earnings）**については，毎年の収益から費用を引いて求めた利益の内部留保額の累積額であり，収益と費用は後に見るように，各年毎の期中平均レートで計上することから，結果として各年の利益を各年毎の期中平均レートで換算した金額の合計値ということになります。

ⅲ） 収益・費用は損益計算書項目であり，期末の残高ではなく，年間の取引を示したものですから，理論的にはそれぞれの取引発生時のレートを用いるべきですが，膨大な件数にわたる収益・費用取引を一つずつ拾い出し，発生日のレートで評価するのは事実上不可能のため，年間の**加重平均レート（weighted average rate）**を使います。

ⅳ） 資産・負債を期末日レートで換算すれば，その差額である資本の部も期末日レートで換算されますが，ⅱ）でみたように，資本勘定は発生時レートで換算するため，必然的に両者間で差が生じますが，この差額は**為替換算調整勘定（foreign currency translation adjustment）**として，損益及び包括利益計算書，包括利益計算書上，**その他の包括利益（other comprehensive income）**に表示され，**当期純利益（net income）**には影響させません。またその他の包括利益に計上された為替換算調整勘定の当期発生高と過年度からの累積額は，**その他の包括利益累計額（accumulated other comprehensive income）**として資本の部に表示されます。

② 現地通貨が機能通貨でない場合

海外子会社等の財務諸表が現地通貨建ての表示でも，その現地通貨が機能通貨でない場合は，**再測定（remeasurement）**という作業によって，いったん現地通貨から機能通貨に変更し，その後機能通貨から報告通貨への換算（translation）というプロセスを経ることになります。すなわち原則的には，現

地通貨，機能通貨，報告通貨という経過になるのですが，実際には機能通貨と報告通貨が等しい場合がほとんどであり，その場合には，現地通貨から報告通貨への再測定のみで，完結させます。

　ここで，親会社を米国企業，スイスの企業を子会社とし，当該子会社では現地通貨であるスイスフランを機能通貨とせず，ＵＳドルを機能通貨としている場合，現地通貨のスイスフランで作成された財務諸表を換算替えではなく，再測定によってＵＳドルの金額で再度作成し直すことが必要となります。すなわちスイスフランで行われた取引は存在せず，全ての取引を発生時点にまで遡って，その都度ＵＳドルを介して行われたものと仮定して財務諸表を作成するわけです。

　これによれば，理論上は総勘定元帳の日々の取引をすべて拾い出し，その取引が行われた時点の為替レートを使って，ドルベースの金額に直すべきといえますが，収益・費用のすべてについてこれを要求するのはあまりに酷な話です。したがって，収益・費用については，期中の**加重平均レート（weighted average rate）**にて換算します。ただし，固定資産や棚卸資産等の費用性資産（ともにそれぞれ減価償却費，売上原価となって費用化する）についての費用や，前受収益から収益化するものについては，取引日レートで換算しますが，その理由は後述します。

　一方資産，負債についてですが，これらは費用，収益ほど取引の頻度が多くないので，原則通りに取引発生時点のドルベースの金額で把握することはそう難しくなく，取引日のレートで換算し直すわけですが，資産・負債のうち，将来現金となって決済される**貨幣性資産・負債**(monetary assets and liabilities）については，事情が異なります。

　貨幣性資産・負債は将来現金を介して決済されるものですから，それをＵＳドルにリンクさせるにあたり，必ずその決済時においてＵＳドルベースでいくら回収可能か或いは返済が必要かをつかんでおくことが大事です。仮に売掛金が200フランある場合，為替レートや物価の変動にかかわらず200フランが現金として回収されなければなりませんから，ＵＳドルで回収されたと考えるにも，

必ず200フランと等価にする必要があります。従って本来は将来の決済時のレートを使う必要があるわけですが，現時点においてはわからないため決済時点に一番近い期末日レートを用いることになるわけです。

また以上から，資産・負債のうち貨幣性資産・負債以外のもの（これを**非貨幣性資産・負債（nonmonetary assets and liabilities）**といいます）については，原則通り取引発生日のレートで測定すべきことになります。

なお貨幣性資産・負債の代表例としては，**現金（cash）**，**受取手形・支払手形（note receivable, note payable）**，**売掛金・買掛金（accounts receivable, accounts payable）**，**貸付金・借入金（loan receivable, loan payable）**，**社債（bonds payable）**等が挙げられます。

また非貨幣性資産・負債については，**棚卸資産（inventories）**，**前払費用（prepaid expense）**，**固定資産（fixed assets）**，**減価償却累計額（accumulated depreciation）**，資本金・資本剰余金等が挙げられます。

また先ほど述べた減価償却費や売上原価，前受収益の取崩しによる収益等は，もともと非貨幣性資産・負債の解消とともに発生するものですから，発生時レートで測定します。

以上をまとめると次のようになります。

ⅰ）　貨幣性資産・負債　期末日レート

ⅱ）　非貨幣性資産・負債　発生時レート

ⅲ）　資本勘定　発生時レート（ただし利益剰余金を除き，利益剰余金については,貸借対照表項目について上記のそれぞれのレートを適用して算定した貸借差額として最後に算出します）

ⅳ）　収益・費用　加重平均レート

ⅴ）　上記ⅲ）によって貸借対照表差額として求めた期末利益剰余金から剰余金計算書を通して当期純利益を逆算し，その当期純利益と損益計算書上の収益と費用にそれぞれの適用レートを乗じて算定した差額を一致させるよう，損益計算書上において**為替差損益（transaction gain or loss）**または，**再測定による損益（remeasurement gain or loss）**が計上

されることになります。これについては(5)の総合設例で具体的に確認します。

(4) 為替換算調整勘定と為替差損益の表示が異なる理由

これまでみたように，為替換算調整勘定は，独立性の高い子会社で現地通貨が機能通貨である場合につき，当該子会社の財務諸表項目の換算から生じるもので，一方為替差損益は，親会社に従属して事業活動を営んでいる子会社で，現地通貨が機能通貨でない場合の換算から生じるものでした。そして為替換算調整勘定は当期純利益の構成要素とはならず，貸借対照表上において，その他の包括利益累計額として計上され，また為替差損益は損益計算書上，当期純利益の構成要素となることをみました。

この両者の処理の相違につき，有価証券(1)でみた「概念フレームワーク」（第16章参照）でいう投資のリスクからの解放という観点から考えてみますと，親会社から独立して活動し，現地通貨が機能通貨である子会社の場合，実質的にほぼ全ての取引が現地通貨を通して行われるため，期末において親会社の報告通貨への統一の便宜上生じた為替換算調整勘定についても，子会社にとって何ら影響を及ぼすものでもありません。

子会社への投資の成果を子会社の純資産として考えれば，資産と負債を決算日レートで換算した結果として，決算日レートで換算される純資産と，その払込時のレートによる資本金，資本剰余金，さらに各年度毎の加重平均レートで測定した利益の過去からの累積である利益剰余金の合計額との差額として計算される為替換算調整勘定は，子会社への正味投資から生ずるものであり，むしろ親会社が海外子会社への投資に対して為替リスクにどれだけさらされているかを示すものといえます。そしてこれは子会社への投資を処分する際にはじめて，損益となって当期純利益に影響します。すなわち，子会社への投資を処分しない限り，損益に影響することはないのです。

「概念フレームワーク」の投資のリスクから解放されているか否かという概念は，実現損益となってすぐさま当期純利益に影響するかどうかという意味合

いで，通常子会社については売却を想定していませんから，その意味で為替換算調整勘定は当面，損益となって実現することはなく，投資のリスクから解放されていないと考えられます。そこで為替換算調整勘定について当期の発生額は純利益ではなくその他の包括利益として，過去からの累計額と併せ貸借対照表上，資本の部のその他の包括利益累計額に表示し，子会社への正味投資額が処分されるまで繰り延べることになります。

一方，親会社への従属度が高く，機能通貨が現地通貨でない子会社の場合，当該子会社の外貨表示項目の再測定から生じる為替差損益は，為替相場の変動が子会社の有する貨幣性資産・負債に対し，どれだけ影響を与えるかを表すものといえます。再測定は取引発生時に遡って全てＵＳドルで行われたものと仮定するものですから，理論上用いるレートは取引日レートでしたが，貨幣性資産・負債についてその性質上期末日レートが用いられ，結果として親会社が行う外貨建取引の換算と同じく，外貨建の貨幣性資産・負債から為替差損益が認識されるからです。

そして為替相場の変動は，子会社にとって近い将来その貨幣性項目が決済され収入又は支出となって解消する時点で，親会社のＵＳドルにリンクさせるにあたり，ＵＳドルベースの金額を増減させ子会社に影響を及ぼします。

またその貨幣性資産・負債の再測定から生じる為替差損益については，将来決済時において損益となって確実に実現するものですから，その意味で投資のリスクから解放されているものとして，当期純利益に含めなければならないといえるわけです。

(5) 総合設例

以下，設例を通し，理解を深めて頂きたいと思います。

〔設例２〕

米国企業のＰ社はスイスに100％子会社Ｓ社を持っている。

以下は06年12月31日のＳ社の要約貸借対照表および損益計算書である。資本金（common stock）は02年１月１日に発行されたものであり，為替レートは以下の通りである。期首の利益剰余金は米ドルで＄2,400とされている。

またLiabilitiesはすべて貨幣性負債とする。

- 02年１月１日　　　１FRN＝＄1.1
- 固定資産購入時のレート　　１FRN＝＄1.2
- 06年12月31日　　　１FRN＝＄1.6
- 06年の加重平均レート　　１FRN＝＄1.3

Balance Sheet (FRN)

Cash	1,000	Liabilities	1,500
Accounts receivable	2,000	Common stock	3,500
Fixed asset	5,000	Retained earnings	3,000
	8,000		8,000

Income statement (FRN)

Revenue	6,000
Expense	4,000
Depreciation expense	1,000
Net income	1,000

Ｓ社は期末に200FRNの配当を行った。

① Ｓ社の機能通貨がFRNである場合の換算を行え。
② Ｓ社の機能通貨がＵＳドルである場合の換算を行え。

(解答)

①

Combined Income and Retained Earnings Statements

	FRN	Exchange Rate	US $
Revenue	6,000	1.3	7,800
Expense	4,000	1.3	5,200
Depreciation expense	1,000	1.3	1,300
Net income	1,000		1,300
Retained earnings (06. 1. 1)	2,200		2,400
Dividend	200	1.6	320
Retained earnings (06. 12. 31)	3,000		3,380 ⅰ)

Balance Sheet

	FRN	Exchange Rate	US $
Cash	1,000	1.6	1,600
Accounts receivable	2,000	1.6	3,200
Fixed asset	5,000	1.6	8,000
Total	8,000		12,800
Liabilities	1,500	1.6	2,400
Common stock	3,500	1.1	3,850
Retained earnings	3,000		3,380 ⅱ)
Translation adjustment	—		3,170 ⅲ)
Total	8,000		12,800

②

Balance Sheet

	FRN	Exchange Rate	US $
Cash	1,000	1.6	1,600
Accounts receivable	2,000	1.6	3,200
Fixed assets	5,000	1.2	6,000
Total	8,000		10,800
Liabilities	1,500	1.6	2,400
Common stock	3,500	1.1	3,850
Retained earnings	3,000		4,550 ⅰ)
Total	8,000		10,800

32 外貨換算会計

Combined Income and Retained Earnings Statements

	FRN	Exchange Rate	US $
Revenue	6,000	1.3	7,800
Expense	4,000	1.3	5,200
Depreciation expense	1,000	1.2	1,200
Remeasurement gain		1.6	1,070 iv)
Net income	1,000		2,470 iii)
Retained earnings (06.1.1)	2,200		2,400
Dividend	200	1.6	320
Retained earnings (06.12.31)	3,000		4,550 ii)

---

① Ｓ社の機能通貨がＦＲＮである場合の換算

　現地通貨が機能通貨のため換算を行います。

ⅰ) まず損益及び剰余金計算書の換算を先に行い，期末利益剰余金（ＲＥ（06.12.31））を算出します。

ⅱ) ⅰ）で求めた期末利益剰余金をＢ／Ｓに代入します。

ⅲ) Ｂ／Ｓの貸借差額にて為替換算調整勘定を求めます。

　　配当のレートは配当時点のレートを用いるための期末レートを採用します。費用はすべて加重平均レート，Ｂ／Ｓ項目の資産・負債は期末レートを採用します。

② Ｓ社の機能通貨がＵＳドルである場合の換算

　現地通貨が機能通貨でないため再測定を行います。

ⅰ) まずＢ／Ｓ上でそれぞれのレートで算定後，貸借差額で期末利益剰余金を計算します。

ⅱ) ⅰ）で求めた期末利益剰余金を損益及び剰余金計算書の最下段の期末利益剰余金に代入します。

ⅲ) ⅱ）をもとに当期純利益を逆算します。（4,550＋320－2,400＝2,470）

ⅳ) ⅲ）の当期純利益から逆算して再測定による損益を求めます。（2,470＋1,200＋5,200－7,800＝1,070）　固定資産については取得時レートを採用するため，減価償却費についても取得時レートを適用します。

第2部　特殊会計編

33 企業結合(1)
－合併と買収－

本章では，企業結合（business combination）の概念と，昨今活発なM＆A（合併・買収）(merger and acquisition) の会計処理を学習します。

■ 基本例文 1

Acquire X% of the issued and outstanding shares of Y Co. in a tender offer

株式公開買付けにより，Y社の発行済株式数のX％を取得する

■ We **acquired 100% of the issued and outstanding shares of Y Co. in a tender offer** for the total cash consideration of ＄20,000 thousand.
（当社は，Y社の発行済株式数の100%を公開買付けにより取得し，対価として現金2千万ドルを支払った）

ここがポイント！　acquire「取得する」の名詞形はacquisition「取得，買収」。outstanding sharesは「発行済株式数」。merger & acquisition (M&A)は「合併・買収」。considerationは「対価」。「株式公開買付」は日本ではＴＯＢ (takeover bid) ということが多いが，米国ではtender offerが使われる。

■ 基本例文 2

Issue X shares of common stock for the net assets of Y

普通株式X株を発行し，Y社を吸収合併する

33 企業結合(1) －合併と買収－

■ ABC company **issued** 100,000 **shares of** its $10 par value **common stock for the net assets of** XYZ company.
（ABC社は，額面$10の自社株式を10万株発行して，XYZ社を吸収合併した）

ここがポイント！ 基本文は，直訳すれば「Y社の純資産取得の対価としてX株発行する」だが，後でみるように，相手の会社の資産・負債を取得する場合は「吸収合併」することを意味する。

▶▶▶関連用語
market capitalization 時価総額
ＭＢＯ（management buy-out） 経営陣による自社買収

解説

(1) **企業結合（business combination）とその形態**
一口に企業結合といっても，法的には以下に掲げる3つの形態があります。
① **吸収合併（merger）**
X社がY社の資産・負債を，現金や株式を対価として取得し吸収する場合をいい，吸収後Y社は清算により消滅し，X社のみが存続します。
② **新設合併（statutory merger）**
X社，Y社がともに清算して消滅して，新会社のZ社が設置され，X社，Y社の資産・負債がそれぞれZ社に受け継がれます。
③ **買 収（acquisition）**
X社がY社株式の過半数（50％超）を，やはり現金や株式を対価として取得する場合です。①の吸収合併と異なり，買収会社のX社はもちろんのこと，被買収会社のY社も共に存続し，両者でそれぞれ財務諸表を作成します。そしてX社は**親会社（parent company）**となって，Y社を**子会社（subsidiary**

company）として**連結財務諸表（consolidated financial statement）**の作成も義務付けられます。

　ちなみに，取得会社側の個別財務諸表では，20％以上の取得の場合には，取得された会社の株式につき持分法が適用されますので注意してください。また上記定義からもわかるように，相手会社の資産・負債（言い換えれば純資産）を取得する場合に，相手会社が法的に消滅するので，吸収合併となりますが，株式の過半数の取得の場合には，相手会社が法的に消滅することもなくその後も独立会社として存続し続けることに，注意してください。

(2) パーチェス法と持分プーリング法

　次に吸収合併の処理をみていきますが，合併の会計処理として従来は**持分プーリング法（pooling of interest method）とパーチェス法（purchase method）**がありました。持分プーリング法は相手会社の資産・負債を簿価のまま引継ぐのに対し，パーチェス法は**時価（fair value：公正価値）**に評価替えするという点で相違があり，持分プーリング法の採用は所定の12の要件を満たした場合のみ認められていました。あとでみるようにパーチェス法では**のれん（goodwill）**が発生し，以前はその償却負担により利益が減少することから，合併の会計処理については，形式的に12の要件を満たしただけの持分プーリング法の採用が圧倒的に多く，実態とかけ離れた処理が行われているとの批判がありました。そこで2001年6月のSFAS 141号では，全面的に持分プーリング法の採用が禁止され，企業結合の処理はパーチェス法に一本化されました。

　一方日本の企業結合に係る会計基準においては，「取得」と「持分の結合」という概念により，「取得」と判定されればパーチェス法，「持分の結合」と判定されれば持分プーリング法を採用してきましたが，国際化の流れには逆えず，2011年6月末までに国際会計基準との差異をなくし，持分プーリング方式を廃止し，パーチェス法一本に絞ることが2007年8月に公表されました。

　さらに2007年12月公表のSFAS141号改訂版では，従来のように対価の移転を伴うものだけでなく，契約等により対価の移転を伴わずに取得企業が被取得

企業の支配（control）を得る企業結合も対象とし購入取引以外も含むようになったため，パーチェス法を新たに**取得法（acquisition method）**と呼ぶようになりました。よってここでは，取得法の会計処理を説明していきます。

　取得法では，全ての企業結合において結合当事者のうち必ず取得企業を特定する必要があり，支配を得る方を**取得企業（acquirer）**，支配される方を**被取得企業（acquiree）**と呼びます。取得企業の識別においては，対価の形式に応じ，主として現金その他の資産の移転等による企業結合ではその移転をした企業が取得企業となり，証券持分の交換による場合には一般に証券を発行した企業が取得企業となります。また取得企業が被取得企業の支配を獲得した日を**取得日（acquisition date）**とします。なおＳＦＡＳ141号改訂版は，2008年12月15日以降開始する事業年度または中間期より適用され，早期適用は禁止されています。

(3) 取得法による吸収合併の会計処理

　ある会社を買収し吸収合併するということは，言い換えればその会社の純資産を一定の対価を払って購入するということです。会社の価値は貸借対照表上の純資産で示されるわけですが，当該純資産については資産・負債が全面的に時価で評価されているわけではありませんから，購入時点で時価に評価替えを行うわけです。そして純粋にいえばその時価純資産に等しい対価を払ってその会社を購入するわけですが，この対価は必ずしも時価純資産の額と等しくなるわけではありません。なぜなら会社の価値はすべて貸借対照表上に表現されているわけではなく，例えばノーベル賞受賞者が社員の中にいれば，それは会社にとっていろいろな意味でプラスをもたらしますが，貸借対照表上それを資産としては表せません。したがって会社を買収時に，会社の貸借対照表上には出てこないプラスの要素を対価の中に盛り込んだ場合，当然対価は時価純資産の額を上回りますが，その上乗せ分を会計学では正ののれん（goodwill）といい，正ののれんはその会社の超過収益力を表すものとされ，従来は，40年を超えない期間で償却するものとされていましたが，SFAS142号により，規則的償却を

行わず，のれんを計上する報告単位（Reporting unit）ごとに，最低でも年に一度減損テストを実施することと変更されました。

SFAS141号改訂版では，正ののれんは以下のように算定されます。

のれん＝①＋②＋③－④

（ただし①＝移転対価(consideration transferred)，②＝被取得側における非支配持分の公正価値(fair value of any noncontrolling interest in the acquiree)，③＝段階取得による企業結合において，取得企業が既に取得していた被取得企業に対する持分の取得日時点における公正価値で評価した額（the acquirer's previously held equity interest in the acquiree for a step acquisition)，④＝取得した識別可能な純資産の公正価値（fair value of identifiable net assets acquired))

①の移転対価は取得日の公正価値で評価したものであり，②の非支配持分とは，子会社の純資産のうち直接または間接に親会社に帰属しない部分をいい，これについても公正価値で評価します。また③における**段階取得（a step acquisition）**とは，例えば支配獲得前に30％の持分を有し，さらに40％を追加取得して支配を獲得したような場合をいい，このとき従来の30％の持分についても取得日時点の公正価値で評価しなおし，これものれんの計算要素に加えます。最後に④の識別可能な純資産ですが，これは企業結合によって被取得側において従来は認識対象としていなかった資産・負債を新たに認識する事態を想定して，識別可能な，という言葉をつけており，SFAS141号改訂版では，その例としてブランドネームやパテント，顧客関係などのような，被取得側においてそれまで費用処理していたものを挙げています。

一方，先ののれんの算定式の値がマイナスの場合，SFAS141号改訂版では，**バーゲンパーチェス（bargain purchase）**とし，この場合は貸借対照表には表現されない何らかのマイナスの要素があることを意味し，対価は時価純資産からその部分を割り引くことになるため，割安で買えることになります。このときは，まずすべての取得資産及び引き受け負債を，正しく識別したかどうかを再度検討して，追加計上すべきものがあればこれを認識し，さらに先の算

定式の構成要素を全て見直し、公正価値の測定手続きに誤りがないかどうかを再検証した結果なお、**マイナスののれん（negative goodwill）** が計上された場合、初めて取得企業側での利益（gain）として計上することになります。

以下設例により処理を確認します。

〔設例 1〕

X社は以下の財政状態のY社を吸収合併した。対価が①時価$20、額面$10のX社株式50,000株、②現金$800,000、それぞれの場合に分けて合併仕訳を示せ。

	Y 社		
Cash	$30,000	Accounts payable	$30,000
Accounts receivable	$50,000	Loan payable	$10,000
Inventory	$20,000	Bonds payable	$10,000
Building	$500,000	Common stock	$300,000
Equipment	$190,000	Additional paid-in capital	$100,000
Assets to be disposed of	$60,000	Retained earnings	$400,000
	$850,000		$850,000

ただし、InventoryとBuildingおよびEquipmentの時価はそれぞれ、$10,000と$600,000及び$300,000、またBonds payableの時価は$30,000で、それ以外についてはすべて時価と簿価は一致しているものとする。また非支配持分はないものとする。なお、のれんの算定式がマイナスとなった場合、識別可能な純資産の再検討及び公正価値の測定手続きの再検証を行った結果、何ら問題はなかったものとする。

	簿　価	時　価	差　額
Inventory	$20,000	$10,000	($10,000)
Building	$500,000	$600,000	$100,000
Equipment	$190,000	$300,000	$110,000
Bonds payable	($10,000)	($30,000)	($20,000)
Total	$700,000	$880,000	$180,000

(解答)

① ＜対価が時価＄20，額面＄10のX社株式50,000株の場合＞

Cash	＄30,000
Accounts receivable	＄50,000
Inventory	＄10,000（＝時価）
Building	＄600,000（＝時価）
Equipment	＄300,000（＝時価）
Assets to disposed of	＄60,000
Goodwill	＄20,000（＝買収対価＄1,000,000 －時価純資産＄980,000）
Accounts payable	＄30,000
Loan payable	＄10,000
Bonds payable	＄30,000（＝時価）
Common stock	＄500,000 （＝額面＄10×50,000）
Additional paid-in capital	＄500,000 （＝時価＄20×50,000－資本金）

② ＜対価が現金＄800,000の場合＞

Cash	＄30,000
Accounts receivable	＄50,000
Inventory	＄10,000（＝時価）
Building	＄600,000（＝時価）
Equipment	＄300,000（＝時価）
Assets to disposed of	＄60,000
Accounts payable	＄30,000
Loan payable	＄10,000
Bonds payable	＄30,000（＝時価）
Cash	＄800,000
Gain	＄180,000

①　いずれにしてもまずは，のれんの算定から入ります。時価を加味すると時価資産は＄1,050,000，時価負債は＄70,000ですから，**識別可能な（identifiable）時価純資産**は＄980,000となります。また合併対価として株式を発行する場合，時価発行価額が対価として計算され，50,000×＄20＝＄1,000,000となります。段階取得はなく，また非支配持分もありませんから，よって

　　　　のれん＝合併対価－時価純資産＝＄1,000,000－＄980,000＝＄20,000

と計算されます。これはプラスで借方に計上され，資産・負債はすべて時価で受け入れるので，合併仕訳は上記解答①のようになります。

②　今度は支払対価が現金の場合です。米国では対価が全て現金となる合併が行われます。①の仕訳で資本金，資本剰余金としたところはCash（現金）になります。一方のれんの額は，

　　　　のれん＝合併対価－時価純資産＝＄800,000－＄980,000＝－＄180,000

となり，負ののれんが計上されます。この場合，問題文に示したように，測定手続等に問題がありませんので，これをそのまま利益に計上します。よって上記解答②の仕訳になります。

(4)　買収の処理

買収は先の定義によれば，Y社の資産・負債の引継ぎではなく，普通株式の過半数（50％超）の取得ですので，この処理は単に**投資有価証券勘定（investment in Y）**一本で済みます。ただ，この場合買収後も，50％超を保有するX社が親会社，保有されるY社が子会社となってともに存続しますので，X社側で連結財務諸表を作成する必要が生じます。買収の処理を以下の設例で確認します。

〔設例 2〕

　　設例1の①，②において，対価を同じとしてY社株式の過半数を取得した場合の仕訳を示せ。

（解答）

① ＜対価が時価＄20，額面＄10のＸ社株式50,000株の場合＞

Investment in Y　＄1,000,000
　　　　　　　　Common stock　　　　　　　　　＄500,000
　　　　　　　　Additional paid-in capital　　＄500,000

② ＜対価が現金＄800,000の場合＞

Investment in Y　＄800,000
　　　　　　　　Cash　　　　　　　　　　　　　＄800,000

買収で，資産・負債の引継ぎはなく，通常の投資有価証券の購入と同等と考えればいいわけです。

なお，Ｘ社の個別財務諸表上では，20％以上の取得につき持分法（equity method 第17章参照）にて評価しますが，同時に50％超の取得でＹ社を支配（control）できるので，Ｙ社を子会社として連結財務諸表を作成します。

33 企業結合(1) －合併と買収－

第2部 特殊会計編

34 企業結合(2)
－連結財務諸表－

　本章では，**企業結合**（business combination）として，ある会社を買収した後，企業グループ全体として活動状況を示すために必要となる連結財務諸表の初歩について学習します。

基本例文 1

X account is eliminated against Y
アカウント　イズ　エリミネイティッド　アゲインスト
Xという勘定をYと相殺消去する

■ In the cosolidated balance sheet, the parent company's "invesment in subsidiary" **account** should **be eliminated against** the stockholders' equity of the subsidiary.
（連結貸借対照表上，親会社での「子会社に対する投資」勘定は，子会社の資本と相殺消去されなければならない）

ここがポイント！　「親会社」は parent company,「子会社」は subsidiary (company)。eliminate X against Y で「XをYと相殺消去する」となり，この文は parent company should eliminate "investment in subsidiary" account against the stockholders' equity of the subsidiary(company)「親会社は子会社に対する投資勘定（"investment in subsidiary" account）を子会社の資本と相殺消去しなければならない」とも表現できる。

基本例文 2

the excess of X over Y
ズィ エクセス オブ オウヴァー

XのYに対する超過額

■ **The excess of** cost **over** book value is allocated to goodwill.
（取得価額の簿価に対する差額は，のれんに配分される）

ここがポイント！ 主語は「取得価額（cost）の簿価（book value）に対する超過額（the excess）」。be allocated to ～ で「～に配分される」。

▶▶▶関連用語
minority income　少数株主損益　　elimination entries　相殺仕訳

解説

(1) 連結財務諸表の作成が必要な場合

　前項で，パーチェス法による企業結合の処理をみましたが，過半数以上の株式の取得の場合，取得会社が被取得会社を**支配（control）**できるものとして，取得側を親会社，被取得側を子会社として，親会社が子会社を含めたグループ全体を一つの経済的実体として，連結財務諸表を作成することが必要になることをみてきました。

　連結財務諸表は通常期末時点で作成するものですが，期中にある会社の買収を行って子会社化した場合，親会社の個別財務諸表上において企業結合の仕訳を行った直後に，企業結合後の実態を即グループベースで把握するために，連結財務諸表（連結貸借対照表）を作成することがあります。以下では，紙面の都合上この買収直後の連結財務諸表作成に必要なプロセスのみみていきます。

(2) 買収直後における連結財務諸表（consolidated B/S as of date of acquisition）

　連結財務諸表を作成する際はまず，連結精算表上で親会社と子会社それぞれの個別財務諸表を合算することからはじめ，その後親子間での様々な相殺消去の仕訳がなされます。まず買収直後の連結財務諸表の作成上，必要となるのは，①親会社の投資と子会社の資本の相殺消去の仕訳と，②債権・債務の相殺消去の仕訳です。以下概要を説明します。

①　親会社の投資と子会社の資本の相殺消去

　例えばＰ社が既に存在しているＳ社の議決権株式を市場から100％買い，Ｐ社が親会社，Ｓ社が子会社となった場合，Ｐ社の財務諸表には子会社株式という勘定が計上されます。通常親会社がある会社に直接投資する場合，その会社では資本が増えるわけですが，このように市場から株を買う場合，すでに当該会社では資本の拠出を受け，過去の経営活動の結果利益の内部留保である利益剰余金も蓄積され，一定の純資産の金額を有するわけであり，当該会社の発行済み株式を100％買おうと思う場合，等価交換を前提とすれば当該会社の純資産に等しい金額をその対価として支払うわけです。

　今Ｐ社がＳ社の純資産に等しい額でＳ社株式を100％買った場合，この状態で連結財務諸表を作成して両者の財務諸表を合算すると，Ｐ社の財務諸表上の子会社株式とＳ社での財務諸表上それに等しい純資産とが重複し，連結上資産・資本が両膨らみとなってしまいます。つまり，Ｐ社がＳ社株式を100％購入した時点で，Ｓ社の純資産はＰ社から払い込みを受けたものと考え，それは連結上企業グループ内での資金移動に過ぎないため，そこで親会社Ｐ社での子会社Ｓ社への投資勘定と，子会社Ｓ社での資本（すなわち資本金や資本剰余金，利益剰余金を含めた意味での資本）の相殺消去が必要となるわけです。

　後でみますが，Ｐ社の所有割合が100％未満の場合，Ｐ社以外にもＳ社株主が存在することになりますが，それらの親会社以外の株主のＳ社資本に対する持分を**非支配持分（noncontrolling interest）**，または**少数株主持分（minority interest）**といいます。

② 債権・債務の相殺消去

例えばP社がS社に対し$15,000の売掛金を有し，まだ未決済の場合，S社ではP社に対し買掛金を有することになりますが，これもあくまでグループ内部で行われた取引であり，あくまでグループ外部との取引のみを対象とする連結上は，やはり相殺しなければなりません。よって双方の債権債務を相殺する以下の仕訳が，必要となります。

　　　　Accounts payable　$15,000
　　　　　　　　Accounts receivable　$15,000

(3) 買収直後の連結財務諸表作成の総合設例

以上の概要を前提として，買収直後の連結財務諸表の総合設例をみていきます。

〔設例1〕

9月1日に，P社は以下の財政状態のS社の株式の80％を$550,000で取得した。なお買収日における資産の公正価値は以下のとおりである。P社における企業結合の仕訳と，連結財務諸表作成のための仕訳を示しなさい。なお，S社の買掛金のうち，$100,000はP社に対するものである。また非支配持分の公正価値は$130,000とする。

S 社

Cash	$30,000	Accounts payable	$170,000
Accounts receivable	$50,000	Bonds payable	$100,000
Inventory	$20,000	Common stock	$300,000
Building	$1,000,000	Additional paid-in capital	$180,000
Accumulated depreciaition	($250,000)	Retained earnings	$100,000
	$850,000		$850,000

	簿　　価	時　　価	差　　額
Inventory	$20,000	$35,000	$15,000
Building	$500,000	$550,000	$50,000
Accumulated depreciation	($250,000)	($260,000)	($10,000)
Total	$270,000	$325,000	$55,000

（解答）

<連結財務諸表作成のための仕訳>

[投資と資本の相殺消去仕訳]

Common stock	$300,000	
Additional paid-in capital	$180,000	
Retained earnings	$100,000	
Inventory	$15,000	
Building	$50,000	
Goodwill	$45,000	
Investment in S		$550,000
Accumulated depreciation		$10,000
Noncontrolling interest		$130,000

[債権, 債務の相殺消去仕訳]

Accounts payable	$100,000	
Accounts receivable		$100,000

　親会社が子会社株式を100％所有していない場合, 親会社以外が保有する子会社に対する持分を, **非支配持分（noncontrolling interest）** といいます。よって投資と資本を相殺消去する場合でも, 子会社の資本勘定を親会社と非支配持分とでそれぞれの持分比率により, 親会社帰属部分と非支配持分帰属部分に分け, 前者についてのみ投資との相殺消去を行い, 後者を非支配持分として区分します。そして非支配持分についても, 別途公正価値が算定されます。

　非支配持分の連結貸借対照表上の表示は2007年12月のSFAS160号により,

資本の部で親会社の資本と明確に区別した上で表示されることになりました。なおSFAS160号は，2008年12月15日以降開始する事業年度または中間期より適用され，早期適用は禁止されています。

ⅰ） P社の企業結合時の処理

  Investment in S $550,000

          Cash $550,000

 P社は現金取得価額でS社への投資を認識します。

ⅱ） 連結財務諸表上の仕訳

 ア） まず，子会社の資本勘定のうち親会社持分（資本勘定×P社持分80％と，親会社での子会社投資勘定を相殺消去します。貸借差額はDifferentialとしておきます。

Common stock	$240,000（＝300,000×80％）
Additional paid-in capital	$144,000（＝180,000×80％）
Retained earnings	$80,000（＝100,000×80％）
Differential	$86,000（＝**貸借差額**）
Investment in S	$550,000

 イ） 次に子会社に対するP社以外の非支配持分20％を資本勘定それぞれに乗じ，非支配持分に付け替えます。

Common stock	$60,000（＝300,000×20％）
Additional paid-in capital	$36,000（＝180,000×20％）
Retained earnings	$20,000（＝100,000×20％）
Noncontrolling interest	$116,000
	（＝**S社簿価純資産**×20％）

 ウ） 次にS社資産及び非支配持分の，時価への評価替えを行います。

Inventory	$15,000
Building	$50,000
Accumulated depreciation	$10,000
Noncontrolling interest	$14,000

　　　　　　　　　　　　　　　　　　　　（＝＄130,000－＄116,000）
　　　　　　Differential　　　　　　　　　　＄41,000（＝貸借差額）

　時価と簿価の評価差額は，Differential に付け替えます。

エ）次にこれまで出てきた Differential を集計し，残った額を**のれん**（**goodwill**）に付け替えます。Differential は，当初親会社持分と子会社への投資の相殺消去時に借方に発生した＄86,000，次にS社資産及び非支配持分の簿価から時価への評価差額の貸方＄41,000ですから，借方をプラス，貸方をマイナスとすれば＄45,000（＝＄86,000－＄41,000）だけ借方に残高が残ります。これをのれんに振り替えますから

　　　Goodwill　　　　　　　　　　　　＄45,000
　　　　　　Differential　　　　　　　　　　＄45,000

となります。

　ちなみに以上でP社の投資とS社の資本の相殺消去は終わりますが，これを一つにまとめると，次のようになります。

　　　Common stock　　　　　　＄300,000
　　　Additional paid-in capital　　＄180,000
　　　Retained earnings　　　　　＄100,000
　　　Inventory　　　　　　　　　　＄15,000
　　　Building　　　　　　　　　　　＄50,000
　　　Goodwill　　　　　　　　　　　＄45,000
　　　　　Investment in S　　　　　　＄550,000
　　　　　Accumulated depreciation　＄10,000
　　　　　Noncontrolling interest　　　＄130,000

オ）最後に，S社の買掛金の中に親会社へのものが＄100,000ありますから，これを親会社の売掛金と相殺します。よって

　　　Accounts payable　　　　　＄100,000
　　　　　Accounts receivable　　　　＄100,000

上記を精算表にまとめたものが288ページです。よく見比べてみてください。

子会社の資本の部は全て相殺消去されますので，連結財務諸表上資本の部は親会社のものがそのまま転記されることになります。

(4) 投資と資本の相殺消去（簡便的手法）

これまでみてきた投資と資本の相殺消去のやり方は米国流のオーソドックスなものですが，より簡便的な方法もありますので，念のためこちらのほうも解説しておきます。

ⅰ) はじめにS社資産及び非支配持分の時価への評価替えを行う
　　仕訳も上記と同じです。

ⅱ) ①次に子会社資本勘定全額と，ⅰ)で認識した**評価差額（differential）**を借方に計上し，子会社投資勘定と相殺する。②また非支配持分は，子会社の時価を加味しない簿価純資産に非支配持分比率を乗じて計算。③のれんは，貸借差額として算出。

ⅲ) 最後にⅰ) とⅱ) を合算すればOK。
　　以下このSTEPをみていきます。

ⅰ) S社資産の時価への評価替え

Inventory	$15,000
Building	$50,000
Accumulated depreciation	$10,000
Noncontrolling interest	$14,000
Differential	$41,000

これは先ほどと同じです。

ⅱ) 投資と資本の相殺消去（簡便法）

Common stock	$300,000	⎫
Additional paid-in capital	$180,000	⎬ ①のSTEP
Retained earnings	$100,000	⎬
Differential	$41,000	⎭
Goodwill	$45,000	③のSTEP

第2部 特殊会計編

表1 Concolidated B/S Working Paper as of date of acquisition

	P社	S社	Elimination entries Debit	Elimination entries Credit	Minority interest Debit	Minority interest Credit	Consolidated B/S
Cash	40,000	30,000					70,000
Accounts receivable	150,000	50,000		オ)100,000			100,000
Inventory	80,000	20,000	ウ)15,000				115,000
Building	1,350,000	1,000,000	ウ)50,000				2,400,000
Accumulated depreciation	(300,000)	(250,000)					(560,000)
Investment in S	550,000			ウ)10,000			
				ア)550,000			
Differential			ア)86,000	エ)41,000			
				エ)45,000			
Goodwill			エ)45,000				45,000
Total assets	1,870,000	850,000					2,170,000
Accounts payable	350,000	170,000	オ)100,000				420,000
Bonds payable	200,000	100,000					300,000
Common stock	600,000	300,000	ア)240,000		イ)60,000		600,000
Additional paid-in capital	300,000	180,000	ア)144,000		イ)36,000		300,000
Retained earnings	420,000	100,000	ア)80,000		イ)20,000		420,000
Noncontrolling interest				ウ)14,000		イ)116,000	130,000
Total liabilities and capital	1,870,000	850,000	760,000	760,000	116,000	116,000	2,170,000

注) 表中のア)〜オ)は本文の解答記事 ii)のア)〜オ)に対応します。

           Investment in S $550,000   ①のSTEP
           Noncontrolling interest $116,000   ②のSTEP

  Noncontrolling interest
    ＝S社簿価純資産（300,000＋180,000＋100,000）×20％

のれんの$45,000は，以下のように親会社帰属分と非支配持分帰属分とに区分できます。

  親会社帰属分：$550,000－識別可能な時価純資産$635,000×80％
         ＝$42,000
  非支配持分帰属分：$130,000－識別可能な時価純資産$635,000×20％
         ＝$3,000

  識別可能な時価純資産は，簿価純資産に純資産の時価への評価差額$55,000を加えて計算しています。

  またのれんの計算は連結においても，前章でみた算式で計算できます。つまり，株式取得の対価は$550,000，非支配持分の公正価値は$130,000，一方取得した識別可能な純資産の時価評価額は$635,000ですから，のれんは$45,000（＝$550,000＋$130,000－$635,000）となるわけです。

  仮に取得対価が$500,000の場合，計算式の結果はマイナスの値をとりますが，このときはやはり前章と同様，追加計上すべき識別可能な資産，負債はないかどうか，さらに計算式の構成要素の公正価値の測定手続きを再検証し，問題がなければ計算結果の－$5,000を負ののれんとして，利益に計上することになります。

(5) 取得日以降における連結財務諸表の作成（consolidated financial statement subsequent to acquisition）

① 取得日以降の連結財務諸表作成の特徴点

これまでは買収時の連結貸借対照表の作成をみてきましたが，今度は取得日以降，つまり期末時点における連結財務諸表の作成があります。取得日以降の連結財務諸表では，買収時から期末までの子会社の損益も取り込みますので，

第2部　特殊会計編

連結損益計算書（consolidated income statement）も作成されます。なおこれ以降の点については，先にもいいましたように，紙面の都合上説明は省略します。基本的な流れは日本の連結財務諸表作成とほとんど変わる箇所はないので，連結財務諸表の解説書を参照してください。

ただ一点日本と大きく異なる箇所は，米国では20％以上取得した会社の株について，個別財務諸表上も持分法を適用しており，その中でも過半数を取得した会社については，支配できるものとして連結対象となりますので，それらの会社については連結の際，親会社の個別財務諸表上実施された持分法の適用仕訳の逆仕訳を切る必要があるという点です。先にみた親会社の投資と子会社の資本の相殺消去の仕訳において，親会社における子会社投資勘定は取得時の金額でなければいけませんが，持分法を適用している場合，子会社投資勘定が動いてしまっているため，持分法の適用仕訳の逆仕訳を切ることで，再度取得原価に戻すことができることになります。

日本では子会社株式については，取得原価のまま据え置きますからこうした手続きはありませんので，注意してください。

34 企業結合(2) －連結財務諸表－

第2部 特殊会計編

35 財務分析

　本章では，貸借対照表や損益計算書の数字を参考に，会社がどういう状態にあるかを探っていく**財務分析（financial analysis）**の初歩について学習します。

基本例文 1

The ratio of A to B
AのBに対する比率

■ **The ratio of** net income **to** equity is called Return On Equity.
（当期純利益の自己資本に対する比率は，自己資本利益率（ＲＯＥ）と呼ばれる）

ここがポイント！　AのBに対する比率というときは，Aが分子，Bが分母となるので注意。この場合，net income＝return となっている。

基本例文 2

Divide A by B
AをBで割る

■ Current ratio is obtained by **dividing** current assets **by** current liabilities.
（流動比率は，流動資産を流動負債で割って求める）

ここがポイント！ 「～で割る」の，「～」には by を使うことに注意。ちなみに，「AをBに掛ける」は，multiply A by B となり，やはり by を用いる。3 multiplied by 2 is 6．「3掛ける2は6」。

▶▶▶関連用語
division　割り算　　　multiplication　掛け算　　　numerator　分子
denominator　分母

解説

(1) 安全性からみた財務分析

　一般にある会社に投資を行うかどうかを判断するとき，簿記の知識のある人であれば，当該会社の貸借対照表や損益計算書をみて，会社の状態を判断し，投資の意思決定に役立てます。その際，まず会社が倒産してしまっては，元も子もありませんから，その意味でまず会社の安全性に目がいくはずです。ここで会社の安全性を図る指標としてはじめに出てくるものが流動比率で，**流動資産（current asset）** を**流動負債（current liability）** で割って求めます。

$$流動比率 = \frac{流動負債}{流動資産} （単位は\%）$$

　流動負債は1年以内に支払期限の来る負債ですから，この返済のために充当できる資産は同じく1年以内に現金化される資産でなければならないはずですから，流動比率は会社の短期的な支払能力を測る指標として使われ，一般的には200％以上あることが望ましいとされます。

　一方，流動資産の中身には，現金預金や有価証券や棚卸資産がありますが，流動比率が200％以上だとしても，流動資産が全部棚卸資産である場合はどうでしょうか？　その棚卸資産の売れ行きが好調であるなら構いません。しかし，全然販売できずに，在庫が山積みとなっているだけのいわゆる滞留品である場合，1年以内に販売の可能性は見込めず，1年以内の返済資金の原資とするこ

とはできません。

したがって，安全性をより厳密な観点から分析した指標としては，次に掲げる**当座比率**（quick ratio または acid-test ratio）が用いられます。

$$当座比率 = \frac{当座資産}{流動負債}$$

ここで，**当座資産**（quick assets）とは，流動資産の中でも**現預金**（cash），**売掛金，受取手形**（receivables）および市場性のある**有価証券**（marketable securities）とより換金可能性の高い資産に限定したものであり，より厳密な支払能力の分析が可能となります。

(2) 収益性からみた財務分析

次に安全性の分析が終わると，今度は会社の収益性の判定にとりかかります。安全性はいわば現時点での判断であり，今後利益を効率よく生み出せず，損失が累積していくならば，結果として将来の安全性に不安が出てくるからです。これもいろいろな指標がありますが，昨今特に株主重視の観点からよく用いられる指標として，**自己資本利益率**（return on equity：ROE）があげられ，これは**当期純利益**（net income）を**自己資本**（equity）で割って求めます。

$$自己資本利益率 = \frac{当期純利益}{自己資本}$$

会社は株主及び債権者から資金を調達し，その資金を使って営業活動を行い，1年間の利益を稼ぐわけですが，株主及び投資家にとっては自らが拠出した資金を使ってどれだけ利益を稼いでいるかが重要な関心事となります。そこで，株主及び投資家に対しては，自己資本利益率を改善することで，自らを投資するにふさわしい会社とアピールしていく必要があります。

これに対し，債権者からの調達資金を含め，投下資本全体に対してどれだけ利益を生み出しているかを判定する指標として**総資本利益率**（return on investment：ROI）があります。

$$総資本利益率 = \frac{利息および税金控除前利益}{総資本}$$

ただし,分子に来るのはROEのときと違って,**利息及び税金控除前利益(earnings before interest and tax)** となることに注意してください。利息は債権者にとっては,お金を貸したことに対する見返りで株主にとっての配当のようなものです。また税金は政府に対する配分と考えますから,すべての利害関係者に分け前を配分する前の利益を計上する必要があることから,こうした計算となります。ちなみに,日本では特別損益を加味する前の経常利益で計算します。

第3部 アニュアル・レポート

アニュアル・レポート (Annual Report) について

▶(1) はじめに

　アニュアル・レポートは，会社が発行する年次報告書で，会社の財政状態，経営成績，およびキャッシュ・フローの状況を株主，債権者を始めとする利害関係者に開示するのみならず，近年のディスクロージャー要求の社会的な高まりを受け，コーポレートガバナンス (corporate governance：企業統治の状況) など，適正な企業運営に向けていかなる取り組みが行われているかを，積極的に社会にアピールする役割を果たしています。

　紙面の都合上ここでは，財務セクション (financial section) の中の基本財務諸表，すなわち連結貸借対照表，連結損益計算書，連結株主資本等変動計算書，および連結キャッシュ・フロー計算書をレビューしていきます。なお財務諸表には上記の子会社や関連会社を含めた企業集団全体の連結財務諸表だけでなく，個別財務諸表 (non consolidated financial statements) もあるわけですが，米国では連結財務諸表こそが信頼のおける財務諸表であり，個別財務諸表についてはあくまで会社の内部資料的な意味合いしか持ちません。アニュアル・レポートにおいて開示の対象となるのは，あくまで連結財務諸表だけとなります。ちなみに，日本も2000年の会計ビッグバンを契機に，連結重視の時代となり，それまでの関係と逆転し，連結が主，個別が従の関係となりましたが，いまだ個別財務諸表も重視されており，公認会計士の監査対象となっています。
なお一口に日本企業が公表するアニュアル・レポートとはいっても，ソニーやトヨタ自動車のようにアメリカにおいて上場している会社のような場合には，そこに添付される財務諸表は完全なる米国会計基準 (US GAAP) に基づいて

アニュアル・レポート（Annual Report）について

作成されているのに対し，米国に上場していない会社については，日本の基準に基づき，日本の公表財務諸表をそのまま英文に翻訳したにすぎないものもありますが，これも同様にアニュアル・レポートと呼ばれます。

ちなみに，先のトヨタやソニーは，日本語での公表財務諸表も全部米国会計基準によっています。ここでは，そうした米国基準に準拠した会社として，日立製作所をとりあげ，さらに米国企業のＩＢＭをみていきたいと思います。

なおその前に米国において最も特徴的な損益及び包括利益計算書の，標準的なフォームを確認したいと思います。

▶(2) 米国企業の標準的損益および包括利益計算書 (表1参照)

米国の損益および包括利益計算書で一番特徴的なのは，当期純利益を毎期経常的に発生する継続事業利益（income from continuing operations）と，臨時的に発生する非経常損益区分とに分け，さらに当期純利益の下でその他の包括利益（日本では貸借対照表の純資産の部の評価・換算差額等に該当します）を加え，包括利益を表示するという点にあります。日本の損益計算書とは，本業でどれだけ稼いだかを示す，営業損益（operating profit or loss）までは共通していますが，それ以降は米国基準ではかなり異なったものとなり，その後の段階別利益は以下の順を辿ります。また日本では，包括利益という概念はありません。

 ⅰ） 異常項目又は発生の頻度が低い項目及び税金控除前の利益（income before unusual or infrequent items and income taxes）
 ⅱ） 税引前継続事業利益（income from continuing operations before provision for income taxes）
 ⅲ） 税引後継続事業利益（income from continuing operations）
 ⅳ） 臨時損益項目控除前の利益（income before extraordinary item）
 ⅴ） 当期純利益（net income）
 ⅵ） 包括利益（comprehensive income）

表1 標準タイプの損益及び包括利益計算書（個別）

ABC Company
STATEMENT OF EARNINGS AND COMPREHENSIVE INCOME
For the year ended December 31, 2007

Sales		$200,000
Cost of goods sold		120,000
Gross profit		80,000
Operating expense		
Selling expense	$8,000	
General & administrative expense	12,000	20,000
Operating income		60,000
Other income		
Interest income	$300	
Gain on sale of available-for-sale securities	500	800
Other expense		
Interest expense		(100)
Income before unusual or infrequent items and income taxes		60,700
Unusual or infrequent items		
Foreign exchange transaction gain		10,000
Income from continuing operations before provision for income taxes		70,700
Provision for income taxes		
Current	$24,745	
Deferred	4,949	29,694
Income from continuing operations		41,006
Discontinued operations		
Loss from operations of discontinued Division X, including loss on disposal of $3,000	(15,000)	
Income tax benefit	(6,300)	(8,700)
Income before extraordinary item		32,306
Extraordinary item: Loss due to flood (less applicable income tax of $3,200)		6,800
Net earnings		25,506
Other comprehensive income		
Foreign currency translation adjustments, net of tax		696
Unrealized gain on securities :		
Unrealized holdings gain arising during period, net of tax	1,450	
Less: reclassification adjustment, net of tax for gain included in net income	(500)	950
Defined benefit pension plan		
Net loss, net of tax		(667)
Other comprehensive income		979
Comprehensive income		$26,485

アニュアル・レポート（Annual Report）について

① 各段階別利益の解説
　ⅰ）異常項目又は発生の頻度が低い項目及び税引き前の利益

　　米国ではア）異常な性質（unusual nature）で，イ）発生頻度が低く滅多に起こらないもの（infrequency of occurrence）という2つの条件を同時に満たしたものを，臨時損益項目（extraordinary items）として，継続事業利益から除外します。これは日本の特別損益項目よりも，より範囲を限定したものです。

　　臨時損益の具体例としては，過去滅多に起きたことのない地域における地震（earthquake）や，洪水（flood）等の自然災害により生じた損失等が挙げられます。なおかつては，負債の早期償還による損益（gain/loss from early extinguishment of debt）も，臨時損益項目とされていましたが，近年は有利子負債の削減を目指した財務戦略の一環として，滅多に生じず，かつ異常な性質のものともいえなくなってきましたから，現在は継続事業利益の中に含まれます。

　　また，ア）とイ）につき両方ではなく，いずれかのみ満たすものについては，臨時損益項目とはなりません。これらの具体例としては，為替差損益（gain/loss on foreign currency exchanges or translations）や，固定資産売却損益（gain/loss on sale of fixed assets），従業員のストライキによる損失（loss from a strike of employees）等が挙げられます。そしてこれらのものにつき，重要性がない場合には，日本の営業外収益，営業外費用にほぼ相当するその他収益（other revenue），その他費用（other expense）の中に含めた後，営業損益にそれぞれ加算，減算して，税引前継続事業利益を計算しますが，重要性があると認められる場合にはその他収益又はその他費用と区別して独立表記することになります。つまり，営業損益にその他収益，費用を加算，減算した後の利益を税引前継続事業利益ではなく，表1のように income before unusual or infrequent items and income taxes $60,700 として表示し，その後，unusual or infrequent items という項目を設けその中で為替差損益というように具体名で独立表示した後（表1では為替差益 $10,000），それを差し引いてから，税引前継続事

業利益＄70,700を計算します。

なお日本では原則，固定資産売却損益は特別損益として表示しますから，米国のその他収益，費用は日本の営業外収益又は費用と完全に一致するものではないといえます。

ii）税引前継続事業利益

ⅰ）で説明したように，異常かつ発生の頻度が低い臨時損益項目として認められないものにつき，重要性が認められ，それを独立表示することになる場合には，その他収益，その他費用に含める場合とで途中のプロセスに若干の差が生じます。しかしいずれにせよ税引前継続事業利益は上記の通り計算されます。異常または発生の頻度が低いものとはいえ，双方を満たしていない限りは，会社が継続的に事業活動を行っていく以上必ずつきまとうものだということで，これらも継続事業利益に含めるわけです。

iii）税引後継続事業利益

ⅱ）から税金を差し引いて計算します。税効果会計でみたように，税金はcurrent部分とdeferred部分とに分けており，税引後継続事業利益は＄41,006と計算されます。

iv）臨時損益項目控除前の利益

継続事業利益より下の項目は，ア）非継続事業損益項目（income from discontinued operations），イ）臨時損益項目（extraordinary items）の2つの非経常損益項目があり，まず上記ⅲ）よりア）の非継続事業損益項目の損益を差し引いて，ⅳ）を計算します。

非継続事業については，従来ＡＰＢ30がその対象をセグメント（segment）と規定していましたが，2001年8月に公表されたSFAS 144号は，企業の事業構成部分（component）にまで，範囲を広げました。企業の事業構成部分は，事業活動においてまたは，財務報告を行う際，他の事業構成部分から明確に識別可能な事業を行い，かつそれ自体で独立してキャッシュ・フローを生み出せる能力を有する構成部分を意味し，その代表例としては子会社や，SFAS144号の固定資産の減損の単位として用いた資産グループ等が該当します。

そして処分済みあるいは売却予定と分類された事業の構成部分については，次の2つの条件を満たした場合のみ，非継続事業として報告することとなります。

ア）当該事業構成部分の事業とキャッシュ・フローが，処分により継続事業から除去された，あるいはされること
イ）処分後においても，企業が当該構成部分の事業に対し，重要な継続的関与（continuing involvement）を持たないこと

なお非継続事業部門の損益には，非継続事業部門についての営業損益（income from discontinued operation of the component）と，資産の処分損益（gain/loss on disposal）の双方が含まれることとなり，また事業部門を停止または廃止したことにより，売却予定の遊休資産(long lived assets of "held for sale")が生じたときは，簿価（carrying value）と公正な時価から販売のためのコストを引いて求めた正味実現可能価額（net realizable value）を比較して，いずれか低いほうの価額で評価することになります。

また非継続事業損益は，利益の場合のみならず損失の場合にも，税引後の金額で表示します。表1では，非継続事業としてX事業部門営業損$15,000を，処分損$3,000を含むという形で総額表示し，その後当該損失につき税金ベネフィット$6,300を控除し，損失についても税引後の$8,700で表示しています。

継続事業利益は，会社の継続的な活動によって稼いだ利益であり，会社の総合的な経営活動の成果を現すものとして，重要な利益であり，そうした利益に対しかかる税金も別建表示して，税引前と税引後の金額をそれぞれ計算しますが，それ以降の非経常項目については，今期たまたま生じたものであり，翌期以降の発生はほとんど考えられないものです。したがってそもそも重要性がないといえるものですが，ただしそれらの利益についても課税対象となるので，初めから税引後の金額で表示しようという考えです。

ただ注意が必要なのは，仮に非経常項目で損失が出たとしても，その損失も税引後で考えるという点です。損失は，課税対象とならないから税金

はゼロではないかという方もいるかと思いますが，損失単独で考えるとそうでしょうが，収益がある場合，損失は費用となって課税対象となる利益を減らし，税金の軽減効果を有するものといえます。

仮に税引前継続事業利益が＄10,000で，税率を42％とした場合，それに対する税金は，＄4,200（＝＄10,000×42％）となります。しかし，その後の非経常項目で非継続事業部門損失が＄3,000発生したとすれば，会社全体にかかる税金は税引前継続事業利益から当該損失を引いた＄7,000（＝＄10,000－＄3,000）×42％＝＄2,940となり，最終利益は＄4,060（＝＄7,000－＄2,940）となるはずです。

すなわち，非継続事業部門損失＄3,000の発生によって，払うべき税金が当初の＄4,200から＄2,940に減少し，＄1,260（これは損失＄3,000に税率42％を掛けた額と一致しています）だけ税金の軽減効果があったわけですから，損益計算書上の表示も損失全額ではなく，税金軽減効果を加味し，税引後の金額で表示する必要があるわけです。

ⅴ）当期純利益

最後に当期純利益ですが，これはⅳ）で述べた非経常項目の中の臨時損益項目を差し引いて計算します。なお非継続事業部門損益と同様，税引後で表示します。また従来はここにもう一つ会計方針の変更（change in accounting principle）による累積的影響額をもあわせて，税引き後の金額で非経常項目として，当期の損益計算書上表示することとなっていました。しかし2005年5月公表のSFAS154号では，実務上不可能な場合を除き，自発的な（voluntary）会計方針の変更があった場合，当該会計方針を過去に遡って適用し，過去の財務諸表を修正し，累積的な影響額については，従来のように変更のあった年の損益計算書上ではなく，税引後の金額で期首の利益剰余金勘定を修正することになりました。これを遡及修正型（retroactive-effect type）といいます。

これは，例えば棚卸資産の評価を後入先出法から先入先出法に変更したような場合です。なお米国ではここで述べた会計方針の変更に加え，会計上の見積りの変更（change in accounting estimate），及び報告主体の変更

（change in reporting entity）の3つを，会計上の変更（accounting change）として，それぞれの場合に応じ，規定を設けています。会計上の変更としては，従来会計方針の変更として扱われていた減価償却方法の変更（定額法から定率法への変更など）があります。また耐用年数（useful life）や残存価額（residual value）の変更もこれに含まれ，これらがあった場合，過去に遡るのではなく，将来にわたって修正する prospective type となります。これによれば，耐用年数の短縮があった場合，従来の耐用年数で計算された期首の簿価をまず出し，それを新たな耐用年数からそれまでの経過年数を差し引いた新たな残存耐用年数で償却することになります。

次に報告主体の変更ですが，これは例えば子会社の買収取得や新設，売却などを除いた連結対象とする子会社の変更により，財務諸表作成主体の構成に変更があった場合を意味します。このときは，現在の連結範囲が従来から同じであったかのように仮定して，全報告期間の財務諸表を再表示する，遡及修正（retroactive-effect type）が求められます。

なお，SFAS 154号は，これらの会計上の変更とは別に，誤謬の訂正（correction of errors）を規定しています。誤謬の訂正とは，当期の誤りを当期に発見するのではなく，前期以前の誤りを当期になって発見した場合の扱いを規定したもので，その具体例は現金主義から発生主義への変更など，不適正な処理から一般に公正妥当と認められた原則への変更や，単純な計算の誤りなどがあった場合です。

日本ではこのような場合前期損益修正として，当期の損益計算書上の特別損益項目としますが，米国ではあくまで過年度の処理の修正ですから，当年度の損益には影響させず，やはり税引後の金額で当年度の期首の利益剰余金を修正する点が大きな違いです。

vi) 包括利益

当期純利益に，その他の包括利益を加えて計算します。その他の包括利益は，貸借対照表の資本の部の増減をもたらす要素（株主からの払い込みや株主への配当等の資本取引を除く）のうち，当期純利益の構成要素とならないものをいいますが，これについては，再度日立製作所のアニュアル・

レポートの箇所で詳しく説明します。

▶(3) 日立製作所のアニュアル・レポート

ここでは日本の日立製作所のアニュアル・レポートをみていき，各基本財務諸表毎に解説をします。

① **連結貸借対照表（consolidated balance sheet）の検討**

連結貸借対照表は，期末時点における財政状態（financial position）を示すもので，資産の部は大きく分けて流動資産（current assets），投資及び貸付金（investments and advances, including affiliated companies），有形固定資産（property, plant and equipment），その他の資産（other assets）に分類されています。

日本では流動資産（current liabilities）の次に，固定資産（non-current assets）の区分を設けますが，米国では特にそうした区分をしないものの，意味合いとしては，流動資産と固定資産に分けていることになります。流動・固定分類にあたっては，正常営業循環基準（normal operating cycle）を基本とする一方で，1年基準（one year rule）を併用し，これは負債についても同様です。

正常営業循環基準とは，原材料の仕入に始まり仕入先への代金の支払，生産，販売，得意先からの代金回収という企業の一連の正常な営業過程にある資産，負債を流動，それ以外を固定とする基準で，これにより流動資産とされるのは企業の主目的たる営業取引によって発生した受取手形や売掛金等の売上債権（trade receivable）や，在庫である棚卸資産（inventories）になります。

なお日本では通常売掛金と，受取手形を独立表示しますが，ここではまず売上債権とし，その内訳として別建表示しています。これは日本と異なり，米国では商取引において商業手形を発行する慣行がないため，受取手形をnotes receivableとして独立表示すると，手形貸付金と誤解されるのを防ぐためです。

一方，現金及び現金等価物（cash and cash equivalents）や企業の主目的たる取引以外の取引によって発生した債権・債務，並びに前払費用，未払費用などは1年基準（one year rule）に基づき，貸借対照表日の翌日から起算して，1年以内に，すなわち3月決算の会社であれば翌年の3月31日までに換金または支払期限が到来するか否かを基準とし，1年以内のものを流動，1年超のものを固定区分にします。

　短期投資（short-term investments），リース債権（investments in lease），その他の流動資産（prepaid expenses and other current assets）については，この1年基準の適用により，流動・固定分類を行っています。

　次の大区分の投資及び貸付金は1年基準に基づき，1年を超えて現金化される，売却可能有価証券，償還満期保有証券，トレーディング証券や，関連会社への投資，および貸付金等を表します。

　また有形固定資産は事業活動において使用することを目的としたもので，そのうち，建設仮勘定（construction in progress）は，建設途中の建物等で現在までにかかった原価を集計したものを表します。その下で減価償却累計額が控除されていますから，その上の金額は取得価額ベースで，有形固定資産合計額が簿価ベースの金額を意味します。なお建設仮勘定はまだ未完成のものですから，これには減価償却自体はまだ行われていません。

　最後にその他の資産ですが，これは上記以外の，流動資産に分類されなかったものが入ります。その中味は，特許権（patent）や，商標権（trade-mark）等の無形固定資産（intangible assets）や1年を超えて回収されるリース債権，さらに長期の繰延税金資産（deferred tax assets）等が入ります。

　次に負債及び資本の部（liabilities and stockholders' equity）ですが，これを大きく分類すると，負債である流動負債（current liabilities），長期債務（long-term debt），退職給付債務（retirement and service benefits），その他の負債（other liabilities），さらに少数株主持分（minority interests），資本（stockholders' equity），そしてコミットメント及び偶発債務（commitments and contingencies）になります。

　流動分類は資産と同様，正常営業循環基準を主としこれに1年基準を加味

する形で流動負債への区分がなされます。ですので，支払手形（notes）と買掛金（accounts）は企業の主目的たる営業活動によって発生した買入債務（trade payable）の内訳として，流動負債になります。また支払手形が買入債務の内訳となっているのも，やはり商取引の決済として手形を振り出す慣行がなく，これを notes payable として独立表示すると，銀行借入金を意味することになってしまうためです。

それ以外の流動負債は，1年基準によるものです。償還期長期債務は，ファイナンス・リース債務（capital lease obligations）や無担保社債（debenture bonds），無担保転換社債（unsecured convertible debentures），借入金（loans, principally from banks and insurance companies）を全てまとめた額の，1年内返済予定額を意味します。

そして長期債務が上記のうち，1年を超えて返済される額となります。また退職給付債務（retirement and severance benefits）は，現時点での制度資産（fair value of plan assets）と退職給付債務（projected benefit obligation）との差額を示し，年金制度の積立状況がわかります。なおこれについては1年内と1年超とに分けようがないので，全額長期のものとします。

またその他の負債の主な内訳は，1年を超えて解消される一時差異等につき計上された繰延税金負債（deferred tax liabilities）になります。

次に少数株主持分（minority interest）ですが，これは連結対象とした子会社の持分のうち，親会社以外の少数株主が保有する持分で，連結貸借対照表上負債と資本の部の間に表示します。

次に資本ですが，通常の米国企業の場合法定資本である資本金（capital stock）については，発行する株式の種類毎に普通株式資本金（common stock）及び優先株式資本金（preferred stock）に分けて表示しますが，日立では普通株式しか発行していないため，common stockのみ表示しています。一方，米国企業の場合，貸借対照表上の資本金の箇所で，株式の種類，授権株式数（number of authorized shares）及び発行済株式総数（number of outstanding shares）を記載する例が多く，株式の種類については，額面株（par value stock）と無額面株（no par value stock）の別，及び額面株については額面

金額（par value）を記載します。

　次の資本剰余金（capital surplus）は，株主からの払込み額のうち資本金に組み入れられなかった額で，利益剰余金（retained earnings）は会社の過去の利益の内部留保額でした。またその他の包括利益累計額（accumulated other comprehensive income）ですが，まず増減資や配当の支払い等の株主との資本取引を除き，株主持分の変動要因のすべてを示す包括利益（comprehensive income）から，当期純利益（net income）を除いたその他の包括利益（other comprehensive income）の期末時点での累計額を意味するものでした。これは必ずプラスの利益となるとは限らず，損失となる場合も当然あり，日立ではその他の包括損失累計額となっています。

　最後に自己株式は，会社が発行した株式を市場から買い戻して保有しているもので，資本の部からマイナスされるものでした。そしてこれら資本の部の各項目の期首から期末の増減内訳を示したものとして，連結資本勘定計算書（consolidated statements of stockholders' equity）があるわけです。

　先に述べた包括利益は当期純利益にその他の包括利益を加えたもので，包括利益の報告様式としては，まず当期純損益の下にその他の包括利益を併せて表示し，包括利益までの計算を行う，損益及び包括利益計算書（combined statement of income and comprehensive income）（表1参照）と，損益計算書では当期純損益の計算まで行い，別途包括利益計算書（comprehensive income statement）として表示する方法があります。

　しかしここでは連結損益計算書では，当期純利益（損失）までしか計上せず，この当期純損失にその他の包括利益を加え，当期包括損失を算出するプロセスを連結資本勘定計算書上で行う第3の処理をとっており，今のところこの方法が一番多くとられています。日立の連結資本勘定計算書では資本勘定の内訳とその1年間の変動額が百万円単位で明示され，2008年3月期末において資本金￥282,033，資本剰余金￥555,410，利益剰余金￥1,626,497，その他の包括損失累計額（￥267,198），自己株式￥26,130で，資本合計が￥2,170,612となっていることがわかりますが，この資本合計の列上で，当期純損失（￥58,125）にその他の包括損失純額（￥179,124）を加算し，当

期包括損失（¥237,249）が計算されているわけです。

　なお包括利益は重要な情報であるため，資本合計の列上で表示するだけでは不親切なため，その下で当期純損失から当期包括損失への調整過程が別記されています。ここでは，先のその他の包括損失純額¥179,124をその他の包括利益（¥195,775）とその他の包括損失と当期損益項目との調整額¥16,651とに分けて表示していますが，後者の調整額は有価証券(1)でみたように，例えば取得原価＄5,000の売却可能有価証券を＄6,000に評価替えした場合，税効果を無視すれば＄1,000の評価差額金がその他の包括利益に認識され，後でそれを＄6,000で売却した場合には，その＄1,000が売却益となって当期純利益の構成要素となるので，純資産への二重計上を防ぐためそれと併せてその他の包括利益から当期純利益への組替調整を行い，その他の包括利益を同額減らしたことを意味します。

　ちなみに先にみた表1の損益及び包括損益計算書では，当期純利益（net earnings）の下で包括利益が明示され，そのうち売却可能有価証券の未実現評価差額（unrealized gain on securities）につき，当期純利益への組替調整前の＄1,450から組替調整額（reclassification adjustment）の＄500を差し引き，ネットで＄950だけその他の包括利益が発生したことがわかり，これ以外には為替換算調整勘定が＄1,450，年金債務調整額が（＄667）でその他の包括利益の合計額は＄979で，これを当期純利益＄25,506に加え，包括利益＄26,485と計算されていることがわかります。

　なお日立の場合は，その他の包括損失純額の内訳は別途注15で明記され，これにより為替換算調整額，年金債務調整額，有価証券未実現保有損益調整額などのこれまで学習してきた項目の発生額が把握できるわけで，表1でもそうでしたが，その他の包括利益（損失）は全て税効果控除後の金額（net of tax）で表示されます。そして当期のその他の包括損失純額は2007年3月末のその他の包括損失累計額（¥88,450）に加算され，2008年3月末のその他の包括損失累計額が新たに（¥267,198）と計算されることになります。

　当期は純額でその他の包括利益となったので，前期から比べてその他の包括損失累計額が減少したわけですが，それでもまだ期末時点においては

（¥88,450）の損失累計額ですからそれだけ純資産の部のマイナス要因となっていることがわかります。

最後のコミットメントおよび偶発債務については，米国では将来発生が予想される契約による債務及び偶発債務を，貸借対照表上は金額を入れず，空白にしておき，別途注記でその内容を開示することとしています。

② **連結損益計算書（consolidated statements of operations）の検討**

次に連結損益計算書ですが，3月決算の日立の場合，2007年4月1日から2008年3月31日までの1年間の経営成績（operating results）を表すものです。日立の場合，米国基準によっているとはいえ，特に特徴的な所はありません。非継続事業損益項目がない場合には，あえて継続事業利益と明記する必要はないので，ここでもそれに従っています。ただ日本のように，売上総利益（gross profit），営業利益（operating profit），経常利益（ordinary income）といった段階別の利益区分を行わず，はじめに税引前当期純利益（income before income taxes）が出てきて，そこから法人税等，少数株主持分（損益）を控除して，当期純利益（損失）が計上されている点が異なります。2008年3月期における当期純損失は，58,125百万円であり，税引前当期純利益の増加にもかかわらず前年度に比べ損失の額が拡大しています。これは子会社が利益を出しているにもかかわらず，親会社である日立が多額の損失を計上しグループ全体の足を引っ張っている場合，子会社の利益に対する少数株主の取り分である少数株主利益が連結利益を上回るために生じる現象です。例えば親会社の損失が8万円，子会社の利益が10万円の場合何ら内部取引がなければ連結ベースの利益は単純合算で2万円ですが，子会社に40%の少数株主がいれば子会社の利益に対する少数株主の取り分は4万円となるので，連結上は差し引き2万円の損失ということになります。

なお損益計算書の末尾で，1株当たり当期純利益と潜在株式調整後1株当たり当期純利益が計算される点も特徴的です。1株当たり当期純利益は，当期純利益を普通株式の平均発行済株式数（加重平均したもの）で割って求めますが，これは発行済株式総数から自己株式を引いた社外流通株式数の加重平均でなければなりません。

また転換社債のように転換請求権の行使により，さらにワラント債のように株式購入権の行使によって，将来普通株式に変わる可能性のある証券のことを，希薄化証券（dilutive securities）といい，この希薄化証券を発行している場合，将来株式数が増加する可能性があり，その場合は１株当たり当期純利益の計算で分母に使用した平均発行済株式数が増加し，１株当たり当期純利益が少なくなり，既存の株主にとってはマイナスとなるため，これを開示するわけです。

　ちなみに，日立では当期純損失ですから，株主にとっては１株当たり損失が拡大する場合が問題となるわけですから，希薄化証券のうち逆に損失を減少させるものの影響は省き，損失拡大の原因要素のみをとりあげ，計算しています。

③　**連結キャッシュ・フロー計算書**（consolidated statements of cash flows）**の検討**

　連結キャッシュ・フロー計算書は，日本基準とで特別大きな差異はありません。前年度と比べると，本業で稼いだ現金及び現金等価物を示す営業キャッシュ・フローが176,795百万円増加しており，これは長期性資産の減損と，棚卸資産の増加が前年度に比べ減少したことが主要因といえます。

　これに対し投資キャッシュ・フローの支出額は前年比で148,552百万円減少し，またその絶対額も営業キャッシュ・フローの範囲内に収まり，営業キャッシュ・フローから投資キャッシュ・フローを差し引いて計算されるフリー・キャッシュ・フロー（ＦＣＦ）が154,219百万円の黒字となっています。

　一方財務キャッシュ・フローは，前年度が121,259百万円の収入に対し，今期は185,556百万円の支出となっており，これに為替の変動による影響を意味する為替換算調整額を加味して１年間の現金及び現金同等物の減少額が56,906百万円となり，期首残高に加えて期末残高が計算されます。

　一般的には，営業キャッシュ・フローによってしっかり現金を稼ぎ，そしてその範囲内で投資支出を行い，その差額であるＦＣＦをもって，借入金等の有利子負債の返済にあて，最終的にプラスのキャッシュ・フローを生み出すというのが望ましい姿といえるわけですが，攻めの経営に入っているとき

アニュアル・レポート（Annual Report）について

は設備投資を拡大していくわけですから，一概に営業キャッシュ・フローを上回る投資支出を行うことが悪いとはいえません。

　日立の場合今期ＦＣＦは黒字となったわけですが，それ以上に短期借入金などの有利子負債の返済を積極的に行ったため，現金及び現金同等物が減少しています。

▶(4)　ＩＢＭのアニュアル・レポート

　次に米国企業のＩＢＭ（International Business Machine）のアニュアル・レポートのうち特徴的な箇所だけみていきましょう。連結貸借対照表上，資本の部で先に述べた通り，普通株式資本金（common stock）の箇所で，1株当たりの額面（＄.20）と授権株式数，及び発行済流通株式数が，また自己株式（treasury stock）の箇所でやはり株式数の記載がある点が特徴的です。

　また連結損益計算書では，いったん売上高に相当すると思われるrevenueから売上原価に相当するcostを差し引き，売上総利益（gross profit）を計算し，そこから販売費及び一般管理費（selling, general and administrative expense）やその他収益・費用を考慮して，税引前継続事業利益を計算しています。

　またここでは，非継続事業損益を標準タイプのようにその営業から生じた損益と処分による損益とに分けずに一本で表示していることがわかります。2005年度のその後の利益では，income before cumulative effect of change in accounting principle（会計方針の変更による累積影響額控除前の利益）が表示されていますが，これは先に述べたとおりSFAS 154号により，会計方針を変更した場合財務諸表を過去に遡及して修正することとなったため，2006年度からは損益計算書では表示されなくなったものですが，2005年度との比較の観点から表示されているものです。

　また基本1株当たり利益（basic EPS）と，希薄化後1株当たり利益（diluted EPS）をそれぞれ，継続事業利益と，非継続事業利益とに分け，表示している点も特徴的です。

313

日立製作所のアニュアル・レポート
―― 2008年3月期版より抜粋 ――

Consolidated Balance Sheets

Hitachi, Ltd. and Subsidiaries
March 31, 2008 and 2007

Assets	Millions of yen 2008	Millions of yen 2007	Thousands of U.S. dollars (note 3) 2008
Current assets:			
Cash and cash equivalents	¥ 560,960	¥ 617,866	$ 5,609,600
Short-term investments (note 4)	61,289	33,986	612,890
Trade receivables, net of allowance for doubtful receivables of ¥40,847 million ($408,470 thousand) for 2008 and ¥42,959 million for 2007:			
Notes (notes 7 and 17)	163,962	154,406	1,639,620
Accounts (note 7)	2,365,823	2,341,609	23,658,230
Investments in leases (notes 6 and 7)	136,119	148,456	1,361,190
Inventories (note 5)	1,441,024	1,450,258	14,410,240
Prepaid expenses and other current assets (note 9)	672,578	687,554	6,725,780
Total current assets	5,401,755	5,434,135	54,017,550
Investments and advances, including affiliated companies (note 4)	1,042,657	1,049,724	10,426,570
Property, plant and equipment (note 6):			
Land	478,620	465,315	4,786,200
Buildings	1,848,105	1,842,904	18,481,050
Machinery and equipment	5,770,457	5,850,195	57,704,570
Construction in progress	93,137	96,008	931,370
	8,190,319	8,254,422	81,903,190
Less accumulated depreciation	5,536,401	5,565,445	55,364,010
Net property, plant and equipment	2,653,918	2,688,977	26,539,180
Other assets (notes 6, 8, 9 and 11)	1,432,517	1,471,423	14,325,170
Total assets	¥10,530,847	¥10,644,259	$105,308,470

See accompanying notes to consolidated financial statements.

連結貸借対照表

株式会社日立製作所及び子会社
2008年及び2007年3月31日現在

	単位：百万円		単位：千米ドル（注記3）
	2008年3月期	2007年3月期	2008年3月期
資産			
流動資産：			
現金及び現金等価物	¥ 560,960	¥ 617,866	$ 5,609,600
短期投資（注記4）	61,289	33,986	612,890
売上債権（2008年及び2007年3月31日現在における、それぞれ40,847百万円（408,470千米ドル）及び42,959百万円の貸倒引当金を控除している）：			
受取手形（注記7及び17）	163,962	154,406	1,639,620
売掛金（注記7）	2,365,823	2,341,609	23,658,230
リース債権（注記6及び7）	136,119	148,456	1,361,190
棚卸資産（注記5）	1,441,024	1,450,258	14,410,240
その他の流動資産（注記9）	672,578	687,554	6,725,780
流動資産合計	5,401,755	5,434,135	54,017,550
投資及び貸付金（注記4）	1,042,657	1,049,724	10,426,570
有形固定資産（注記6）：			
土地	478,620	465,315	4,786,200
建物及び構築物	1,848,105	1,842,904	18,481,050
機械装置及びその他の有形固定資産	5,770,457	5,850,195	57,704,570
建設仮勘定	93,137	96,008	931,370
	8,190,319	8,254,422	81,903,190
減価償却累計額	5,536,401	5,565,445	55,364,010
有形固定資産合計	2,653,918	2,688,977	26,539,180
その他の資産（注記6、8、9及び11）	1,432,517	1,471,423	14,325,170
資産合計	¥10,530,847	¥10,644,259	$105,308,470

連結財務諸表に対する注記参照

	Millions of yen		Thousands of U.S. dollars (note 3)
Liabilities and Stockholders' Equity	2008	2007	2008
Current liabilities:			
Short-term debt (note 10)	¥ 723,020	¥ 894,393	$ 7,230,200
Current portion of long-term debt (notes 6 and 10)	386,879	303,214	3,868,790
Trade payables:			
Notes	66,265	85,282	662,650
Accounts	1,601,413	1,584,959	16,014,130
Accrued expenses (notes 11 and 17)	901,546	902,164	9,015,460
Income taxes (note 9)	101,599	87,354	1,015,990
Advances received	412,642	284,704	4,126,420
Other current liabilities (note 9)	559,535	525,474	5,595,350
Total current liabilities	4,752,899	4,667,544	47,528,990
Long-term debt (notes 6 and 10)	1,421,607	1,489,843	14,216,070
Retirement and severance benefits (note 11)	822,440	818,457	8,224,400
Other liabilities (note 9)	220,781	151,869	2,207,810
Total liabilities	7,217,727	7,127,713	72,177,270
Minority interests	1,142,508	1,073,749	11,425,080
Stockholders' equity:			
Common stock			
3,368,126,056 shares issued for 2008 and 2007 (notes 10 and 12)	282,033	282,033	2,820,330
Capital surplus (note 12)	555,410	560,796	5,554,100
Legal reserve and retained earnings (note 13)	1,626,497	1,713,757	16,264,970
Accumulated other comprehensive loss (note 15)	(267,198)	(88,450)	(2,671,980)
Treasury stock, at cost (note 14)	(26,130)	(25,339)	(261,300)
Total stockholders' equity	2,170,612	2,442,797	21,706,120
Commitments and contingencies (note 17)			
Total liabilities and stockholders' equity	¥10,530,847	¥10,644,259	$105,308,470

See accompanying notes to consolidated financial statements.

負債及び資本	2008年3月期（百万円）	2007年3月期（百万円）	2008年3月期（千米ドル（注記3））
流動負債：			
短期借入金（注記10）	¥ 723,020	¥ 894,393	$ 7,230,200
償還期長期債務（注記6及び10）	386,879	303,214	3,868,790
買入債務：			
支払手形	66,265	85,282	662,650
買掛金	1,601,413	1,584,959	16,014,130
未払費用（注記11及び17）	901,546	902,164	9,015,460
未払税金（注記9）	101,599	87,354	1,015,990
前受金	412,642	284,704	4,126,420
その他の流動負債（注記9）	559,535	525,474	5,595,350
流動負債合計	4,752,899	4,667,544	47,528,990
長期債務（注記6及び10）	1,421,607	1,489,843	14,216,070
退職給付債務（注記11）	822,440	818,457	8,224,400
その他の負債（注記9）	220,781	151,869	2,207,810
負債合計	7,217,727	7,127,713	72,177,270
少数株主持分	1,142,508	1,073,749	11,425,080
資本：			
資本金（注記10及び12）	282,033	282,033	2,820,330
資本剰余金（注記12）	555,410	560,796	5,554,100
利益剰余金（注記13）	1,626,497	1,713,757	16,264,970
その他の包括損失累計額（注記15）	(267,198)	(88,450)	(2,671,980)
自己株式（注記14）	(26,130)	(25,339)	(261,300)
資本合計	2,170,612	2,442,797	21,706,120
コミットメント及び偶発債務（注記17）			
負債及び資本合計	¥10,530,847	¥10,644,259	$105,308,470

連結財務諸表に対する注記参照

Consolidated Statements of Operations

Hitachi, Ltd. and Subsidiaries
Years ended March 31, 2008, 2007 and 2006

	Millions of yen			Thousands of U.S. dollars (note 3)
	2008	2007	2006	2008
Revenues:				
Product sales	¥10,262,690	¥ 9,271,456	¥8,486,190	$102,626,900
Financial and other services	964,045	976,447	978,611	9,640,450
Total revenues	11,226,735	10,247,903	9,464,801	112,267,350
Cost of sales:				
Product sales	(8,080,728)	(7,392,146)	(6,683,759)	(80,807,280)
Financial and other services	(696,929)	(696,225)	(703,985)	(6,969,290)
Total cost of sales	(8,777,657)	(8,088,371)	(7,387,744)	(87,776,570)
Selling, general and administrative expenses	(2,103,562)	(1,977,020)	(1,821,045)	(21,035,620)
Impairment losses for long-lived assets (note 18)	(87,549)	(9,918)	(27,408)	(875,490)
Restructuring charges (note 19)	(18,110)	(3,983)	(4,429)	(181,100)
Interest income	31,501	25,914	18,170	315,010
Dividends income	6,031	6,063	6,421	60,310
Gains on sales of stock by subsidiaries or affiliated companies (note 21)	3,846	12,034	393	38,460
Other income (note 20)	123,755	58,976	62,609	1,237,550
Interest charges	(42,448)	(37,794)	(33,265)	(424,480)
Other deductions (note 20)	(37,760)	(31,466)	(3,639)	(377,600)
Income before income taxes and minority interests	324,782	202,338	274,864	3,247,820
Income taxes (note 9)	(272,163)	(162,814)	(154,348)	(2,721,630)
Income before minority interests	52,619	39,524	120,516	526,190
Minority interests	(110,744)	(72,323)	(83,196)	(1,107,440)
Net income (loss)	¥ (58,125)	¥ (32,799)	¥ 37,320	$ (581,250)

	Yen			U.S. dollars (note 3)
Net income (loss) per share (note 22):				
Basic	¥(17.48)	¥(9.84)	¥11.20	$(0.17)
Diluted	(17.77)	(9.87)	10.84	(0.18)

See accompanying notes to consolidated financial statements.

連結損益計算書

株式会社日立製作所及び子会社
2008年、2007年及び2006年3月31日に終了した会計年度

	2008年3月期	2007年3月期	2006年3月期	単位:百万円 単位:千米ドル(注記3) 2008年3月期
売上高:				
製品売上高	¥10,262,690	¥9,271,456	¥8,486,190	$102,626,900
サービス売上高	964,045	976,447	978,611	9,640,450
売上高合計	11,226,735	10,247,903	9,464,801	112,267,350
売上原価:				
製品売上原価	(8,080,728)	(7,392,146)	(6,683,759)	(80,807,280)
サービス売上原価	(696,929)	(696,225)	(703,985)	(6,969,290)
売上原価合計	(8,777,657)	(8,088,371)	(7,387,744)	(87,776,570)
販売費及び一般管理費	(2,103,562)	(1,977,020)	(1,821,045)	(21,035,620)
長期性資産の減損(注記18)	(87,549)	(9,918)	(27,408)	(875,490)
事業構造改善費用(注記19)	(18,110)	(3,983)	(4,429)	(181,100)
受取利息	31,501	25,914	18,170	315,010
受取配当金	6,031	6,063	6,421	60,310
持分変動利益(注記21)	3,846	12,034	393	38,460
雑収益(注記20)	123,755	58,976	62,609	1,237,550
支払利息	(42,448)	(37,794)	(33,265)	(424,480)
雑損失(注記20)	(37,760)	(31,466)	(3,639)	(377,600)
税引前当期純利益	324,782	202,338	274,864	3,247,820
法人税等(注記9)	(272,163)	(162,814)	(154,348)	(2,721,630)
少数株主持分控除前利益	52,619	39,524	120,516	526,190
少数株主持分	(110,744)	(72,323)	(83,196)	(1,107,440)
当期純利益(損失)	¥ (58,125)	¥ (32,799)	¥ 37,320	$ (581,250)
1株当たり利益(注記22)				単位:円　単位:米ドル(注記3)
1株当たり当期純利益(損失)	¥(17.48)	¥(9.84)	¥11.20	$(0.17)
潜在株式調整後1株当たり当期純利益(損失)	(17.77)	(9.87)	10.84	(0.18)

連結財務諸表に対する注記参照

Consolidated Statements of Stockholders' Equity

Hitachi, Ltd. and Subsidiaries
Years ended March 31, 2008, 2007 and 2006

Millions of yen — 2008

	Common stock (notes 10 and 12)	Capital surplus (note 12)	Legal reserve and retained earnings (note 13)	Accumulated other comprehensive loss (note 15)	Treasury stock, at cost (note 14)	Total stockholders' equity
Balance at beginning of year	¥282,033	¥560,796	¥1,713,757	¥ (88,450)	¥(25,339)	¥2,442,797
Increase (decrease) arising from equity transaction, net transfer of minority interest, and other		(5,457)	(9,186)	376		(14,267)
Comprehensive loss (note 15):						
Net loss			(58,125)			(58,125)
Other comprehensive loss, net of reclassification adjustments				(179,124)		(179,124)
Comprehensive loss						(237,249)
Cash dividends (note 13)			(19,949)			(19,949)
Acquisition of treasury stock (note 14)					(1,145)	(1,145)
Sales of treasury stock (note 14)		71			354	425
Balance at end of year	¥282,033	¥555,410	¥1,626,497	¥(267,198)	¥(26,130)	¥2,170,612

Comprehensive loss (note 15):		
Net loss		¥ (58,125)
Other comprehensive loss arising during the year		(195,775)
Reclassification adjustments for realized net loss included in net loss		16,651
Comprehensive loss		¥ (237,249)

Thousands of U.S. dollars (note 3) — 2008

	Common stock (notes 10 and 12)	Capital surplus (note 12)	Legal reserve and retained earnings (note 13)	Accumulated other comprehensive loss (note 15)	Treasury stock, at cost (note 14)	Total stockholders' equity
Balance at beginning of year	$2,820,330	$5,607,960	$17,137,570	$ (884,500)	$(253,390)	$24,427,970
Increase (decrease) arising from equity transaction, net transfer of minority interest, and other		(54,570)	(91,860)	3,760		(142,670)
Comprehensive loss (note 15):						
Net loss			(581,250)			(581,250)
Other comprehensive loss, net of reclassification adjustments				(1,791,240)		(1,791,240)
Comprehensive loss						(2,372,490)
Cash dividends (note 13)			(199,490)			(199,490)
Acquisition of treasury stock (note 14)					(11,450)	(11,450)
Sales of treasury stock (note 14)		710			3,540	4,250
Balance at end of year	$2,820,330	$5,554,100	$16,264,970	$(2,671,980)	$(261,300)	$21,706,120

Comprehensive loss (note 15):		
Net loss		$ (581,250)
Other comprehensive loss arising during the year		(1,957,750)
Reclassification adjustments for realized net loss included in net loss		166,510
Comprehensive loss		$ (2,372,490)

(Continued on following page.)

連結資本勘定計算書

株式会社日立製作所及び子会社
2008年、2007年及び2006年3月31日に終了した会計年度

単位：百万円
2008年3月期

	資本金 (注記10及び12)	資本剰余金 (注記12)	利益剰余金 (注記13)	その他の 包括損失 累計額 (注記15)	自己株式 (注記14)	資本合計
期首残高	¥282,033	¥560,796	¥1,713,757	¥ (88,450)	¥(25,339)	¥2,442,797
資本取引及び少数株主持分振替等による増加又は減少		(5,457)	(9,186)	376		(14,267)
包括損失(注記15):						
当期純損失			(58,125)			(58,125)
その他の包括損失純額				(179,124)		(179,124)
当期包括損失						(237,249)
配当金(注記13)			(19,949)			(19,949)
自己株式の取得(注記14)					(1,145)	(1,145)
自己株式の売却(注記14)		71			354	425
期末残高	¥282,033	¥555,410	¥1,626,497	¥(267,198)	¥(26,130)	¥2,170,612
包括損失(注記15):						
当期純損失						¥ (58,125)
その他の包括利益						(195,775)
その他の包括損失と当期損益項目との調整額						16,651
当期包括損失						¥ (237,249)

単位：千米ドル(注記3)
2008年3月期

	資本金 (注記10及び12)	資本剰余金 (注記12)	利益剰余金 (注記13)	その他の 包括損失 累計額 (注記15)	自己株式 (注記14)	資本合計
期首残高	$2,820,330	$5,607,960	$17,137,570	$ (884,500)	$(253,390)	$24,427,970
資本取引及び少数株主持分振替等による増加又は減少		(54,570)	(91,860)	3,760		(142,670)
包括損失(注記15):						
当期純損失			(581,250)			(581,250)
その他の包括損失純額				(1,791,240)		(1,791,240)
当期包括損失						(2,372,490)
配当金(注記13)			(199,490)			(199,490)
自己株式の取得(注記14)					(11,450)	(11,450)
自己株式の売却(注記14)		710			3,540	4,250
期末残高	$2,820,330	$5,554,100	$16,264,970	$(2,671,980)	$(261,300)	$21,706,120
包括損失(注記15):						
当期純損失						$ (581,250)
その他の包括利益						(1,957,750)
その他の包括損失と当期損益項目との調整額						166,510
当期包括損失						$ (2,372,490)

(次のページに続く)

					Millions of yen
					2007
	Common stock (notes 10 and 12)	Capital surplus (note 12)	Legal reserve and retained earnings (note 13)	Accumulated other comprehensive loss (note 15)	Treasury stock, at cost (note 14)	Total stockholders' equity
---	---	---	---	---	---	---
Balance at beginning of year	¥282,033	¥561,484	¥1,778,203	¥(95,997)	¥(17,950)	¥2,507,773
Increase (decrease) arising from equity transaction, net transfer of minority interest, and other		(3,293)	(3,329)	720		(5,902)
Comprehensive loss (note 15):						
Net loss			(32,799)			(32,799)
Other comprehensive income, net of reclassification adjustments				29,246		29,246
Comprehensive loss						(3,553)
Adjustment to initially apply SFAS No. 158 (note 11)				(22,419)		(22,419)
Cash dividends (note 13)			(28,318)			(28,318)
Acquisition of treasury stock (note 14)					(12,000)	(12,000)
Sales of treasury stock (note 14)		153			748	901
Stock exchange for acquisition (note 14)		2,452			3,863	6,315
Balance at end of year	¥282,033	¥560,796	¥1,713,757	¥(88,450)	¥(25,339)	¥2,442,797

Comprehensive loss (note 15):	
Net loss	¥ (32,799)
Other comprehensive income arising during the year	48,517
Reclassification adjustments for realized net gain included in net loss	(19,271)
Comprehensive loss	¥ (3,553)

					Millions of yen
					2006
	Common stock (notes 10 and 12)	Capital surplus (note 12)	Legal reserve and retained earnings (note 13)	Accumulated other comprehensive loss (note 15)	Treasury stock, at cost (note 14)	Total stockholders' equity
---	---	---	---	---	---	---
Balance at beginning of year	¥282,033	¥565,360	¥1,779,198	¥(301,524)	¥(17,236)	¥2,307,831
Decrease arising from equity transaction, net transfer of minority interest, and other		(4,026)	(1,671)	(992)		(6,689)
Comprehensive income (note 15):						
Net income			37,320			37,320
Other comprehensive income, net of reclassification adjustments				206,519		206,519
Comprehensive income						243,839
Cash dividends (note 13)			(36,644)			(36,644)
Acquisition of treasury stock (note 14)					(1,058)	(1,058)
Sales of treasury stock (note 14)		150			344	494
Balance at end of year	¥282,033	¥561,484	¥1,778,203	¥ (95,997)	¥(17,950)	¥2,507,773

Comprehensive income (note 15):	
Net income	¥ 37,320
Other comprehensive income arising during the year	221,157
Reclassification adjustments for realized net gain included in net income	(14,638)
Comprehensive income	¥ 243,839

See accompanying notes to consolidated financial statements.

単位：百万円
2007年3月期

	資本金 (注記10及び12)	資本剰余金 (注記12)	利益剰余金 (注記13)	その他の 包括損失 累計額 (注記15)	自己株式 (注記14)	資本合計
期首残高	¥282,033	¥561,484	¥1,778,203	¥(95,997)	¥(17,950)	¥2,507,773
資本取引及び少数株主持分振替等による増加又は減少		(3,293)	(3,329)	720		(5,902)
包括損失 (注記15):						
当期純損失			(32,799)			(32,799)
その他の包括利益純額				29,246		29,246
当期包括損失						(3,553)
基準書第158号適用による調整額 (注記11)				(22,419)		(22,419)
配当金 (注記13)			(28,318)			(28,318)
自己株式の取得 (注記14)					(12,000)	(12,000)
自己株式の売却 (注記14)		153			748	901
株式交換 (注記14)		2,452			3,863	6,315
期末残高	¥282,033	¥560,796	¥1,713,757	¥(88,450)	¥(25,339)	¥2,442,797

包括損失 (注記15):						
当期純損失						¥　(32,799)
その他の包括利益						48,517
その他の包括利益と当期損益項目との調整額						(19,271)
当期包括損失						¥　(3,553)

単位：百万円
2006年3月期

	資本金 (注記10及び12)	資本剰余金 (注記12)	利益剰余金 (注記13)	その他の 包括損失 累計額 (注記15)	自己株式 (注記14)	資本合計
期首残高	¥282,033	¥565,360	¥1,779,198	¥(301,524)	¥(17,236)	¥2,307,831
資本取引及び少数株主持分振替等による減少		(4,026)	(1,671)	(992)		(6,689)
包括利益 (注記15):						
当期純利益			37,320			37,320
その他の包括利益純額				206,519		206,519
当期包括利益						243,839
配当金 (注記13)			(36,644)			(36,644)
自己株式の取得 (注記14)					(1,058)	(1,058)
自己株式の売却 (注記14)		150			344	494
期末残高	¥282,033	¥561,484	¥1,778,203	¥ (95,997)	¥(17,950)	¥2,507,773

包括利益 (注記15):						
当期純利益						¥　37,320
その他の包括利益						221,157
その他の包括利益と当期損益項目との調整額						(14,638)
当期包括利益						¥　243,839

連結財務諸表に対する注記参照

Consolidated Statements of Cash Flows

Hitachi, Ltd. and Subsidiaries
Years ended March 31, 2008, 2007 and 2006

	2008	2007	2006	Thousands of U.S. dollars (note 3) 2008
	\multicolumn{3}{c}{Millions of yen}	
Cash flows from operating activities (note 24):				
Net income (loss)	¥ (58,125)	¥ (32,799)	¥ 37,320	$ (581,250)
Adjustments to reconcile net income (loss) to net cash provided by operating activities:				
Depreciation	541,470	472,175	451,170	5,414,700
Amortization	146,136	149,823	138,727	1,461,360
Impairment losses for long-lived assets	87,549	9,918	27,408	875,490
Deferred income taxes	84,587	20,514	33,815	845,870
Equity in earnings of affiliated companies, net	(22,586)	(11,289)	(8,688)	(225,860)
Gain on sale of investments and subsidiaries' common stock	(94,798)	(53,240)	(46,468)	(947,980)
Impairment of investments in securities	14,411	8,309	4,858	144,110
Loss on disposal of rental assets and other property	13,424	31,590	8,983	134,240
Income applicable to minority interests	110,744	72,323	83,196	1,107,440
(Increase) decrease in receivables	47,843	52,599	(94,078)	478,430
Increase in inventories	(107,546)	(212,028)	(107,069)	(1,075,460)
(Increase) decrease in prepaid expenses and other current assets	(32,763)	(80,172)	35,947	(327,630)
Increase in payables	42,453	104,987	107,271	424,530
Decrease in accrued expenses and retirement and severance benefits	(38,303)	(21,166)	(30,505)	(383,030)
Increase in accrued income taxes	12,841	18,623	2,047	128,410
Increase in other liabilities	61,041	38,470	44,060	610,410
Net change in inventory-related receivables from financial services	(11,392)	(9,819)	14,328	(113,920)
Other	(5,149)	56,224	(11,447)	(51,490)
Net cash provided by operating activities	791,837	615,042	690,875	7,918,370
Cash flows from investing activities (note 24):				
(Increase) decrease in short-term investments	(25,437)	25,054	1,104	(254,370)
Capital expenditures	(474,344)	(497,771)	(382,386)	(4,743,440)
Purchase of assets to be leased	(365,989)	(441,614)	(466,681)	(3,659,890)
Collection of investments in leases	311,321	318,063	419,956	3,113,210
Proceeds from disposal of rental assets and other property	63,067	43,982	80,718	630,670
Proceeds from sale of investments and subsidiaries' common stock	161,442	69,842	99,717	1,614,420
Purchase of investments and subsidiaries' common stock	(254,569)	(169,530)	(67,643)	(2,545,690)
Purchase of software	(126,453)	(123,876)	(121,983)	(1,264,530)
Other	73,344	(10,320)	(64,164)	733,440
Net cash used in investing activities	(637,618)	(786,170)	(501,362)	(6,376,180)
Cash flows from financing activities (note 24):				
Increase (decrease) in short-term debt, net	(200,018)	93,917	5,121	(2,000,180)
Proceeds from long-term debt	404,190	380,646	342,309	4,041,900
Payments on long-term debt	(381,069)	(309,204)	(551,265)	(3,810,690)
Proceeds from sale of common stock by subsidiaries	42,307	23,078	2,310	423,070
Dividends paid to stockholders	(19,889)	(28,243)	(36,509)	(198,890)
Dividends paid to minority stockholders of subsidiaries	(25,787)	(20,761)	(17,591)	(257,870)
Acquisition of subsidiaries' common stock for treasury	(4,570)	(7,075)	(5,449)	(45,700)
Acquisition of common stock for treasury	(1,145)	(12,000)	(1,058)	(11,450)
Proceeds from sales of treasury stock	425	901	494	4,250
Net cash provided by (used in) financing activities	(185,556)	121,259	(261,638)	(1,855,560)
Effect of exchange rate changes on cash and cash equivalents	(25,569)	9,480	21,665	(255,690)
Net decrease in cash and cash equivalents	(56,906)	(40,389)	(50,460)	(569,060)
Cash and cash equivalents at beginning of year	617,866	658,255	708,715	6,178,660
Cash and cash equivalents at end of year	**¥560,960**	¥617,866	¥658,255	**$5,609,600**

See accompanying notes to consolidated financial statements.

連結キャッシュ・フロー計算書

株式会社日立製作所及び子会社
2008年、2007年及び2006年3月31日に終了した会計年度

	2008年3月期	2007年3月期	2006年3月期	2008年3月期
	単位:百万円			単位:千米ドル(注記3)
営業活動に関するキャッシュ・フロー(注記24):				
当期純利益(損失)	¥ (58,125)	¥ (32,799)	¥ 37,320	$ (581,250)
当期純利益(損失)から営業活動に関するキャッシュ・フローへの調整:				
有形固定資産減価償却費	541,470	472,175	451,170	5,414,700
無形資産償却費	146,136	149,823	138,727	1,461,360
長期性資産の減損	87,549	9,918	27,408	875,490
繰延税金	84,587	20,514	33,815	845,870
持分法損益	(22,586)	(11,289)	(8,688)	(225,860)
投資有価証券及び子会社株式の売却損益	(94,798)	(53,240)	(46,468)	(947,980)
投資有価証券の評価損	14,411	8,309	4,858	144,110
賃貸資産及びその他の有形固定資産の売却等損益	13,424	31,590	8,983	134,240
少数株主持分	110,744	72,323	83,196	1,107,440
売上債権の増加または減少	47,843	52,599	(94,078)	478,430
棚卸資産の増加	(107,546)	(212,028)	(107,069)	(1,075,460)
その他の流動資産の増加または減少	(32,763)	(80,172)	35,947	(327,630)
買入債務の増加	42,453	104,987	107,271	424,530
未払費用及び退職給付債務の減少	(38,303)	(21,166)	(30,505)	(383,030)
未払税金の増加	12,841	18,623	2,047	128,410
その他の流動負債の増加	61,041	38,470	44,060	610,410
当会社及び子会社の製品に関するリース債権の増加または減少	(11,392)	(9,819)	14,328	(113,920)
その他	(5,149)	56,224	(11,447)	(51,490)
営業活動に関するキャッシュ・フロー	791,837	615,042	690,875	7,918,370
投資活動に関するキャッシュ・フロー(注記24):				
短期投資の増加または減少	(25,437)	25,054	1,104	(254,370)
有形固定資産(除く賃貸資産)の取得	(474,344)	(497,771)	(382,386)	(4,743,440)
賃貸資産の取得	(365,989)	(441,614)	(466,681)	(3,659,890)
リース債権の回収	311,321	318,063	419,956	3,113,210
賃貸資産及びその他の有形固定資産の売却	63,067	43,982	80,718	630,670
投資有価証券及び子会社株式の売却	161,442	69,842	99,717	1,614,420
投資有価証券及び子会社株式の取得	(254,569)	(169,530)	(67,643)	(2,545,690)
ソフトウェアの取得	(126,453)	(123,876)	(121,983)	(1,264,530)
その他	73,344	(10,320)	(64,164)	733,440
投資活動に関するキャッシュ・フロー	(637,618)	(786,170)	(501,362)	(6,376,180)
財務活動に関するキャッシュ・フロー(注記24):				
短期借入金の増加または減少	(200,018)	93,917	5,121	(2,000,180)
社債及び長期借入金による調達	404,190	380,646	342,309	4,041,900
社債及び長期借入金の返済	(381,069)	(309,204)	(551,265)	(3,810,690)
子会社の株式発行	42,307	23,078	2,310	423,070
配当金の支払	(19,889)	(28,243)	(36,509)	(198,890)
少数株主に対する配当金の支払	(25,787)	(20,761)	(17,591)	(257,870)
子会社の自己株式の取得	(4,570)	(7,075)	(5,449)	(45,700)
自己株式の取得	(1,145)	(12,000)	(1,058)	(11,450)
自己株式の売却	425	901	494	4,250
財務活動に関するキャッシュ・フロー	(185,556)	121,259	(261,638)	(1,855,560)
現金及び現金等価物に係る為替換算調整額	(25,569)	9,480	21,665	(255,690)
現金及び現金等価物の減少額	(56,906)	(40,389)	(50,460)	(569,060)
現金及び現金等価物の期首残高	617,866	658,255	708,715	6,178,660
現金及び現金等価物の期末残高	¥560,960	¥617,866	¥658,255	$5,609,600

連結財務諸表に対する注記参照

15. ACCUMULATED OTHER COMPREHENSIVE LOSS

Accumulated other comprehensive loss, net of related tax effects, displayed in the consolidated statements of stockholders' equity is classified as follows:

	Millions of yen			Thousands of U.S. dollars
	2008	2007	2006	2008
Foreign currency translation adjustments:				
Balance at beginning of year	¥ (20,906)	¥ (43,426)	¥ (90,904)	$ (209,060)
Other comprehensive income (loss), net of reclassification adjustments	(48,605)	21,764	48,435	(486,050)
Net transfer from (to) minority interests	289	756	(957)	2,890
Balance at end of year	¥ (69,222)	¥ (20,906)	¥ (43,426)	$ (692,220)
Minimum pension liability adjustments:				
Balance at beginning of year		¥(145,903)	¥(242,672)	
Other comprehensive income		22,030	96,808	
Net transfer to minority interests		(37)	(39)	
Transfer to pension liability adjustments		123,910	–	
Balance at end of year		¥ –	¥(145,903)	
Pension liability adjustments:				
Balance at beginning of year	¥(146,329)	¥ –		$(1,463,290)
Other comprehensive loss, net of reclassification adjustments	(74,758)	–		(747,580)
Net transfer from minority interests	80	–		800
Transfer from minimum pension liability adjustments	–	(123,910)		–
Adjustment to initially apply SFAS No. 158 (note 11)	–	(22,419)		–
Balance at end of year	¥(221,007)	¥(146,329)		$(2,210,070)
Net unrealized holding gain on available-for-sale securities:				
Balance at beginning of year	¥ 77,383	¥ 92,626	¥ 32,996	$ 778,830
Other comprehensive income (loss), net of reclassification adjustments	(55,310)	(14,744)	59,624	(553,100)
Net transfer from minority interests	8	1	6	80
Balance at end of year	¥ 22,581	¥ 77,883	¥ 92,626	$ 225,810
Cash flow hedges:				
Balance at beginning of year	¥ 902	¥ 706	¥ (944)	$ 9,020
Other comprehensive income (loss), net of reclassification adjustments	(451)	196	1,652	(4,510)
Net transfer to minority interests	(1)	0	(2)	(10)
Balance at end of year	¥ 450	¥ 902	¥ 706	$ 4,500
Total accumulated other comprehensive loss:				
Balance at beginning of year	¥ (88,450)	¥ (95,997)	¥(301,524)	$ (884,500)
Other comprehensive income (loss), net of reclassification adjustments	(179,124)	29,246	206,519	(1,791,240)
Net transfer from (to) minority interests	376	720	(992)	3,760
Adjustment to initially apply SFAS No. 158 (note 11)	–	(22,419)	–	–
Balance at end of year	¥(267,198)	¥ (88,450)	¥ (95,997)	$(2,671,980)

15. その他の包括損失累計額

2008年、2007年及び2006年3月31日に終了した各会計年度の連結資本勘定計算書に計上された、関連する税効果影響額控除後のその他の包括損失累計額は、下記のとおりである。

	2008年3月期	2007年3月期	2006年3月期	単位：千米ドル 2008年3月期
為替換算調整額：				
期首残高	¥ (20,906)	¥ (43,426)	¥ (90,904)	$ (209,060)
その他の包括利益（損失）純額	(48,605)	21,764	48,435	(486,050)
少数株主持分振替額	289	756	(957)	2,890
期末残高	¥ (69,222)	¥ (20,906)	¥ (43,426)	$ (692,220)
最小年金債務調整額：				
期首残高		¥(145,903)	¥(242,672)	
その他の包括利益		22,030	96,808	
少数株主持分振替額		(37)	(39)	
年金債務調整額への振替額		123,910		
期末残高		¥ —	¥(145,903)	
年金債務調整額：				
期首残高	¥(146,329)	¥ —		$(1,463,290)
その他の包括損失純額	(74,758)	—		(747,580)
少数株主持分振替額	80	—		800
最小年金債務調整額からの振替額	—	(123,910)		—
基準書第158号適用による調整額	—	(22,419)		—
期末残高	¥(221,007)	¥(146,329)		$(2,210,070)
有価証券未実現保有損益純額：				
期首残高	¥ 77,883	¥ 92,626	¥ 32,996	$ 778,830
その他の包括利益（損失）純額	(55,310)	(14,744)	59,624	(553,100)
少数株主持分振替額	8	1	6	80
期末残高	¥ 22,581	¥ 77,883	¥ 92,626	$ 225,810
金融派生商品に関わる損益純額：				
期首残高	¥ 902	¥ 706	¥ (944)	$ 9,020
その他の包括利益（損失）純額	(451)	196	1,652	(4,510)
少数株主持分振替額	(1)	0	(2)	(10)
期末残高	¥ 450	¥ 902	¥ 706	$ 4,500
その他の包括損失累計額合計：				
期首残高	¥ (88,450)	¥ (95,997)	¥(301,524)	$ (884,500)
その他の包括利益（損失）純額	(179,124)	29,246	206,519	(1,791,240)
少数株主持分振替額	376	720	(992)	3,760
基準書第158号適用による調整額	—	(22,419)	—	—
期末残高	¥(267,198)	¥ (88,450)	¥ (95,997)	$(2,671,980)

IBMのアニュアル・レポート
——2007年12月期版より抜粋——

Consolidated Statement of Earnings
International Business Machines Corporation and Subsidiary Companies

($ in millions except per share amounts)

FOR THE YEAR ENDED DECEMBER 31:	NOTES	2007	2006*	2005*
Revenue:				
Services		$54,057	$48,328	$47,509
Sales		42,202	40,716	41,218
Financing		2,526	2,379	2,407
Total Revenue		98,786	91,424	91,134
Cost:				
Services		39,160	35,065	35,151
Sales		16,552	16,882	18,360
Financing		1,345	1,182	1,091
Total Cost		57,057	53,129	54,602
Gross Profit		41,729	38,295	36,532
Expense and Other Income:				
Selling, general and administrative		22,060	20,259	21,314
Research, development and engineering	P	6,153	6,107	5,842
Intellectual property and custom development income		(958)	(900)	(948)
Other (income) and expense		(626)	(766)	(2,122)
Interest expense	J&K	611	278	220
Total Expense and Other Income		27,240	24,978	24,306
Income from Continuing Operations Before Income Taxes		14,489	13,317	12,226
Provision for income taxes	O	4,071	3,901	4,232
Income from Continuing Operations		10,418	9,416	7,994
Discontinued Operations:				
(Loss)/earnings from discontinued operations, net of tax		(00)	76	(24)
Income before cumulative effect of change in accounting principle		10,418	9,492	7,970
Cumulative effect of change in accounting principle, net of tax**	B	—	—	(36)
Net Income		**$10,418**	**$ 9,492**	**$ 7,934**
Earnings/(loss) per Share of Common Stock:				
Assuming Dilution:				
Continuing operations	R	$ 7.18	$ 6.06	$ 4.91
Discontinued operations	R	(0.00)	0.05	(0.01)
Before cumulative effect of change in accounting principle	R	7.18	6.11	4.90
Cumulative effect of change in accounting principle**	R	—	—	(0.02)
Total	R	$ 7.18	$ 6.11	$ 4.87
Basic:				
Continuing operations	R	$ 7.32	$ 6.15	$ 4.99
Discontinued operations	R	(0.00)	0.05	(0.02)
Berore cumulative effect of change in accounting principle	R	7.32	6.20	4.98
Cumulative effect of change in accounting principle**	R	—	—	(0.02)
Total	R	$ 7.32	$ 6.20	$ 4.96
Weighted-Average Number of Common Shares Outstanding:				
Assuming dilution		1,450,570,579	1,553,535,384	1,627,632,662
Basic		1,423,039,793	1,530,806,987	1,600,591,264

* Reclassified to conform with 2007 presentation of new Revenue and Cost categories. See note A, "Basis of Presentation," on page 64 for additional information.
**Reflects implementation of FASB Interpretation No. 47. See note B, "Accounting Changes," on page 75 for additional information.

The accompanying notes on pages 64 through 119 are an integral part of the financial statements.

IBMのアニュアル・レポート

Consolidated Statement of Financial Position
International Business Machines Corporation and Subsidiary Companies

($ in millions except per share amount)

AT DECEMBER 31:	NOTES	2007	2006
Assets			
Current assets:			
Cash and cash equivalents		$ 14,991	$ 8,022
Marketable securities	D	1,155	2,634
Notes and accounts receivable—trade (net of allowances of $241 in 2007 and $221 in 2006)		11,428	10,789
Short-term financing receivables (net of allowances of $296 in 2007 and $307 in 2006)	F	16,289	15,095
Other accounts receivable (net of allowances of $13 in 2007 and $15 in 2006)		1,072	964
Inventories	E	2,664	2,810
Deferred taxes	O	1,687	1,806
Prepaid expenses and other current assets		3,891	2,539
Total current assets		53,177	44,660
Plant, rental machines and other property	G	38,584	36,521
Less: Accumulated depreciation	G	23,503	22,082
Plant, rental machines and other property—net	G	15,081	14,440
Long-term financing receivables	F	11,603	10,068
Prepaid pension assets	U	17,417	10,629
Goodwill	I	14,285	12,854
Intangible assets—net	I	2,107	2,202
Investments and sundry assets	H	6,761	8,381
Total Assets		**$120,431**	**$103,234**
Liabilities and Stockholders' Equity			
Current liabilities:			
Taxes	O	$ 3,673	$ 4,670
Short-term debt	J&K	12,235	8,902
Accounts payable		8,054	7,964
Compensation and benefits		4,645	4,595
Deferred income		9,802	8,587
Other accrued expenses and liabilities		5,901	5,372
Total current liabilities		44,310	40,091
Long-term debt	J&K	23,039	13,780
Retirement and nonpension postretirement benefit obligations	U	13,582	13,553
Deferred income		3,060	2,502*
Other liabilities	L	7,970	4,801*
Total Liabilities		**91,962**	**74,728**
Contingencies and Commitments	N		
Stockholders' equity:	M		
Common stock, par value $.20 per share and additional paid-in capital		35,188	31,271
Shares authorized: 4,687,500,000			
Shares issued (2007—2,057,607,421; 2006—2,008,470,383)			
Retained earnings		60,640	52,432
Treasury stock, at cost (shares: 2007—672,373,283; 2006—501,987,771)		(63,945)	(46,296)
Accumulated gains and (losses) not affecting retained earnings	M	(3,414)	(8,901)
Total Stockholders' Equity		**28,470**	**28,506**
Total Liabilities and Stockholders' Equity		**$120,431**	**$103,234**

* Reclassified to conform with 2007 presentation of new Deferred income category, previously combined in Other liabilities.

The accompanying notes on pages 64 through 119 are an integral part of the financial statements.

索引 Index

あ

預り保証金	deposit payable ……………………………154
預け金勘定	factor's holdback ……………………………31
後入先出法	LIFO (Last-In, First-Out) …………………65

い

移行時差異の償却額	amortization of any net transition asset or obligation ……………………………220
異常項目又は発生の頻度が低い項目及び税金控除前の利益	income before unusual or infrequent items and income taxes ……………………299
異常な性質	unusual nature …………………………301
一時差異	temporary difference …………………192
1年基準	one year rule …………………………306
一括償還社債	term bonds ……………………………127

う

受取手形	notes receivable ………………………34
受取人	payee ……………………………………35
受取配当金の益金不算入	dividend received deduction, DRD ……198
受取家賃	rent income ……………………………195
受取リース料	rent revenue …………………………152
売上	sales ……………………………………58
売上原価勘定	cost of goods sold ……………………59
売上総利益	gross profit ……………………………58
売掛金	accounts receivable …………………22
運賃	freight-in ………………………………72

え

永久差異	permanent difference …………………192
営業	operation ………………………………235
営業損益	operating profit or loss ………………299
営業方針	operating policy ………………………106
益金	taxable revenue ………………………185
益金算入	taxable …………………………………195
益金不算入	not taxable ……………………………196

日本語	English	頁
M&A（合併・買収）	merger and acquisition	270

お

日本語	English	頁
オプション料	option premium	248
オペレーティング・リース	operating lease	150
親会社	parent company	271

か

日本語	English	頁
買掛金	accounts payable	57
外貨建財務諸表の換算	translation of foreign currency statements	261
外貨建て取引	foreign currency transaction	259
外貨ヘッジ	foreign currency hedge	253
会計原則審議会意見書	APB opinion (opinion of the Accounting Principles Board)	105
会計上の変更	accounting change	305
会計上の見積りの変更	change in accounting estimate	304
会計等式	accounting equation	4
会計方針の変更	change in accounting principle	304
会計方針の変更による累積影響額控除前の利益	income before cumulative effect of change in accounting principle	313
外国税額控除	foreign tax credit	201
会社を受取人とする生命保険の保険料又は掛金	life insurance premium expense when the corporation is the beneficiary	197
回収できる	recoverable	79
回避可能支払利息	avoidable interest	72
解約不能	non-cancelable	158
回廊アプローチ	corridor approach	227
確定給付債務	vested benefit obligation：VBO	220
確定拠出年金制度	defined contribution pension plan	217
確定契約	firm commitment	252
額面	face value	35
額面金額（価格）	par value	96, 308
額面株	par value stock	308
額面法	par value method	135
下限	floor	68
過去勤務債権・債務の償却費	amortization of unrecognized prior service cost or credit	220
貸方	credit	2
貸倒引当金	allowance for doubtful accounts	22
貸倒引当金繰入額，貸倒損失	bad debts expense	23

加重平均法	weighted average method	67
加重平均レート	weighted average rate	262
課税所得	taxable income	185
加速度償却法	accelerated method	73
割賦販売	installment sales	196
可能性が高く	probable	48
株式配当	stock dividends	141
株式分割	stock split	134
株式併合	reverse stock split	134
株主総会	general shareholders' meeting	141
貨幣性資産・負債	monetary assets and liabilities	263
借入金	loans, principally from banks and insurance companies	308
借方	debit	2
為替換算差益	foreign exchange transaction gain or loss	260
為替レート	exchange rate	259
換算	translation	261
間接法	indirect method	238
完全参加型	fully-participating	100
鑑定費用	appraisal fees	154
関連会社株式	investment in affiliated companies	118

き

機械	machine	72, 74
企業結合	business combination	270
議決権	voting rights	98
議決権比率	voting shares	106
記載金額	stated value	99
期首商品	beginning inventory	60
機能通貨	functional currency	259, 261
希薄化後一株当たり利益	diluted EPS	313
希薄化証券	dilutive securities	312
基本一株当たり利益	basic EPS	313
期末商品	ending inventory	60
期末日レート	current rate	261
キャッシュ・フロー・ヘッジ	cash flow hedge	253
キャッシュ・フロー計算書	statement of cash flow	234
キャピタル・リース	capital lease	156
吸収合併	merger	271
給与	salary expense	54

拒絶証書の作成料	protest fee	43
銀行勘定調整表	bank reconciliation	12
銀行手数料	bank service charge	18
勤務費用	service cost	220
金融商品	financial instruments	247
金融派生商品	derivative instruments	247

―――― く ――――

偶発債務	contingent liability	194
偶発事象	contingency	46
偶発リース料	contingent rentals	160
組替修正	reclassification adjustment	114
繰越控除	loss carryforward	189
繰越配当金	dividend in arrears	100
繰延税金資産	deferred tax asset	201
繰延税金資産の回収可能性	realization of deferred tax asset	208
繰延税金負債	deferred tax liability	201
繰延利益	deferred gain	178
繰戻還付	loss carryback	189

―――― け ――――

経営陣による自社買収	MBO (management buy-out)	271
経営成績	operating results	311
継続記録法	perpetual system	57
継続事業利益	income from continuing operations	299
継続的な関与	continuing involvement	32
契約更新を失念した場合のペナルティー	penalty for failure to renew	160
欠損金	net operating loss	188
欠損金繰越の税務上の恩典	benefit due to loss carryforward	212
欠損金の繰戻しによる税務上の恩典	benefit due to loss carryback	190
減価償却	depreciation	70
減価償却費	depreciation expense	74
減価償却累計額	accumulated depreciation	74
原価法	cost method	135
現金及び現金同等物	cash and cash equivalents	236
現金配当	cash dividend	140
現在価値	present value	37
建設仮勘定	construction in progress	307

減損	impairment	78
減損テスト	impairment test	85
現地通貨	local currency	261
現物配当	property dividends	141

こ

行使価格	strike price	248
交渉代理人への報酬	negotiation fees	155
更新権利	renewal option	155
公正価値	fair value	82
公正価値ヘッジ	fair value hedge	252
公正市場価値	fair market value	160
購入代価	purchase price	72
合理的な見積もりが可能である	reasonably estimable	48
コーポレートガバナンス	corporate governance	298
子会社	subsidiary company	271
子会社株式	investment in subsidiary company	118
小切手	check	8
小切手などの受取人	payee	9
小切手などの支払人	payer	9
小切手の支払人（銀行）	drawee	9
小切手の振出人	drawer	9
小口現金	petty cash	12
小口現金制度	petty cash fund system	16
固定資産	fixed [non-current] assets	70, 306
固定資産税	property tax	160
誤謬の訂正	correction of errors	305
個別財務諸表	non consolidated financial statements	298

さ

債権譲渡	factoring	28
財政状態	financial position	306
再測定	remeasurement	261
再測定による損益	remeasurement gain or loss	264
再調達原価	replacement cost	68
財務	finance	235
財務会計基準書	Statement of the Financial Accounting Standards : SFAS	29
財務会計基準審議会	Financial Accounting Standards Board : FASB	29
財務構成要素アプローチ	Financial Component Approach	29

日本語	English	ページ
財務セクション	financial section	298
財務方針	financial policy	106
先入先出法	FIFO (First-In, First-Out)	64
先物レート	forward rate	259
参加型優先株式	participating preferred stock	97
残存価額	salvage value	71
残存リース期間	remaining lease term	155
残余財産	residual equity	98

―――― し ――――

日本語	English	ページ
仕入	purchases	58
試運転費	testing	72
時価総額	market capitalization	271
時価の10%以下	10% or less of the fair value	179
時価の10%を超え，かつ90%に満たない場合	more than 10% but less than 90% of the fair value	180
直物レート	spot rate	259
時価を反映した原価法	cost adjusted fair value method	118
時間的価値	time value	249
識別可能な	identifiable	277
事業構成部分	component	302
自己株式	treasury stock	97
自己資本	equity	294
自己資本利益率	return on equity：ROE	294
資産	asset(s)	3
資産の所有権	title to property	177
市場利子率	market interest rate	89
実効税率	enacted tax rate	202
実効利子率	effective interest rate	89
実際運用収益から期待運用収益への修正	return adjustment	221
支配（できる）	control	118, 281
支払手形	notes payable	35
支払い保証金	deposit receivable	154
支払リース料	rent expense	152
資本	capital, stockholders' equity	3
資本剰余金	additional paid-in capital	98
資本の部	stockholders' equity	97
社債が〜日に償還期日を迎える	mature on 〜	88
社債の償還	extinguishment of bonds payable	131

日本語	English	ページ
社債の割引発行を行う	issue bonds at discount	88
社債発行費	bond issue cost	131
社債発行費の未償却残高	unamortized bond issue cost	131
収益	revenue	3
従業員のストライキによる損失	loss from a strike of employees	301
修正加速原価回収法	modified accelerated cost recovery system, MACRS	96
修正仕訳	adjusting journal entries	18
修繕費	repairs and maintenance	160
十分なドキュメンテーション	sufficient documentation	252
重要な影響力	significant-influence	106
授権株式数	authorized shares	96
10%の株式配当	a stock dividend of 10%	143
取得価額	acquisition cost	71
取得企業	acquirer	273
取得日	acquisition date	273
取得日以降における連結財務諸表の作成	consolidated financial statement subsequent to acquisition	289
取得法	acquisition method	273
純売上高	net sales	63
純仕入高	net purchases	62
純資産	net assets	97
純損益（数理計算上の差異）の償却	amortization of the net gain or loss	221
償還優先株式	callable preferred stock	97
償却原価	amortized cost	107
使用権	right to use property	177
上限	ceiling	68
少数株主損益	minority income	281
少数株主持分	minority interest	283
商標権	trade-mark	307
正味実現可能価額	net realizable value	68
将来加算一時差異	taxable temporary differences	194
将来減算一時差異	deductible temporary differences	194
初期直接費用	initial direct cost	154
書類作成費用	document processing fees	154
人為的な損失	artificial loss	180
新株発行費	stock issue costs	99
新株予約権付社債	warrant bond	126
新設合併	statutory merger	271

――― す ―――

数理計算上の差異	actuarial loss or gain	227
据付費	installation	72
スワップ	swap	253

――― せ ―――

税金の還付	tax refund	189
税金費用	income tax expense	199
税金費用調整額	income tax expense-deferred	225
税効果会計	income tax allocation	202
正常営業循環規準	normal operating cycle	306
正常利益	normal profit	68
税引後継続事業利益	income from continuing operations	299
税引前継続事業利益	income from continuing operations before provision for income taxes	299
製品保証引当金	estimated warranty liabilities	194
税務戦略	tax planning strategy	201
セール・リースバック取引	sale-lease back transaction	177

――― そ ―――

総受入高	goods available	66
総売上高	gross sales	63
相殺仕訳	elimination entries	281
総仕入高	gross purchases	62
総資本利益率	return on investment：ROI	294
増配	dividend increase	141
遡及義務付きで	with recourse (on a recourse basis)	29
遡及義務なしで	without recourse (on a nonrecourse basis)	29
その他収益	other revenue	301
その他の包括利益累計額	accumulated other comprehensive income	97
その他費用	other expense	301
損益及び包括利益計算書	combined statement of income and comprehensive income	309
損益計算書	income statement	4
損害補償損失引当金	liability from litigation	50
損金	deductible expense	185
損金算入	deductible	196
損金不算入	not deductible	194
損失の発生がある程度見込まれる	reasonably possible	49

損失の発生可能性がほとんどない	remote	49

た

貸借対照表	balance sheet	3
高率株式配当	large stock dividend	143
建物	building	72
建物売却による収入額	proceeds from sale of building	242
棚卸計算法	periodic system	57
棚卸資産	inventory	56
段階取得	a step acquisition	274
短期借入金	short-term borrowings	14
担保付社債	mortgage bonds	88

ち

地方債の受取利息収入	state and municipal bond interest income	186
仲介手数料	finder's fee	154
長期性資産	long-lived assets	82
帳簿価額	carrying amount	79
直接金融型リース	direct financing lease	167
直説法	direct method	238
賃借人が知っている場合の賃貸人の契約上の利子率	the lessor's implicit rate if known by the lessee	161
賃借人の限界借入利子率	incremental borrowing rate	161

つ

追加計上最小債務	additional pension minimum liability	229

て

定額資金前渡制	impressed system	16
定額法	straight-line method	71
低価法	lower-of-cost-or-market method	67
定率法	declining-balance method	70
手形の割引	discounting notes receivable	41
手形を～％で割り引く	discount a note for ～ %	41
手形を決済する	redeem a note	41
手形を現金化する	cash a note	41
転換社債	convertible bond	126
転換優先株式	convertible preferred stock	97

と

投機	speculation	248
当期純利益	net income	299
当期年金費用	net periodic pension cost	220
当座借越	overdraw	12
当座資産	quick assets	294
当座比率	quick ratio／acid-test ratio	294
当座預金	checking account	8
当座預金照合表	bank statement	18
投資	investment	235
投資元，投資家	investor	117
土地	land	72
特許権	patent	72, 307
取締役会	board of directors	100, 138

な

内国歳入庁	Internal Revenue Service（IRS）	193

に

20％未満	less than 20%	106
2倍定率法	double-declining-balance method	75

ね

値引	allowance	61
年金	pension benefit	217
年金資産	plan assets	217
年金資産の市場連動価額	market-related value of plan assets	228
年金資産の実際運用利回り	actual return on plan assets	220
年金数理人（アクチュアリー）	actuary	217
年金費用	pension cost	217

の

納税申告書	tax return	189
のれん	goodwill	121

は

バーゲンパーチェス	bargain purchase	274
パーチェス法	purchase method	272
廃棄	abandonment	86

日本語	English	ページ
売却以外の手段により処分予定の長期性資産	long-lived assets to be disposed of other than by sale	82
売却可能有価証券	available-for-securities	106
売却により処分予定の長期性資産	long-lived assets to be disposed of by sale	82
売却費用	selling cost	82
買収	acquisition	271
買収直後における連結財務諸表	consolidated B／S as of date of acquisition	282
配当	dividend	98
配当利回り	dividend yield	141
売買目的有価証券	trading securities	105
罰科金	payment of penalty	185, 197
発行済株式総数	number of outstanding shares	308
発行済社外流通株式数	outstanding stock	98
発生主義の原則	accrual basis	206
発生頻度が低く滅多に起こらないもの	infrequency of occurrence	301
払込資本	contributed capital	97
半年毎	semiannually	88
販売型リース	sales-type lease	167
販売費及び一般管理費	selling, general and administrative expense	313

ひ

日本語	English	ページ
非貨幣性資産・負債	nonmonetary assets and liabilities	264
低率株式配当	small stock dividend	143
非継続事業損益項目	income from discontinued operations	302
非支配持分	noncontrolling interest	283
被取得企業	acquiree	273
非常に高い有効性	highly effectivity	252
被投資会社	investee	120
非分離型	nondetachable	129
備忘記録	a memorandum entry	138
非保証	unguaranteed	160
非保証残存価額	unguaranteed residual value	172
費用	expense	3
評価額を切り下げる	write-down	82
評価勘定	a contra account	24
評価差額	differential	287
評価性引当金	allowance to reduce deferred tax assets	209
費用を引当計上する	accrue a loss	50

―――― ふ ――――

負債	liability	3
負債証券	debt securities	105
負債の早期償還による損益	gain／loss from early extinguishment of debt	301
普通株式	common stock	96
部分参加型	partially-participating	100
振出人	writer	35
不渡小切手	NSF check	18
不渡手形	dishonored note	41
不渡りになる	bounce, NSF	9
分離型	detachable	129

―――― へ ――――

平均残存勤務期間	average remaining service periods	226
返還されない保証金	non-refundable deposits	154
返還される保証金	refundable deposits	154
返品	returns	61

―――― ほ ――――

包括利益	comprehensive income	299
包括利益計算書	comprehensive income statement	309
報告主体の変更	change in reporting entity	304
報告通貨	reporting currency	261
法定資本金	legal capital	98
簿記	bookkeeping	2
保険料	insurance	72, 160
保証金	security deposits	154
保証残存価額	guaranteed residual value	160
保有し使用する目的の長期性資産	long-lived assets to be held and used	82
ボラティリティ	volatility	250
本源的価値	intrinsic value	249

―――― ま ――――

マイナスののれん	negative goodwill	275
前受リース料〔家賃〕	unearned rent	152, 195
前払年金費用	prepaid pension cost	224
前払リース料	prepaid rent	152
満期日	due[maturity] date	35, 41
満期保有目的債券	held-to-maturity securities	106

索 引

| 満期まで保有する積極的な意図と能力 | the positive intent and ability to hold the security to maturity | 106 |

み

未実現保有損益	unrealized holding gain or loss	107
未収税金	tax fund receivable	190
未収リース料	rent receivable	152
未達預金	deposit in transit	18
見積将来勤務期間	expected future years of service	226
未取付小切手	outstanding checks	18
未払年金費用	accrued pension cost	218
未払配当金	dividend payable	142
未払リース料	rent payable	152
未分配利益額	undistributed income	214
未履行の費用	executory cost	160

む

無額面株	no par value stock	308
無形固定資産	intangible assets	72
無担保社債	debenture bonds	88, 308
無担保転換社債	unsecured convertible debentures	308
無配	nondividend	141

も

持分証券	equity securities	105
持分プーリング法	pooling of interest method	272
持分法	equity method	106, 118

や

| 夜間金庫 | overnight depository | 18 |

ゆ

有形固定資産	property, plant and equipment	83
有価証券	marketable securities	294
有給休暇等	compensated absences	53
有給休暇引当金	liability for compensated absences	52
有形固定資産	tangible assets	72
用度係	custodian	16

343

―― よ ――

予測給付債務	projected benefit obligation：PBO ……………217, 219

―― り ――

リース債権	lease receivable ……………………………………170
リース資産	leased asset ………………………………………159
リース負債	lease obligation …………………………………159
リース物件改良費	leasehold improvements ………………………155
リースボーナス	lease bonus ………………………………………152
利益剰余金	retained earnings…………………………………97
利益剰余金の配当制限	appropriation of retained earnings ……………147
利息費用	interest on projected benefit obligation …………220
利息及び税金控除前利益	earnings before interest and tax ………………295
利息の資産化	capitalization of interest …………………………72

―― る ――

流動資産	current asset ……………………………………293
流動負債	current liability ………………………………14, 293
臨時損益項目	extraordinary items …………………………301, 302
臨時損益項目控除前の利益	income before extraordinary item ……………299
累積型優先株式	cumulative preferred stock ……………………97
累積給付債務	accumulated benefit obligation：ABO ……217, 219

―― れ ――

レッサー（貸主，賃貸人）	lessor ………………………………………………151
レッシー（借主，賃借人）	lessee ………………………………………………151
連結財務諸表	consolidated financial statement ………………272
連結資本勘定計算書	consolidated statements of stockholders' equity…309
連結損益計算書	consolidated income statement ………………290
連続償還社債	serial bonds………………………………………127
連邦法人税費用	federal income tax expense……………………197

―― わ ――

ワラント	stock warrant……………………………………129
割引	discount ……………………………………………61
割引前将来キャッシュ・フロー	undiscounted future cash flow …………………79
割安購入選択権	bargain purchase option ………………………160

<著者略歴>

山本　貴啓（やまもと　たかひろ）

1968年東京都生まれ
1990年慶應義塾大学経済学部卒業
1991年慶應義塾大学大学院商学研究科中退
2000年公認会計士・税理士開業登録
大手監査法人勤務を経て，山本貴啓公認会計士税理士事務所を開設。またアンダーセンビジネススクール（現あずさビジネススクール）にて，BATIC（国際会計検定）第2回，第3回のSubject 2の問題作成に従事。その後，
2006年より立正大学経営学部助教授
2008年より立正大学経営学部准教授
現在に至る

著書・論文
「会社の数字英語表現完全マスター」（共著，アスク社，2003年）
「現在価値会計における経済学的基礎に関する一考察」（立正大学産業経営研究所年報　2008年）
「共生の思想からみた新会計基準の批判的検討」（社会関連会計研究第20号，2008年）他

著者との契約により検印省略

平成21年2月10日　初版第1刷発行

基本例文で学ぶ英文会計

著　者	山　本　貴　啓
発　行　者	大　坪　嘉　春
印　刷　所	税経印刷株式会社
製　本　所	株式会社　三森製本所

発　行　所　東京都新宿区下落合2丁目5番13号　株式会社 税務経理協会
郵便番号 161-0033　振替 00190-2-187408　電話(03)3953-3301(大代表)
FAX(03)3565-3391　　　　　　　　　　　(03)3953-3325(営業代表)
URL http://www.zeikei.co.jp/
乱丁・落丁の場合はお取替えいたします。

© 山本貴啓 2009　　　　　　　　　Printed in Japan

本書を無断で複写複製（コピー）することは，著作権法上の例外を除き，禁じられています。本書をコピーされる場合は，事前に日本複写権センター（JRRC）の許諾を受けてください。
JRRC(http://www.jrrc.or.jp　eメール:info@jrrc.or.jp　電話:03-3401-2382)

ISBN978－4－419－05068－9　C2034